Susan Crawford

SHETLAND MASCHEN

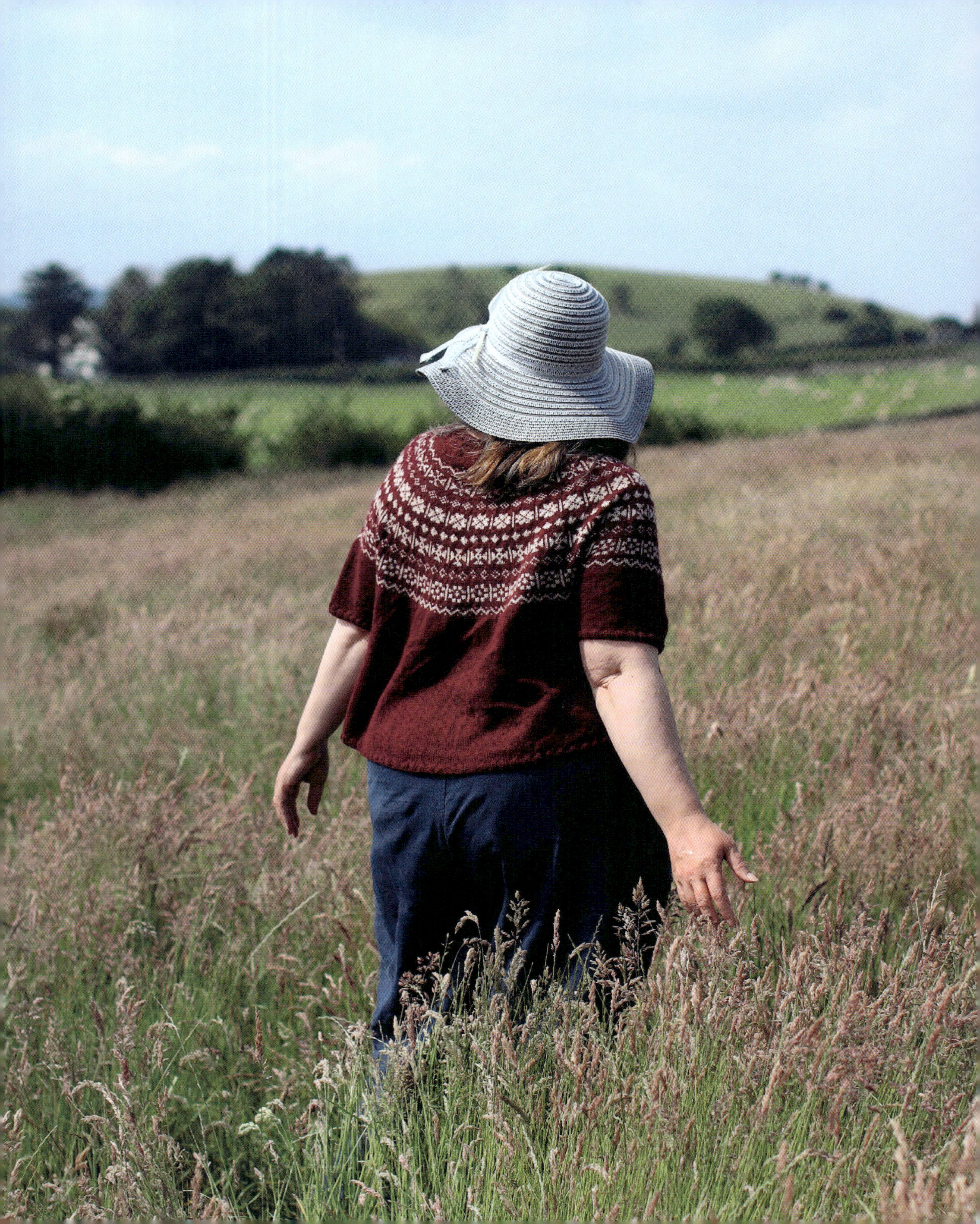

Susan Crawford

SHETLAND MASCHEN

Zeitlose Projekte inspiriert
von traditionellen Strickmustern

stiebner

Liebe Leser:innen,
wir freuen uns, dass wir Sie mit diesem Buch inspirieren und Teil Ihrer kreativen Reise sein dürfen. Noch mehr Inspiration, originelle Ideen und besondere Themen finden Sie auf unserer Verlagsseite www.stiebner.com.

Lassen Sie uns zusammen kreativ werden!
Wir sind immer offen für Ihre Anregungen, Wünsche und Kritik – schreiben Sie uns gerne unter verlag@stiebner.com.
Da geteilte Freude bekanntlich doppelte Freude ist: Zeigen Sie uns Ihre kreativen Ideen und fertigen Projekte auf Social Media! Markieren Sie uns mit @stiebnerverlag oder nutzen Sie die folgenden Hashtags:
#StiebnerVerlag #StiebnerKreativ #ShetlandMaschen
Unter diesen beiden Hashtags finden Sie auch die originalsprachigen Beiträge zum Buch: #SusanCrawfordVintage und #EvolutionKnits

Erstmals erschienen unter dem Titel »Evolution«
bei Susan Crawford Vintage

Text und Anleitungen: Susan Crawford
Fotografie: Charlie Moon
Übersetzung aus dem Englischen: Katrin Marburger
Cover: Danai Afrati
Layout: Gavin Crawford & Susan Crawford
Software für Charts: The Fair Isle Visualiser charting software von Gavin Crawford
Projektleitung und Lektorat: Stefanie Klapetek
Gedruckt bei Polygraf print, Slowakei

FSC www.fsc.org MIX Aus verantwortungsvollen Quellen FSC® C023577

ISBN 978-3-8307-8307-2144-4

Bibliografische Information der Deutschen Nationalbibliothek:
Die Deutsche Nationalbibliothek verzeichnet diese Publikation in der Deutschen Nationalbibliografie; detaillierte bibliografische Daten sind im Internet über http://dnb.dnb.de abrufbar.

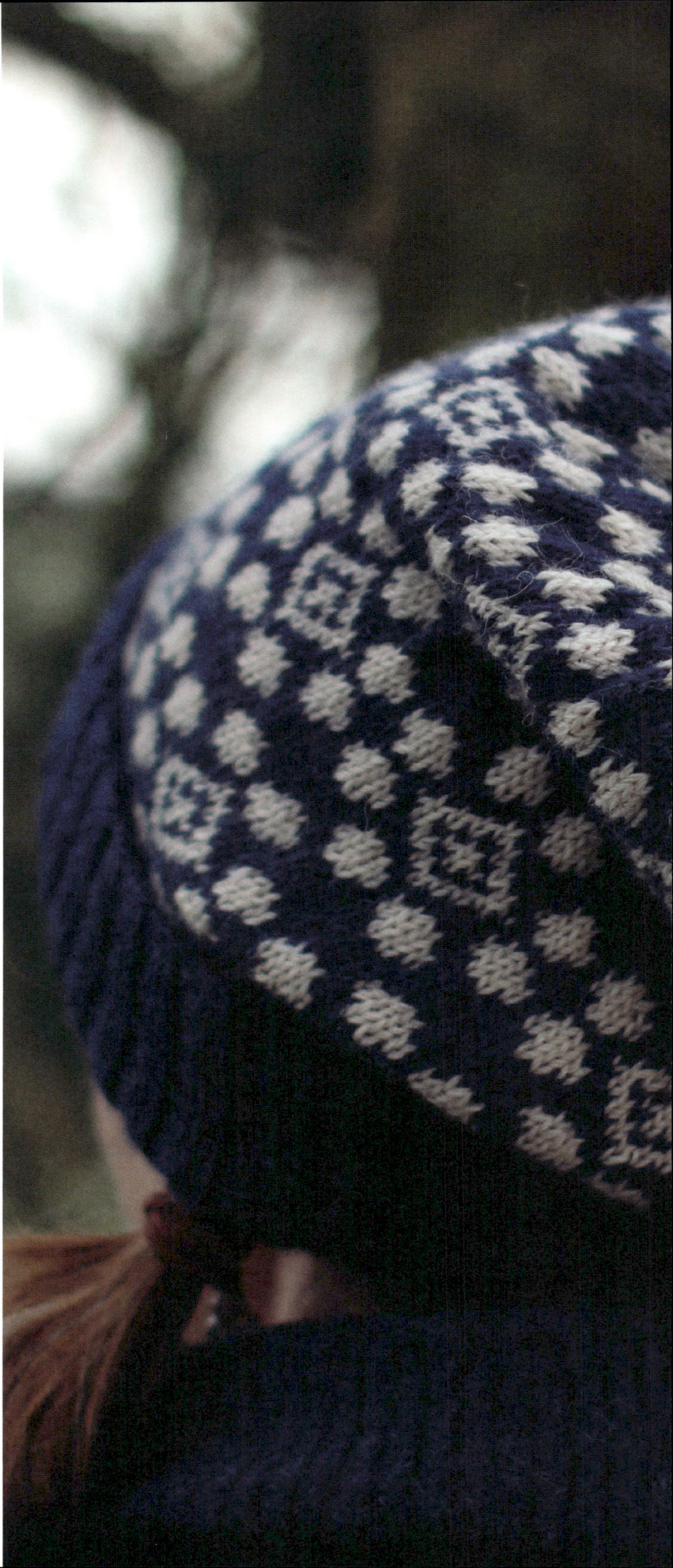

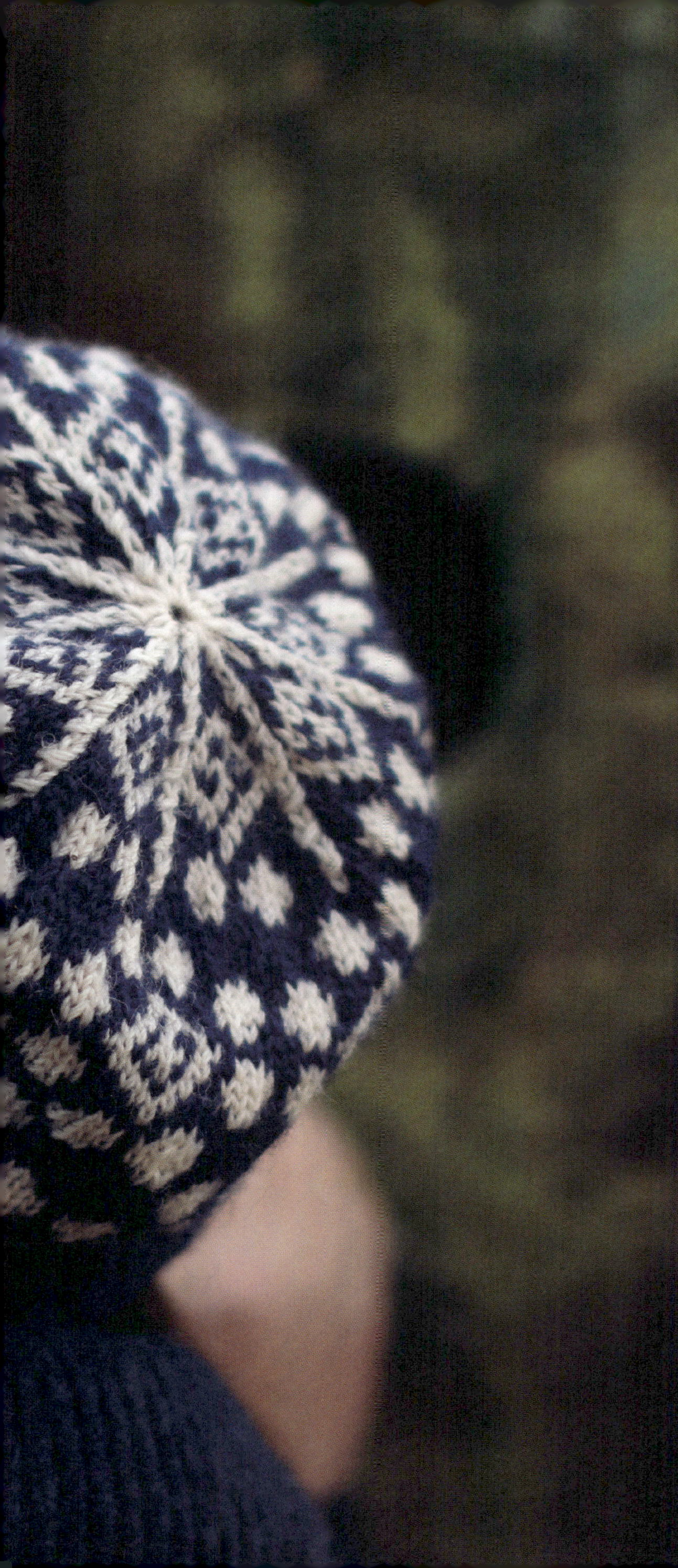

Inhalt

Vorwort 7

Einleitung 9

Abkürzungen 12

Galerie 13

Anleitungen

- Orchideen 75
- Große Orchideen 83
- Denby 91
- Floribunda 99
- Gallica 107
- Blütendolden 115
- Lanatus 127
- Cloudin 137
- Rosa 145
- Steek 153
- Tavis 159
- Annemor 165
- Maggy 175

Dank 188

Über die Autorin 189

Kontakt 189

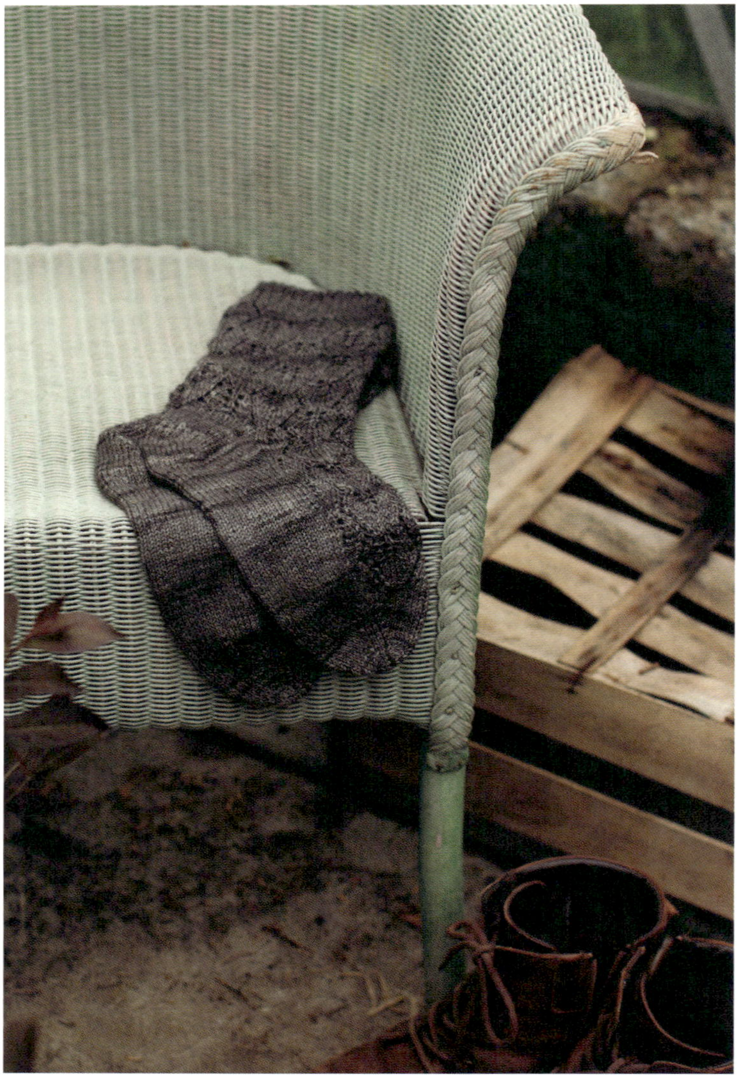

Vorwort

Als ich im Januar 2020 das erste Modell von »Shetland Maschen« herausgab, ahnte ich noch nicht, was nur wenige Monate später auf uns alle zukommen sollte. Die Folge war, dass die Kollektion ein Jahr überspannt, in dem die ganze Welt auf den Kopf gestellt wurde, viele Menschen ihr Leben verloren und viele andere monatelang von Freunden und Familie getrennt waren. Eine Kollektion, für die ursprünglich nur ein paar Monate vorgesehen war, zog sich über das ganze Jahr hin, da die in Großbritannien eingeführten Lockdown-Regelungen und die Tatsache, dass ich mich aufgrund meiner anhaltenden Gesundheitsprobleme isolieren musste, sich auf meinen Zeitplan auswirkten.

Meine eigene Entwicklung und die meiner Kollektion haben einen ganz anderen Weg genommen, als ich erwartet hatte, und doch denke ich, dass aus dieser verlängerten Reise im kreativen und persönlichen Sinne etwas Positives entstanden ist – ich hoffe, das sehen Sie genauso, wenn Sie mir von Anfang bis Ende jenes Jahres folgen. Dieses Projekt war für mich aufbauend, motivierend, herausfordernd und befreiend, und ich danke Ihnen, dass Sie dabei sind.

Susan, Oktober 2020

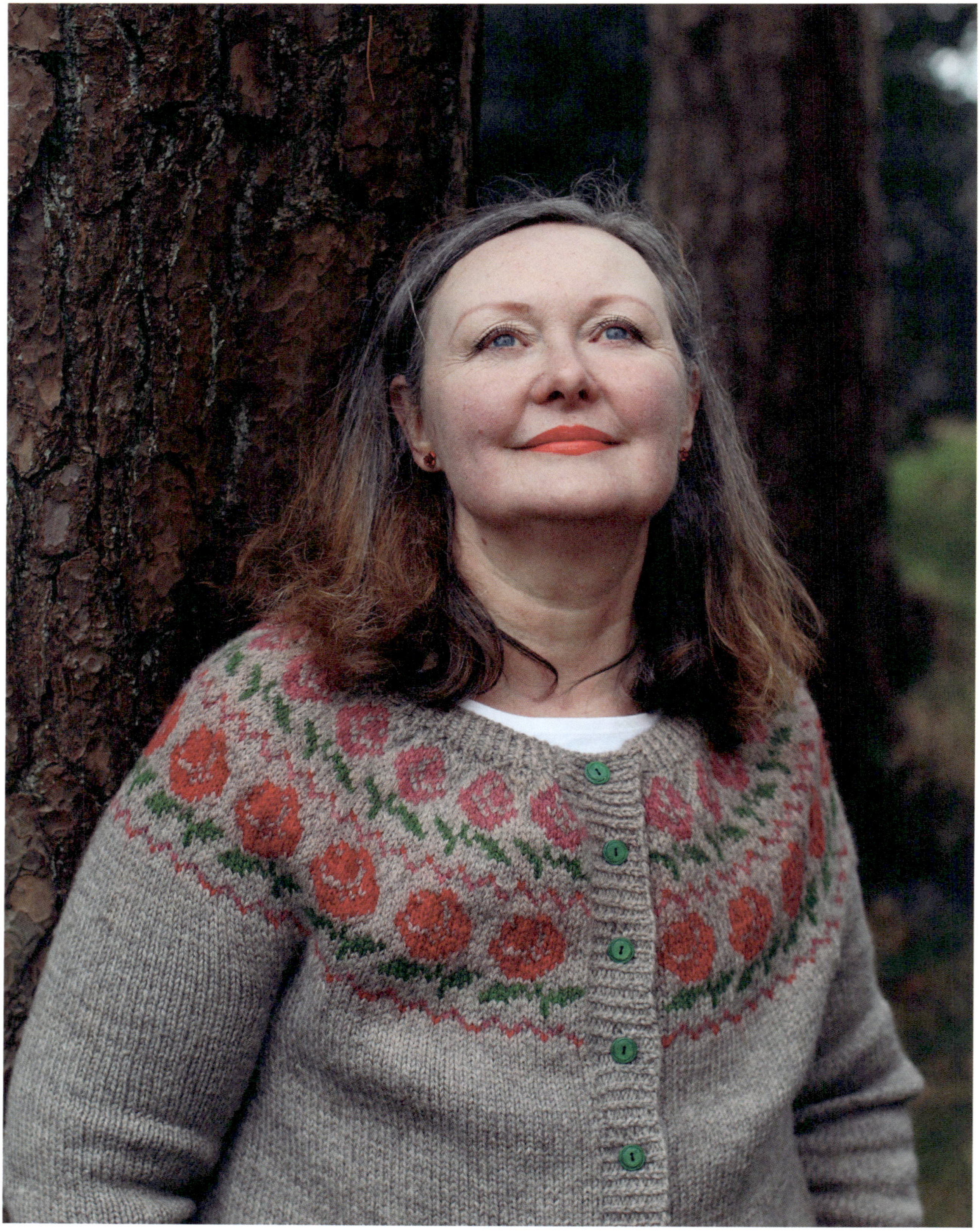

Einleitung

»Shetland Maschen« begleitete mich während neun Monaten meines Lebens, in denen ich Designelemente aus meinem Vintage-Shetland-Projekt aufgegriffen und daraus zeitlose Modelle im modernen Look entworfen habe. Jedes neue Modell entwickelte sich aus einem Lacemuster, einer raffinierten Konstruktionsmethode, einem mehrfarbigen Motiv oder sogar einer Steek-Strickschrift zu etwas ganz Neuem und zeigt dabei, wie nahtlos sich Modelle nach traditionellem Vorbild in unsere heutige Alltagsgarderobe einfügen. Auch Schnitt und Passform wurden modernisiert, was mir ermöglichte, die Anleitungen für wesentlich mehr Größen zu schreiben: Alle Oberteile werden für einen Brustumfang von 71–157 cm angeboten.

Während der zehn Jahre, in denen ich die Modelle aus dem Archiv des Shetland-Museums studierte, musste ich sehr diszipliniert sein: Statt meiner Kreativität freien Lauf zu lassen, konzentrierte ich mich auf das Nacharbeiten dieser fantastischen gestrickten Kunstwerke und erforschte ihre Geschichten. Umso glücklicher war ich darüber, dass bei »Shetland Maschen« Kreativität und Tragbarkeit im Mittelpunkt standen. Sämtliche Modelle sind zum festen Bestandteil meiner Garderobe geworden. »Orchideen« und »Große Orchideen« habe ich schon häufig getragen, und nach Fertigstellung dieses Buches möchte ich von beiden noch weitere Versionen in anderen Farben stricken. Die längere Version von »Denby« ist meine neue Lieblingsmütze. Kuschelig und warm genug, um sie in Wald und Feld zu tragen, aber zugleich schick genug, wenn man anständig aussehen will! »Floribunda« und »Rosa« sind ebenfalls absolute Lieblinge geworden. Wenn ich könnte, würde ich wahrscheinlich jeden Tag eines der beiden Modelle tragen. Ich hoffe, dass meine Zeit es erlaubt, auch das »Blütendolden«-Tuch in weiteren Farben zu stricken. Es ist warm und doch leicht, es umhüllt, ohne einzuengen. Und so setzt sich das fort: Kaum war ein neues Teil fertig, wurde es rasch unverzichtbar.

Über die Strickmustersammlung hinaus ist »Shetland Maschen« auch mit meiner eigenen Entwicklung verknüpft, mit den Veränderungen meines Körpers nach meiner beidseitigen Mastektomie und auch damit, dass ich fünfzig wurde. Auch wenn ich mich dabei sehr unwohl fühlte, war ich fest entschlossen, für die gesamte Kollektion selbst zu modeln und so zu zeigen, dass eine fünfzigjährige Frau mit grau werdendem Haar und nicht der Norm entsprechender Figur Kleidung ansprechend präsentieren und sichtbar sein kann. Mehr noch, ich wollte ohne Brustprothesen modeln. Über zwei Jahre hat sich meine rekonstruktive Brust-OP verzögert, und die Prothese trage ich aus verschiedenen Gründen nicht täglich – ich wollte zeigen, dass das völlig in Ordnung ist. Zehntausende von Frauen erhalten nach einer Brustkrebserkrankung keine Brustrekonstruktion – manche aus freien Stücken, weil das für sie nicht infrage kommt, aber viele andere bekommen einfach keinen Termin. Als ich mit »Shetland Maschen« begann, war ich wütend, erschöpft und fühlte mich hilflos und angespannt – ständig hoffte ich, dass ich irgendwann oben auf der Warteliste ankommen und die Operation bekommen würde, die ich so verzweifelt wollte und brauchte. Im Laufe des Jahres 2020, in dem die Welt regelrecht aus den Fugen geriet, wurden meine Aussichten auf die Operation immer geringer – und zugleich half mir mein Buchprojekt, mehr und mehr zu akzeptieren, zu wem ich geworden bin und immer noch werde. Die Person vorne auf dem Cover ist eine, die sich allmählich endlich wieder wohl in ihrer Haut fühlt. Danke, dass Sie mich auf dieser Reise begleiten. Ich hoffe sehr, dass Sie beim Stricken der Modelle aus »Shetland Maschen« ebenso viel Freude haben wie ich beim Entwerfen.

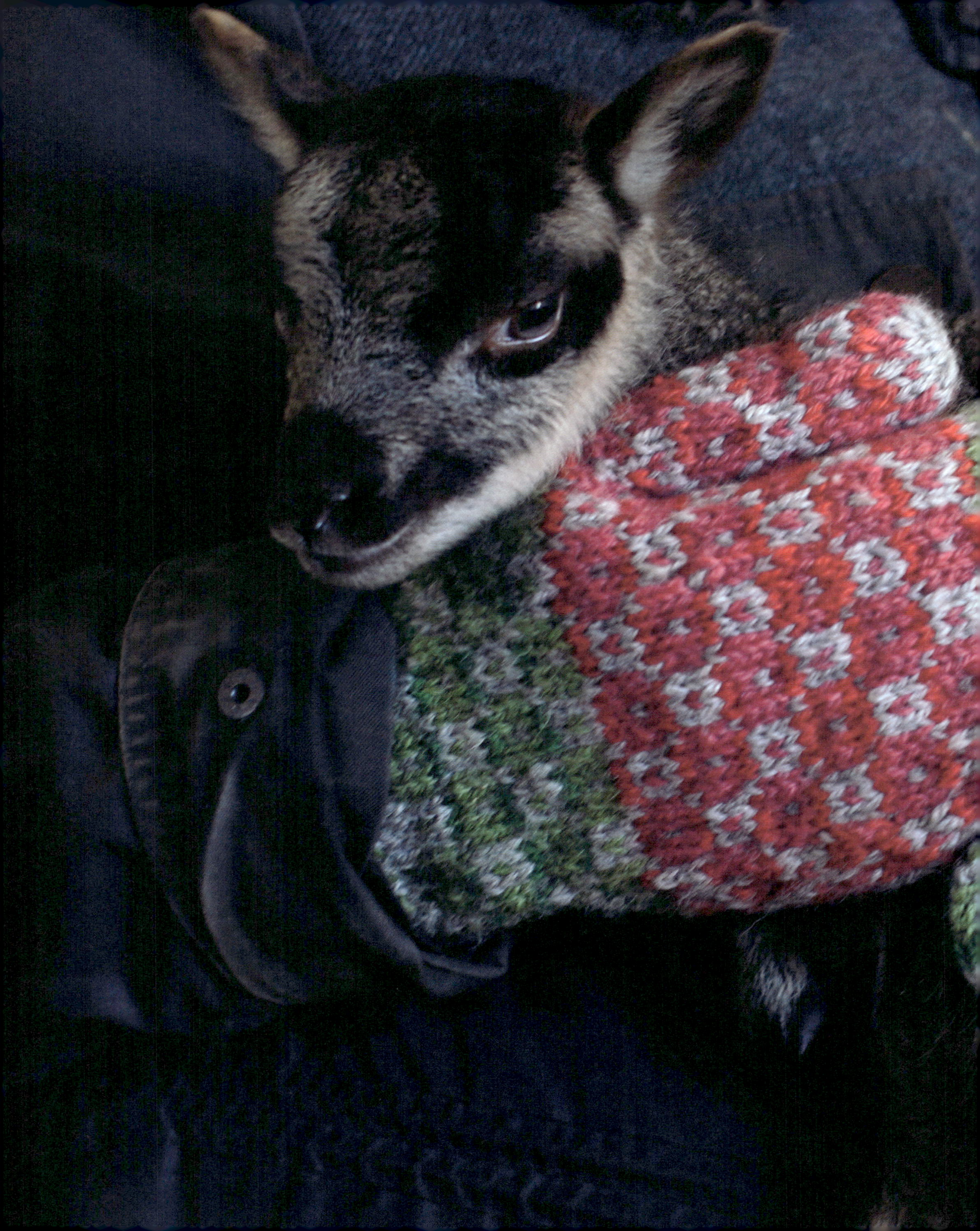

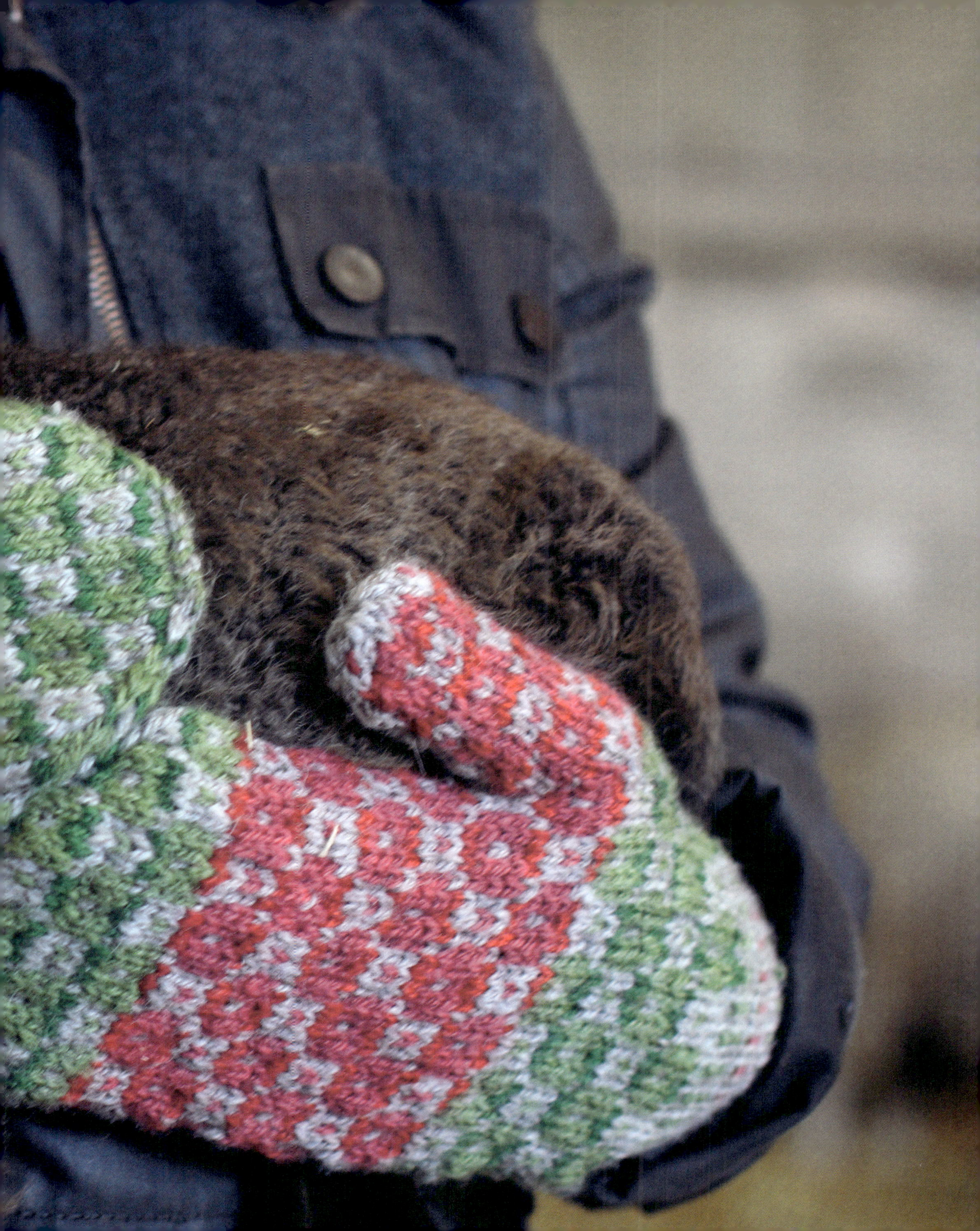

Abkürzungen

1 M abh – 1 Masche abheben (links, falls nicht anders angegeben)

1 li gen Zun – 1 links geneigte Zunahme: mit li Ndl den Querfaden von vorn aufn und re verschr abstricken, auch M1L

1 re gen Zun – 1 rechts geneigte Zunahme: mit li Ndl den Querfaden von hinten aufn und re abstricken, auch M1R

2 M re aus 1 M herausstr – aus der folgenden Masche 2 Maschen rechts herausstricken (1 M re, 1 M re verschr)

1 M li A (B/D) – in angegebener Farbe 1 Masche links stricken

1 M li verschr – 1 Masche links verschränkt stricken

1 M re A – 1 Masche rechts stricken in Farbe A

1 M re verschr – 1 Masche rechts verschränkt stricken

2 M li zus – 2 Maschen links zusammenstricken

2 M re überz zus – 1 M re abh, 1 M re, die abgeh M darüberziehen

2 M re zus – 2 Maschen rechts zusammenstricken

2 M re zus A (B) – 2 M re zus str in Fb A oder B, je nach Angabe

3 M re überz zus – 1 M re abh, 2 M re zus str, die abgeh M darüberziehen

3 M re zus – 3 Maschen rechts zusammenstricken

abgen – abgenommen

abh, abgeh – abheben, abgehobene

abk – abketten

abn/Abn – abnehmen, Abnahme(n)

anschl – anschlagen

arb – arbeiten

aufn – aufnehmen

BU – Brustumfang

einschl – einschließlich

entf – entfernen

Fb – Farbe

fortl – fortlaufend

HinR – Hinreihe

LL – Lauflänge

li – links, links stricken

M – Masche(n)

MM – Maschenmarkierer

MMa – Maschenmarkierer abheben

MMs – Maschenmarkierer setzen

Ndl – Nadel

Ndlsp – Nadelspiel

Rd-Anf – Rundenanfang, Reihenanfang

re – rechts, rechts stricken

RT – Rückenteil

RückR – Rückreihe

rückw – rückwärtig

U – Umschlag, Faden umschlagen

VT – Vorderteil

wdh/Wdh – wiederholen/Wiederholung

W&w – Wickelmasche & wenden – in Hinreihen: 1 M li abh, Faden n. vorn legen, M zurück auf li Nadel heben, Faden n. hinten legen, Arbeit wenden; in Rückreihen: 1 M li abh, Faden n. hinten legen, M zurück auf li Nadel heben, Faden n. vorn legen, Arbeit wenden

ZDA – zentrierte doppelte Abnahme: 2 M zusammen re abheben, 1 M re, die 2 abgehobenen M darüberziehen

zugen – zugenommen

Galerie

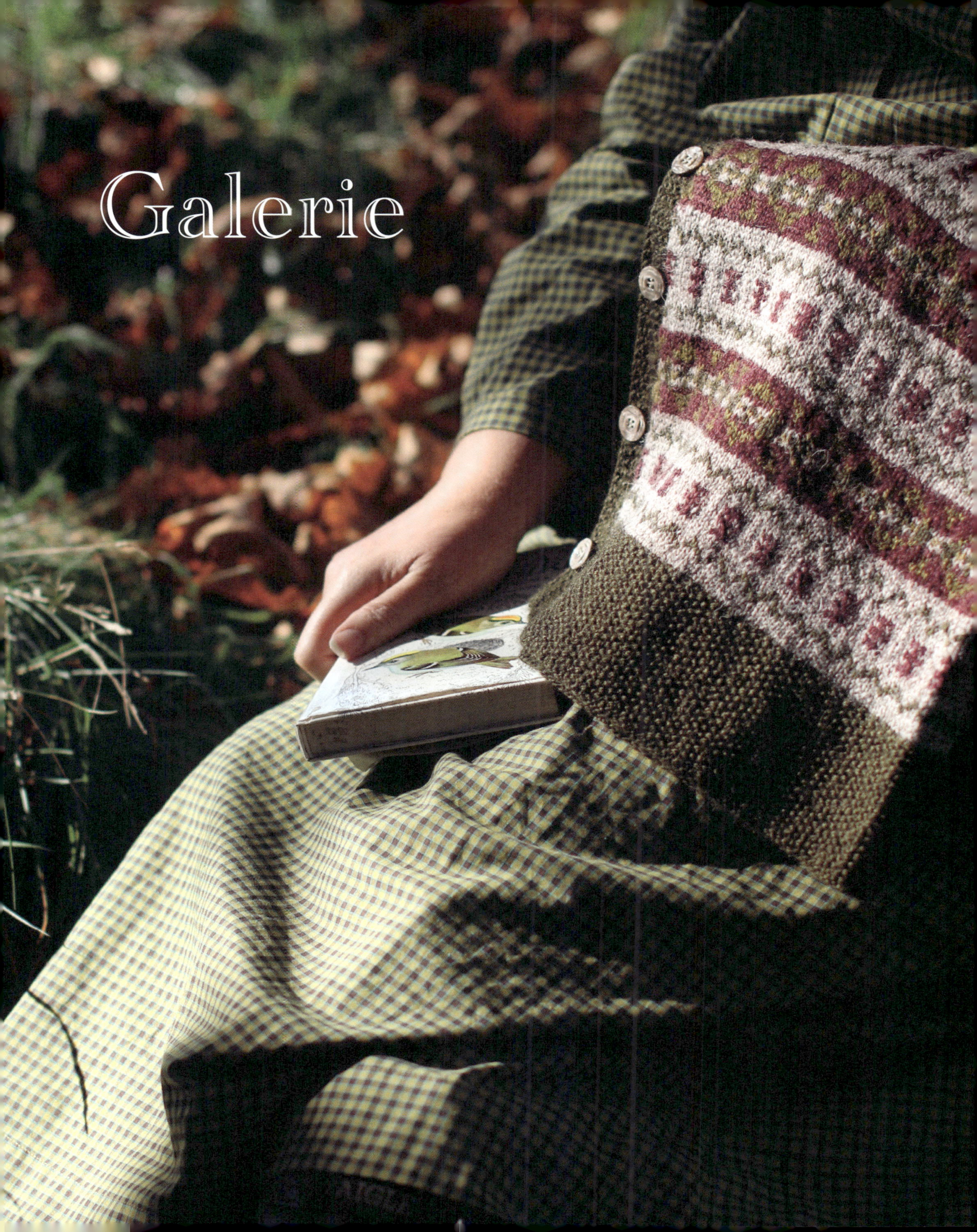

Orchideen Seite 75

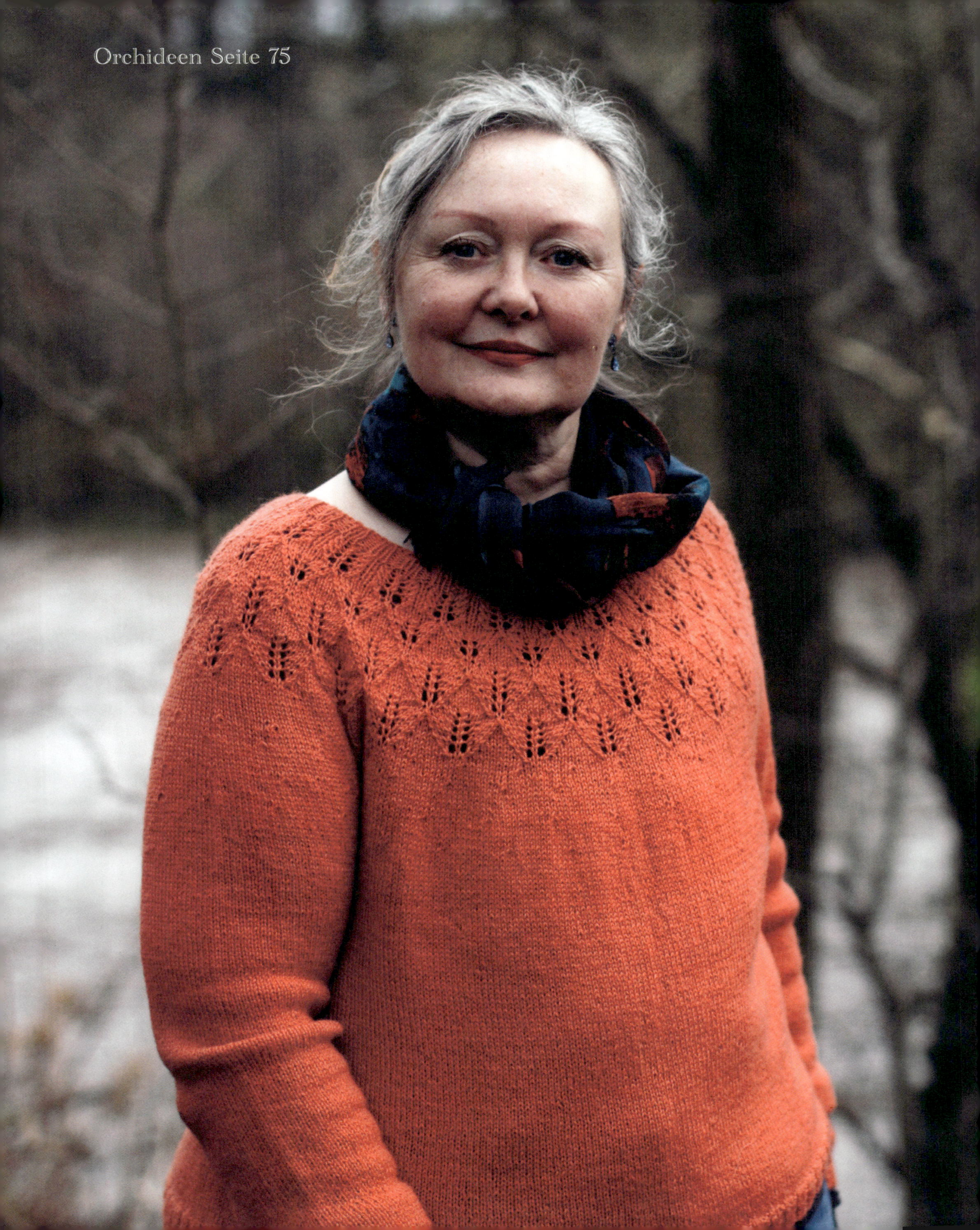

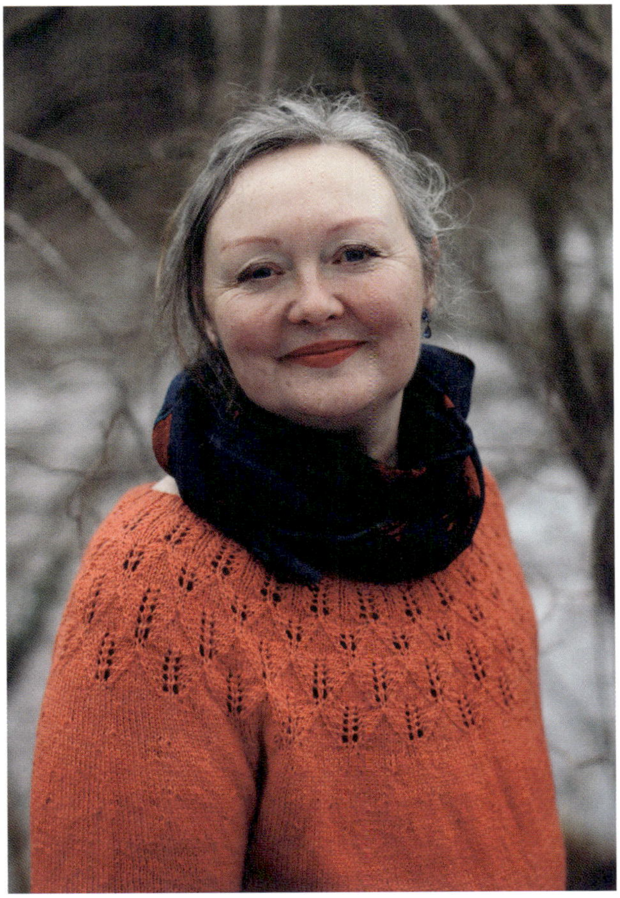

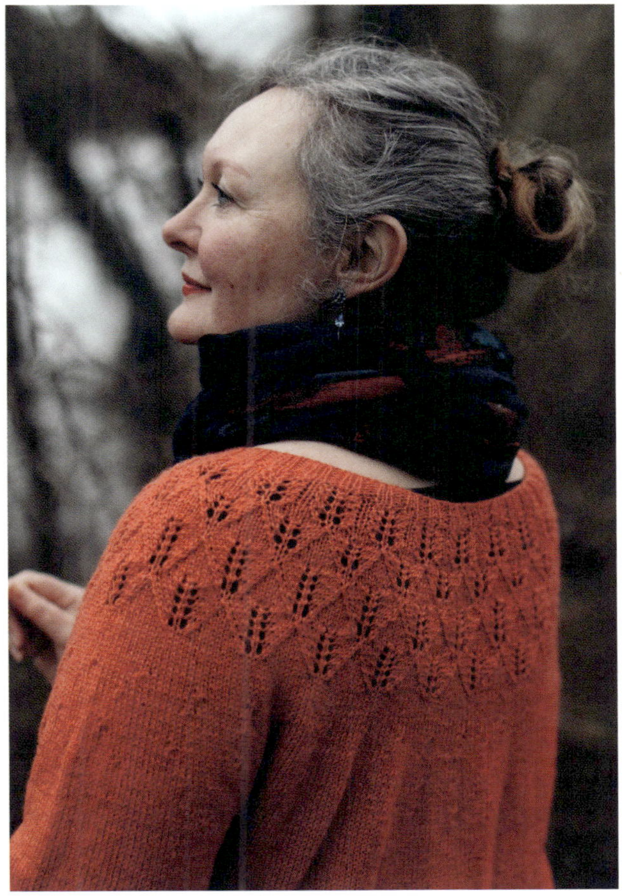

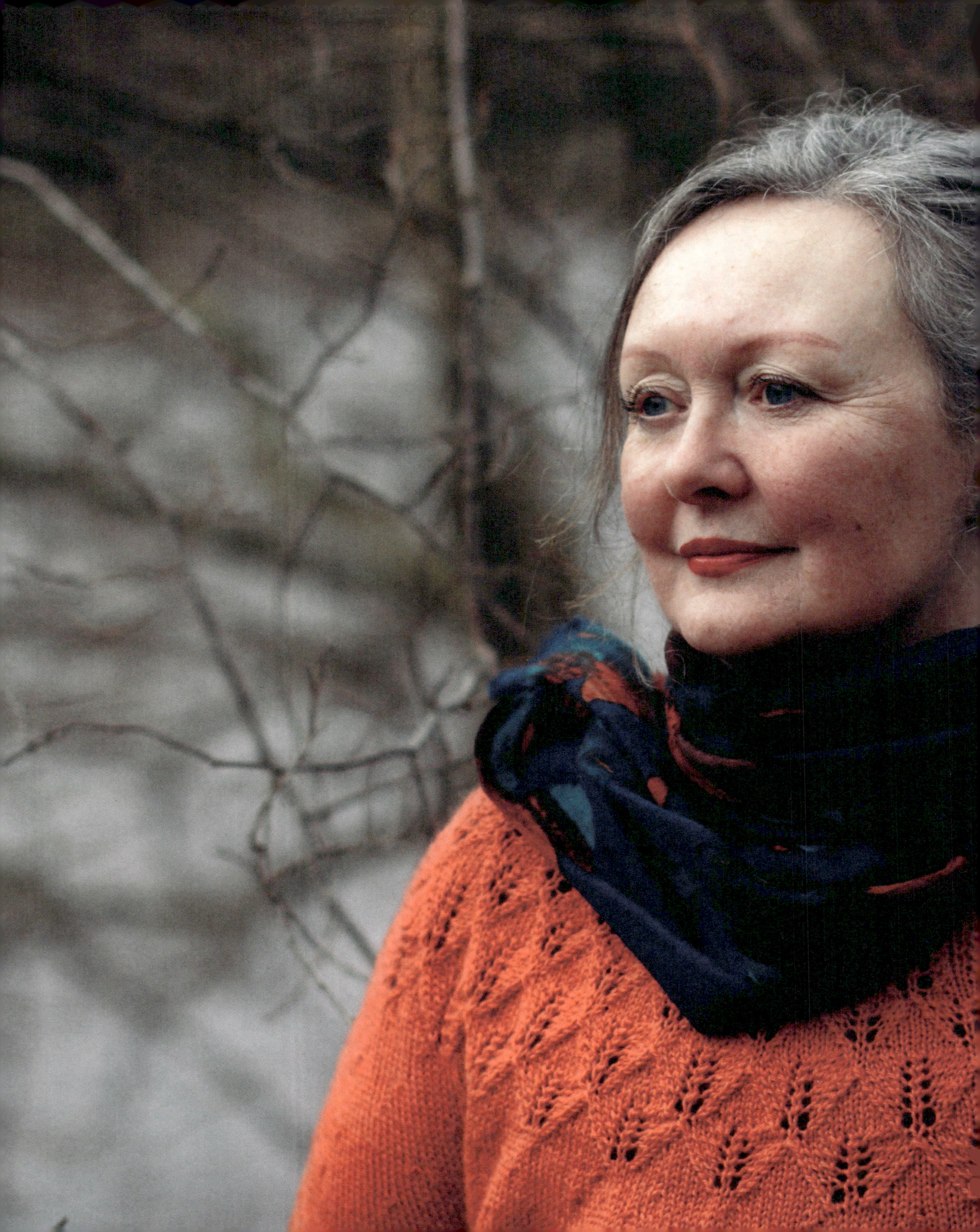

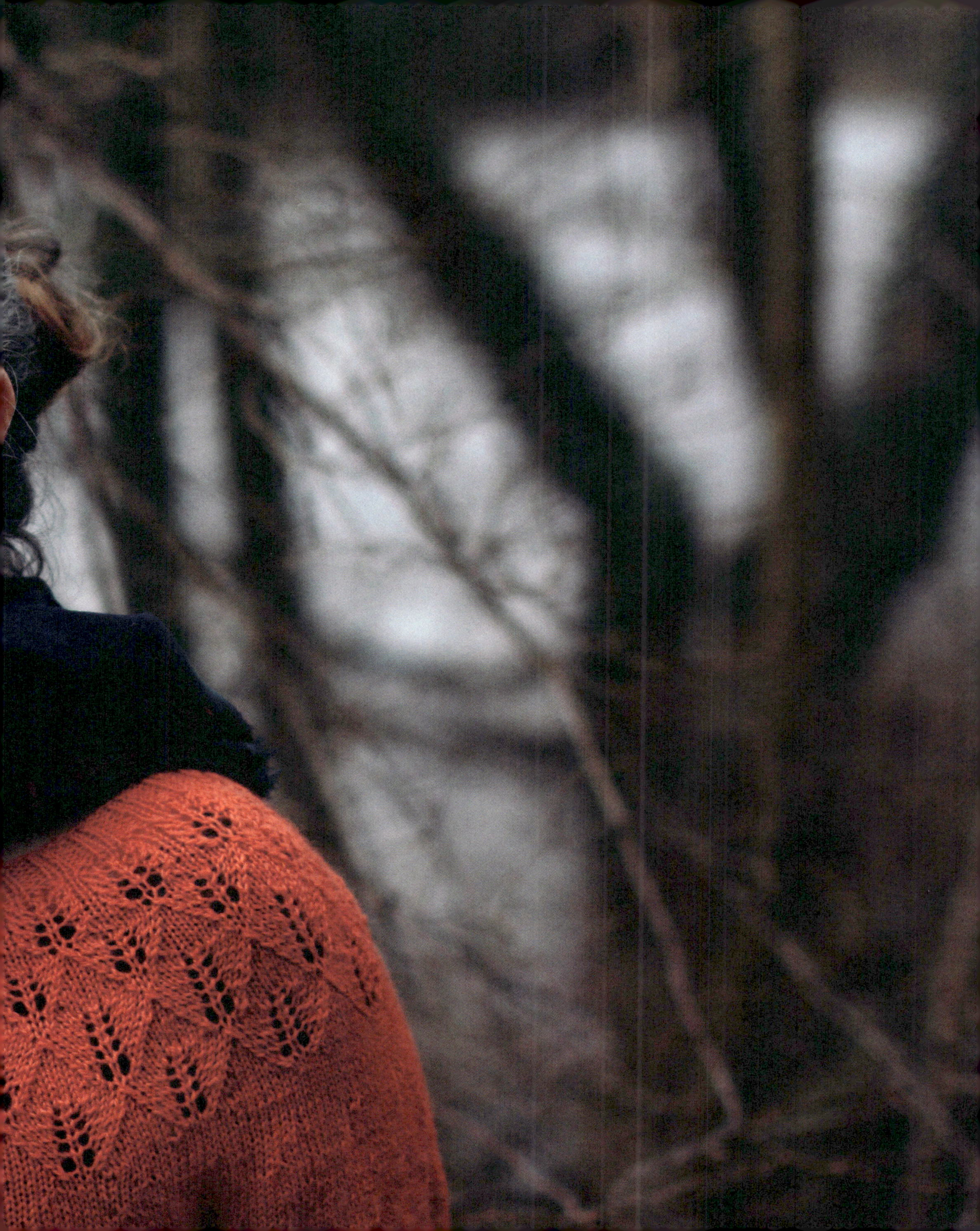

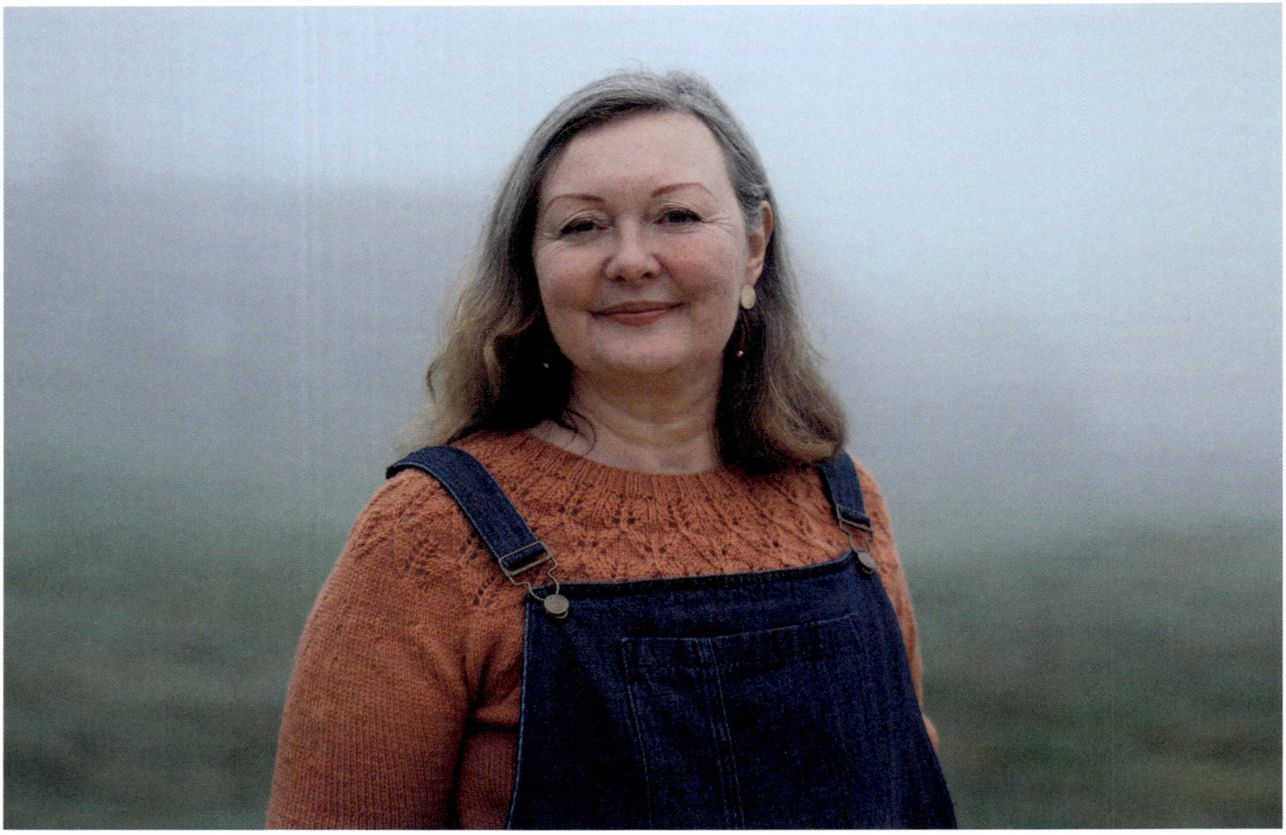

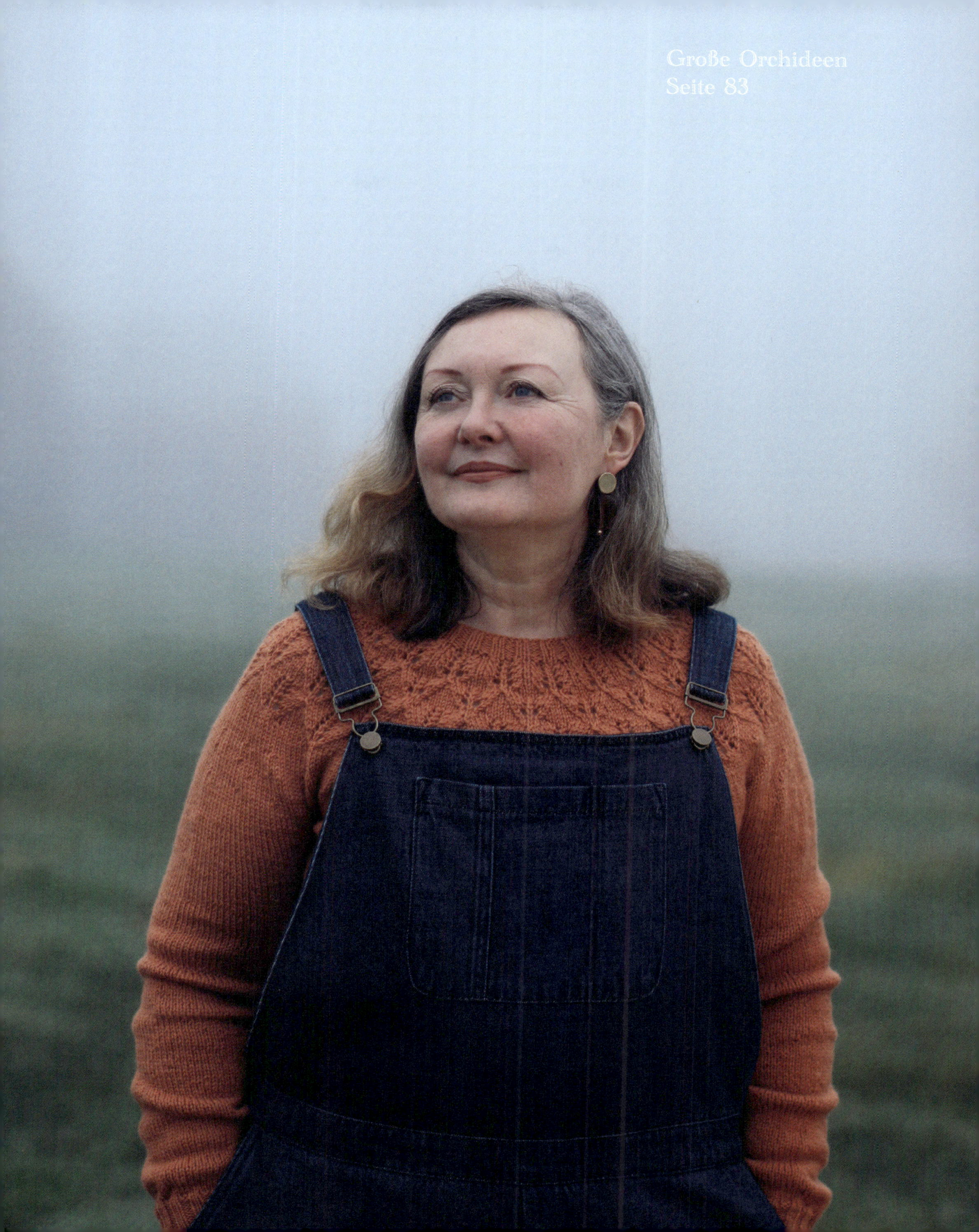
Große Orchideen
Seite 83

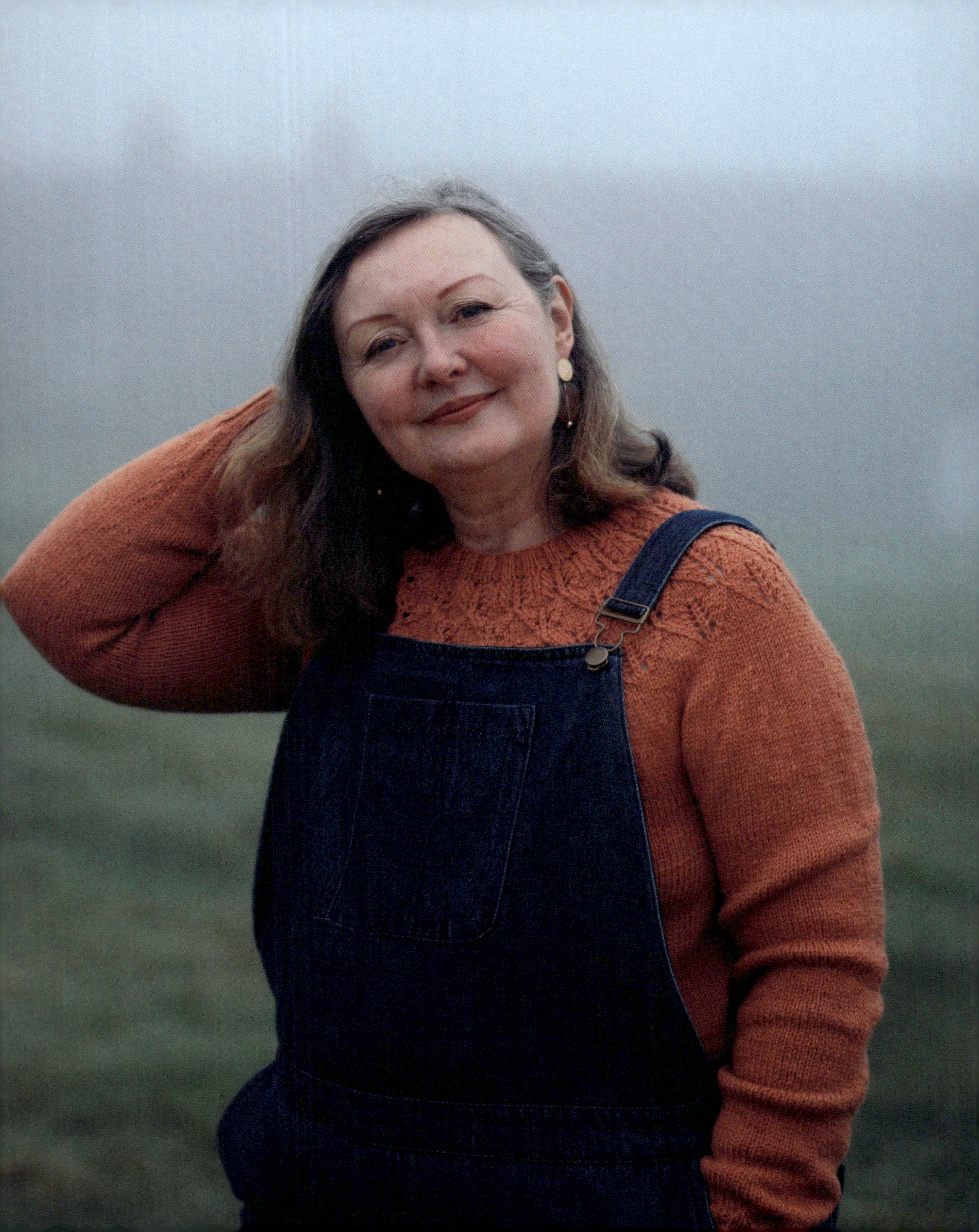

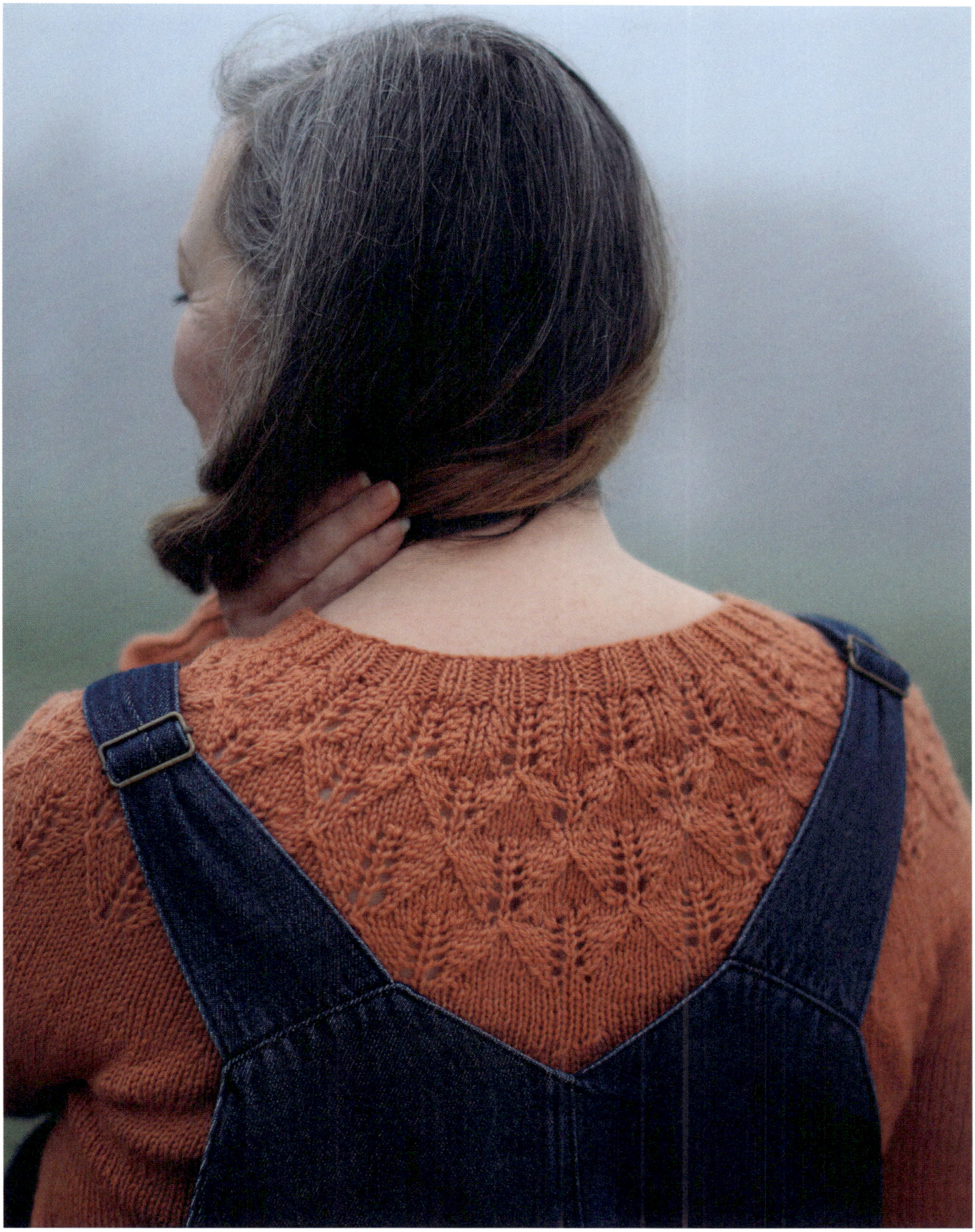

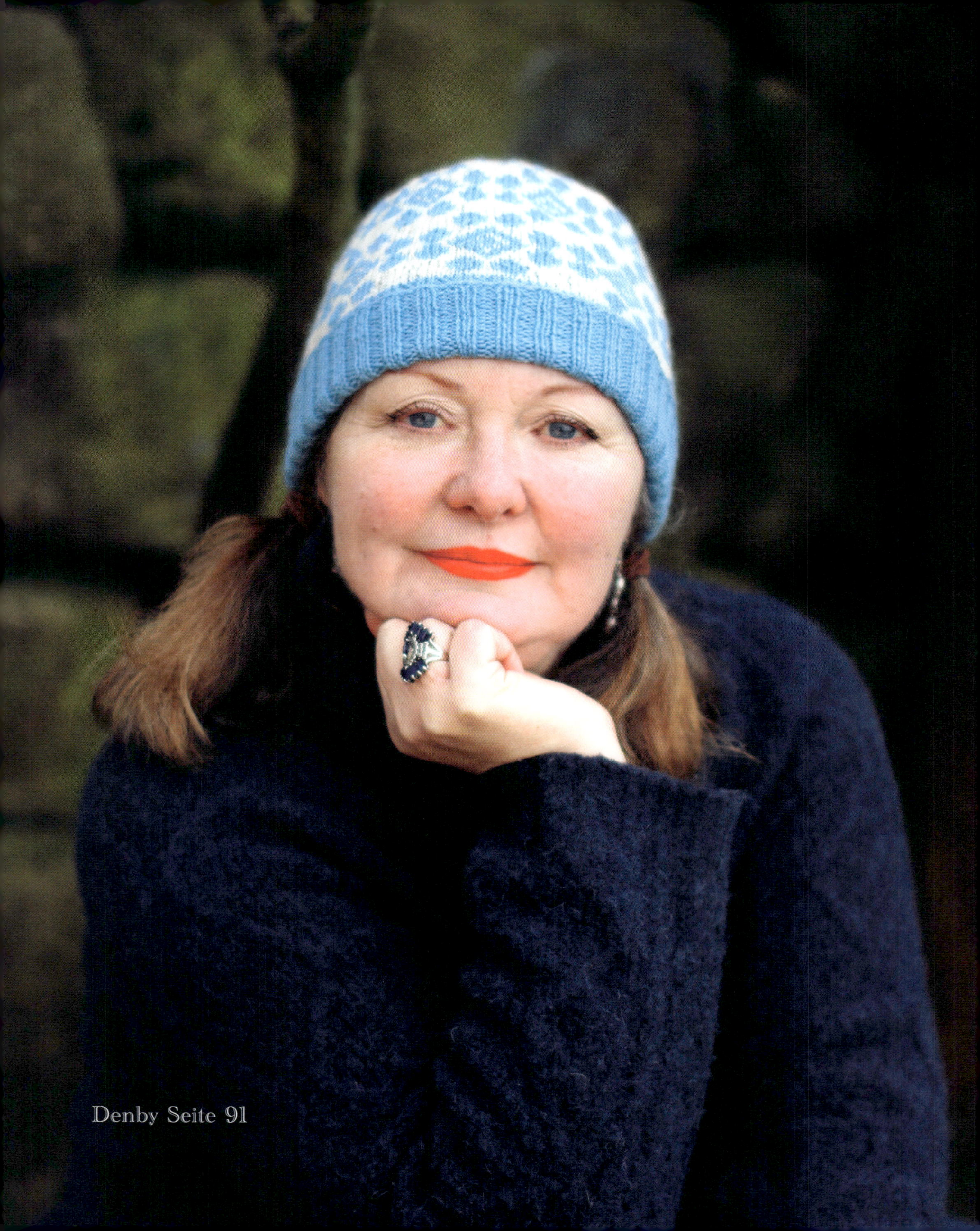

Denby Seite 91

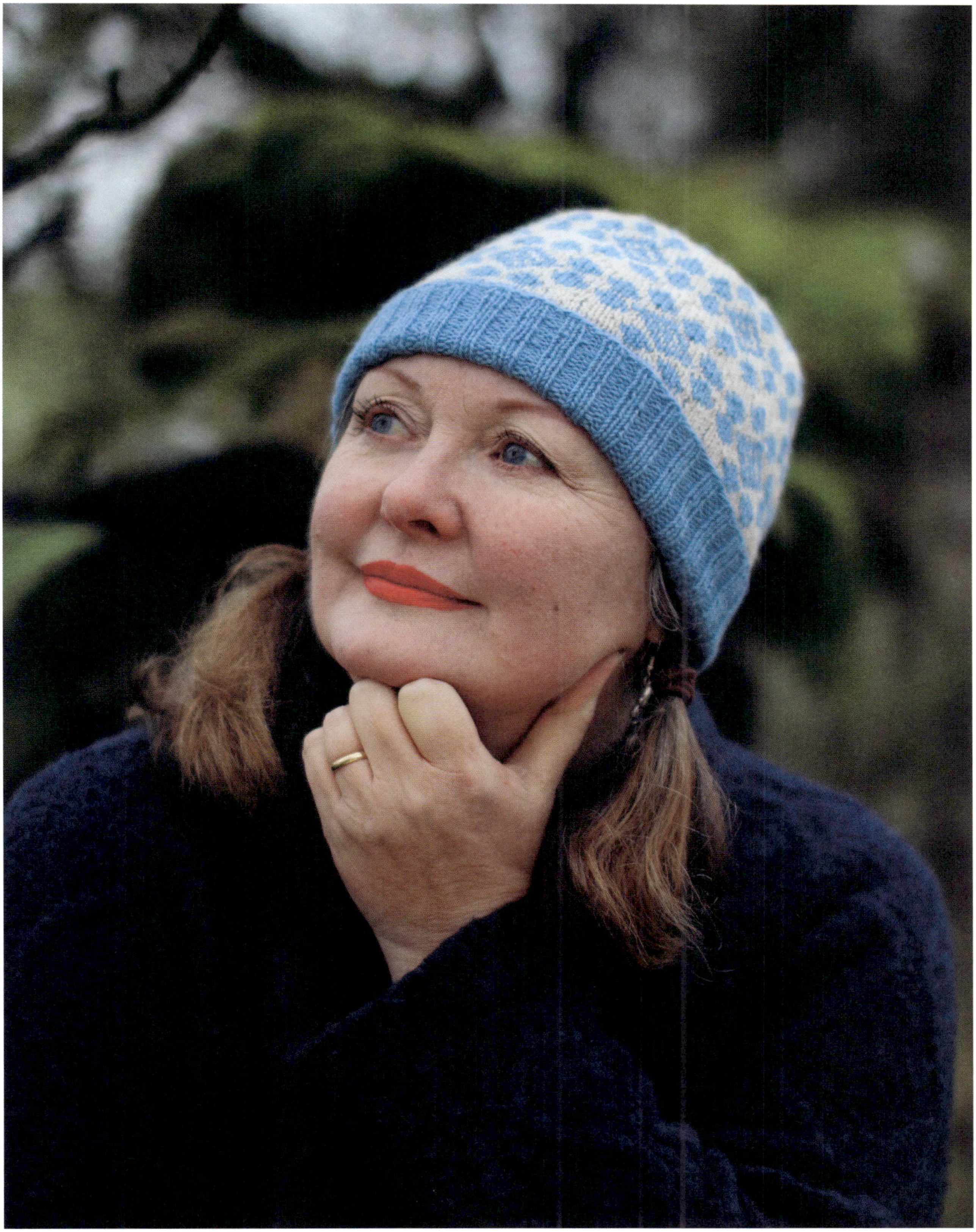

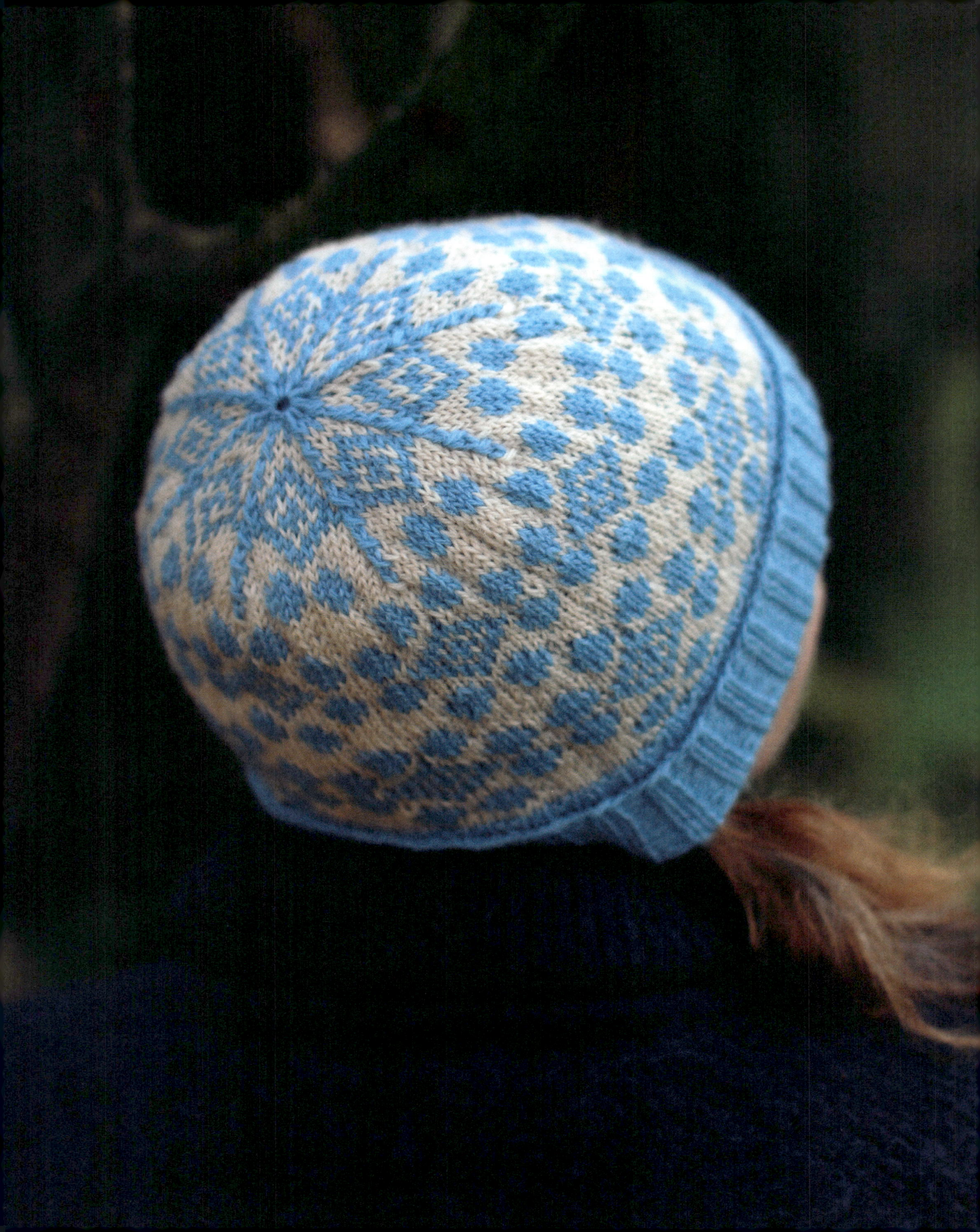

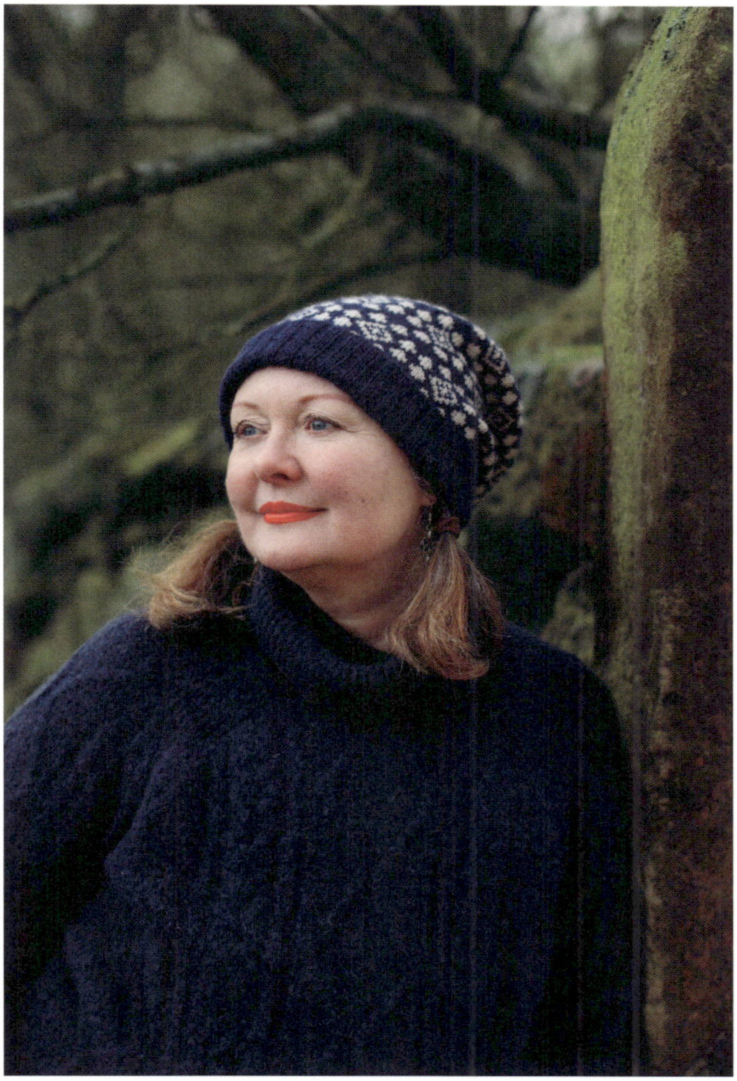

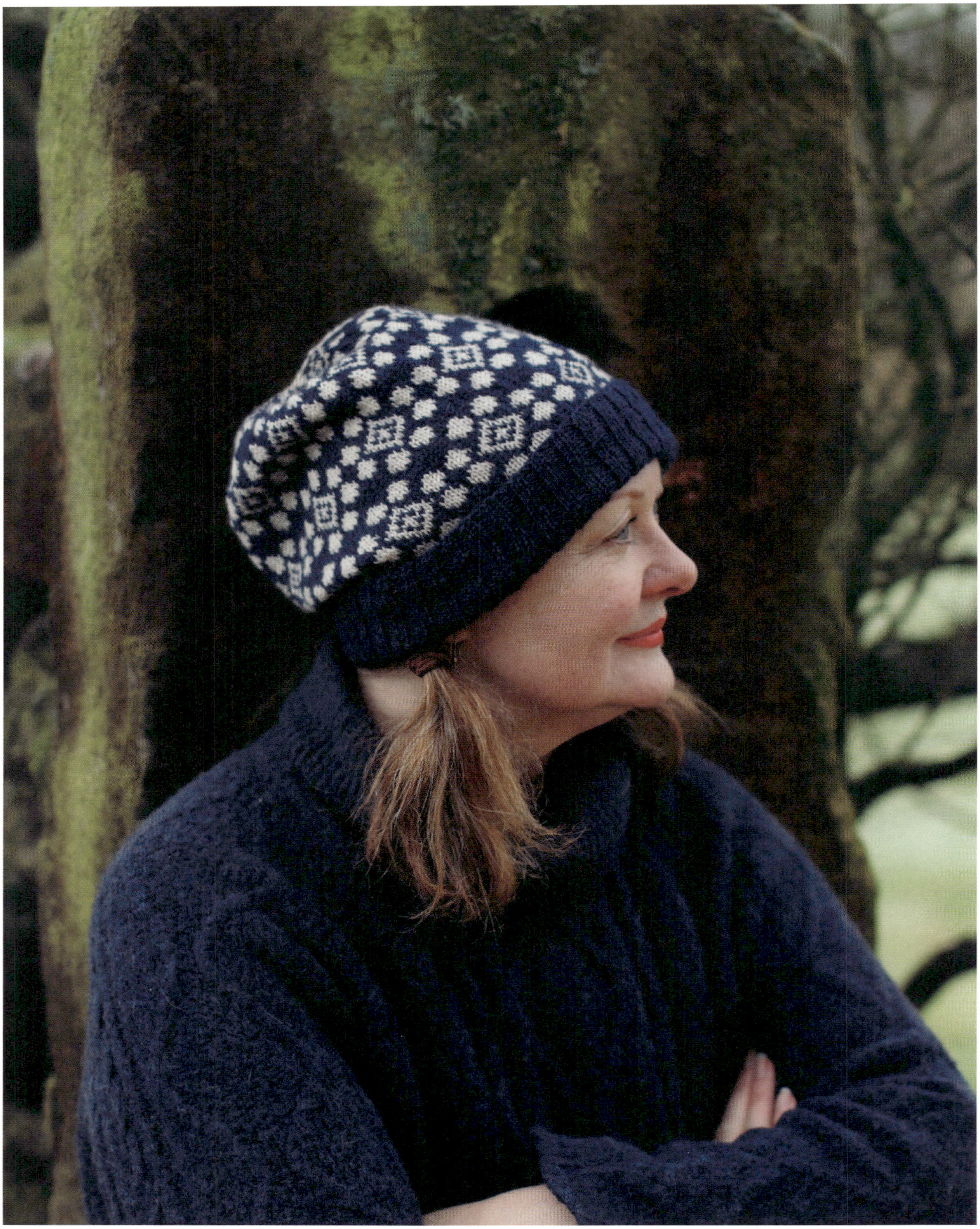

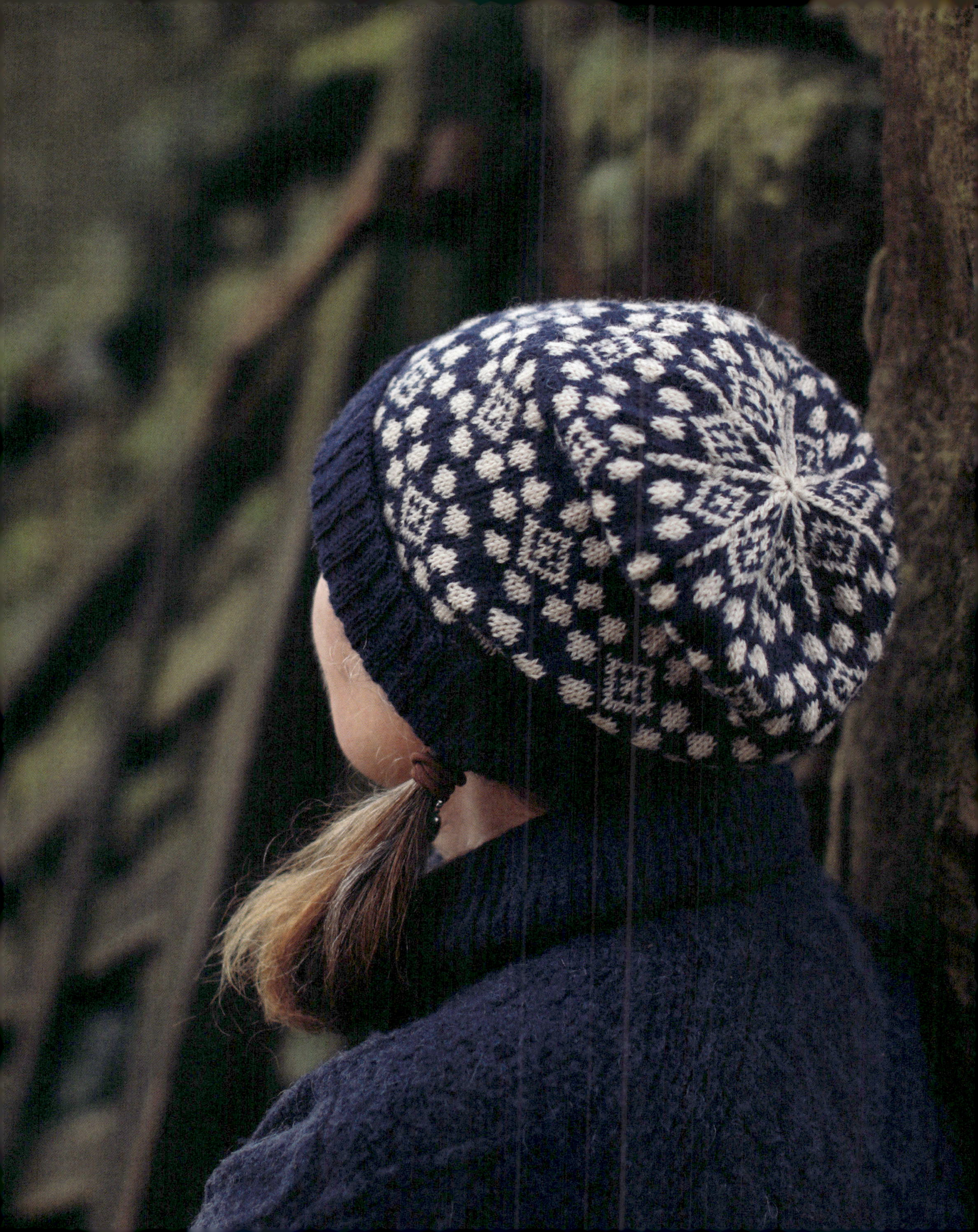

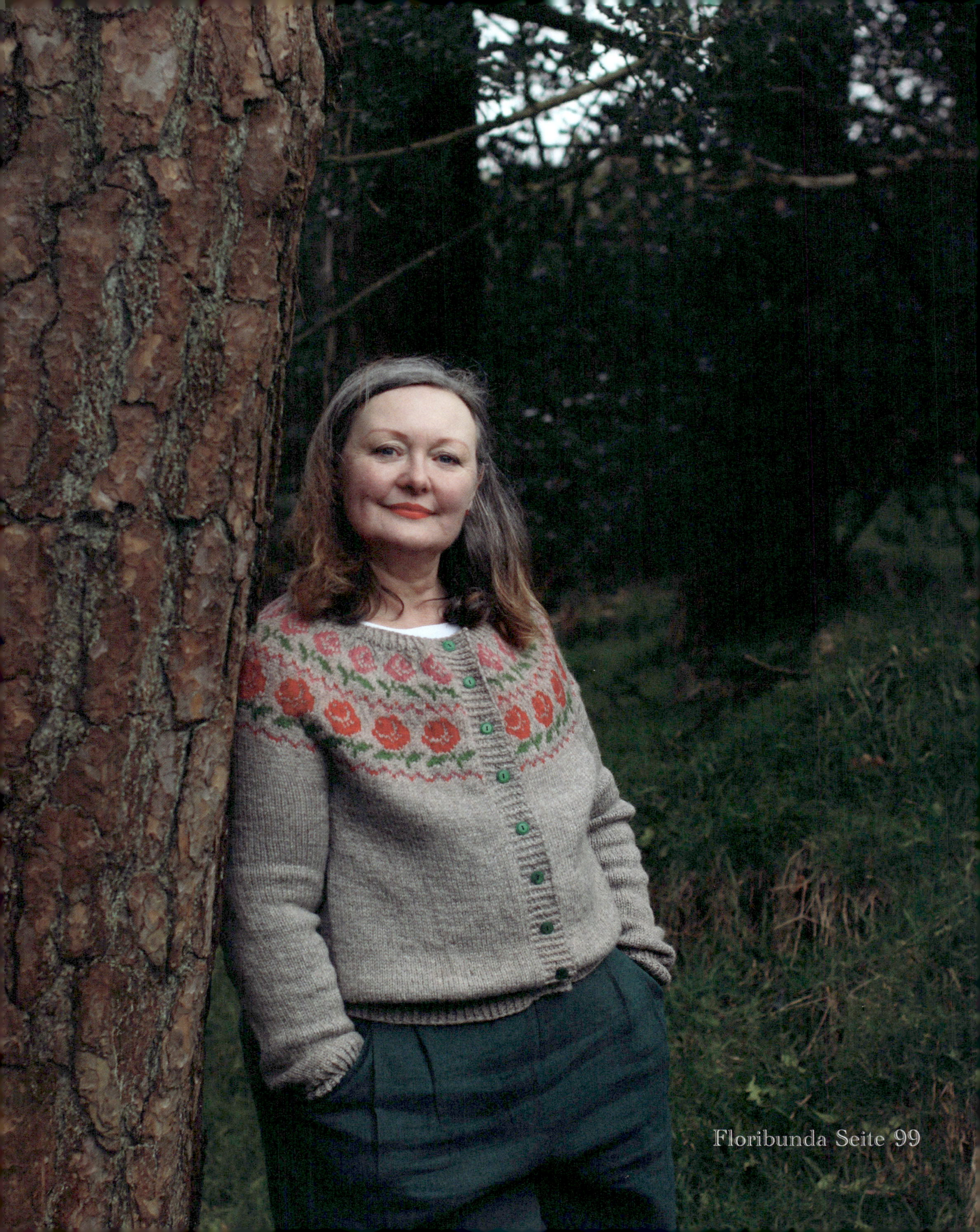

Floribunda Seite 99

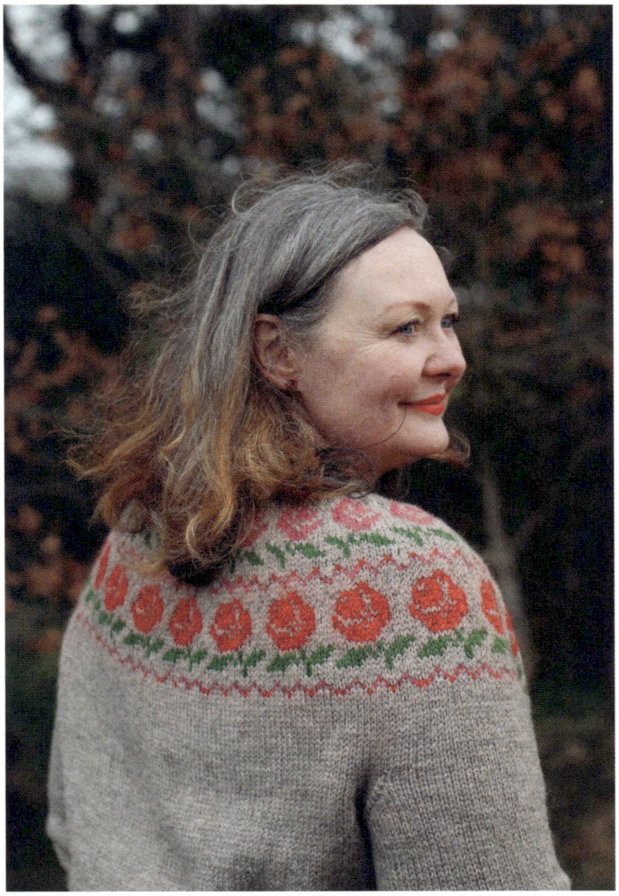

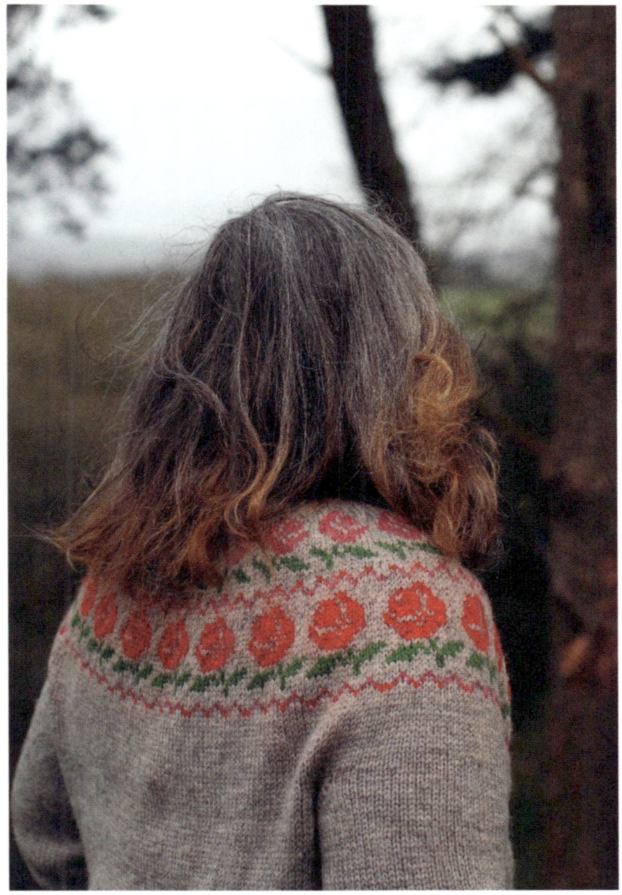

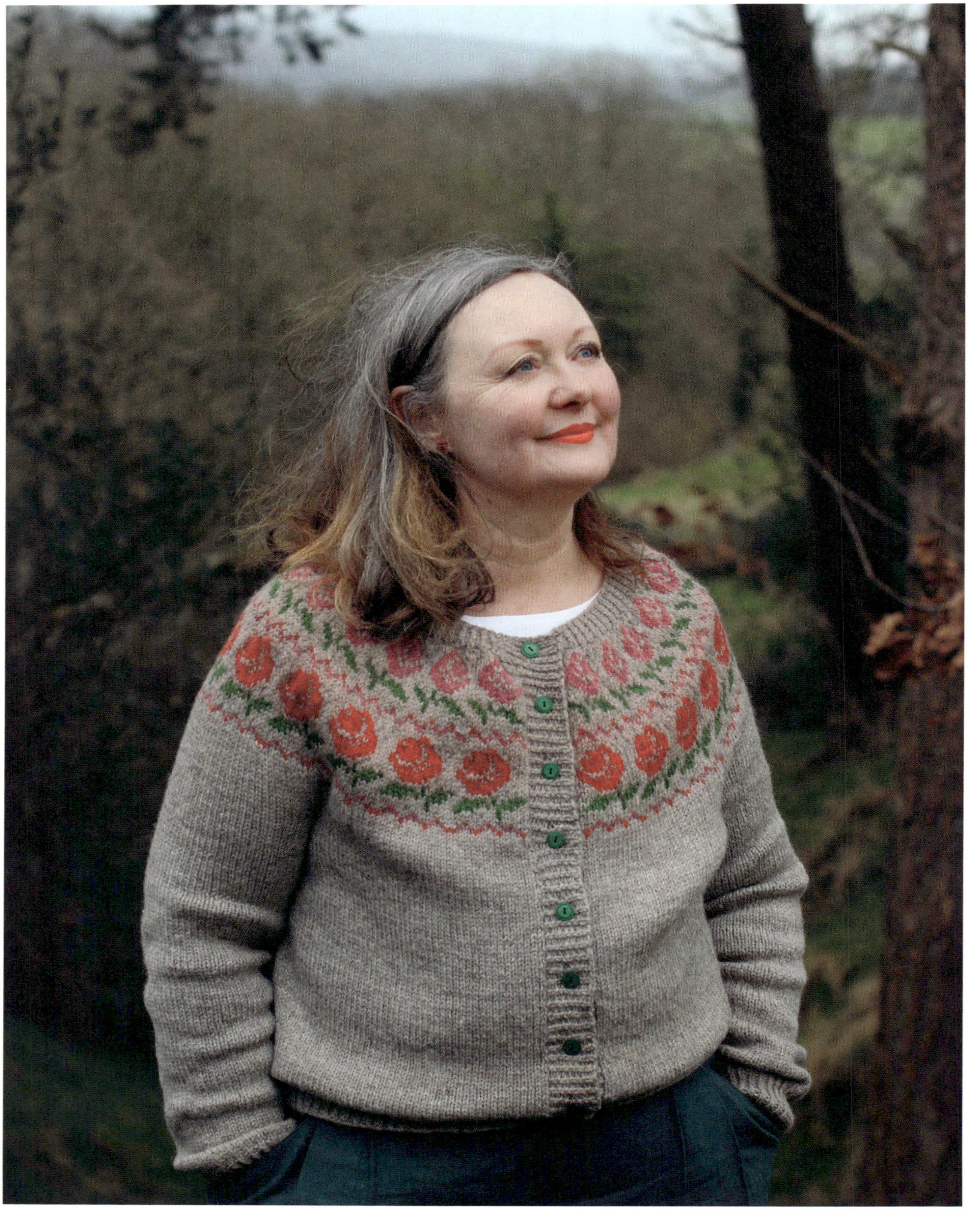

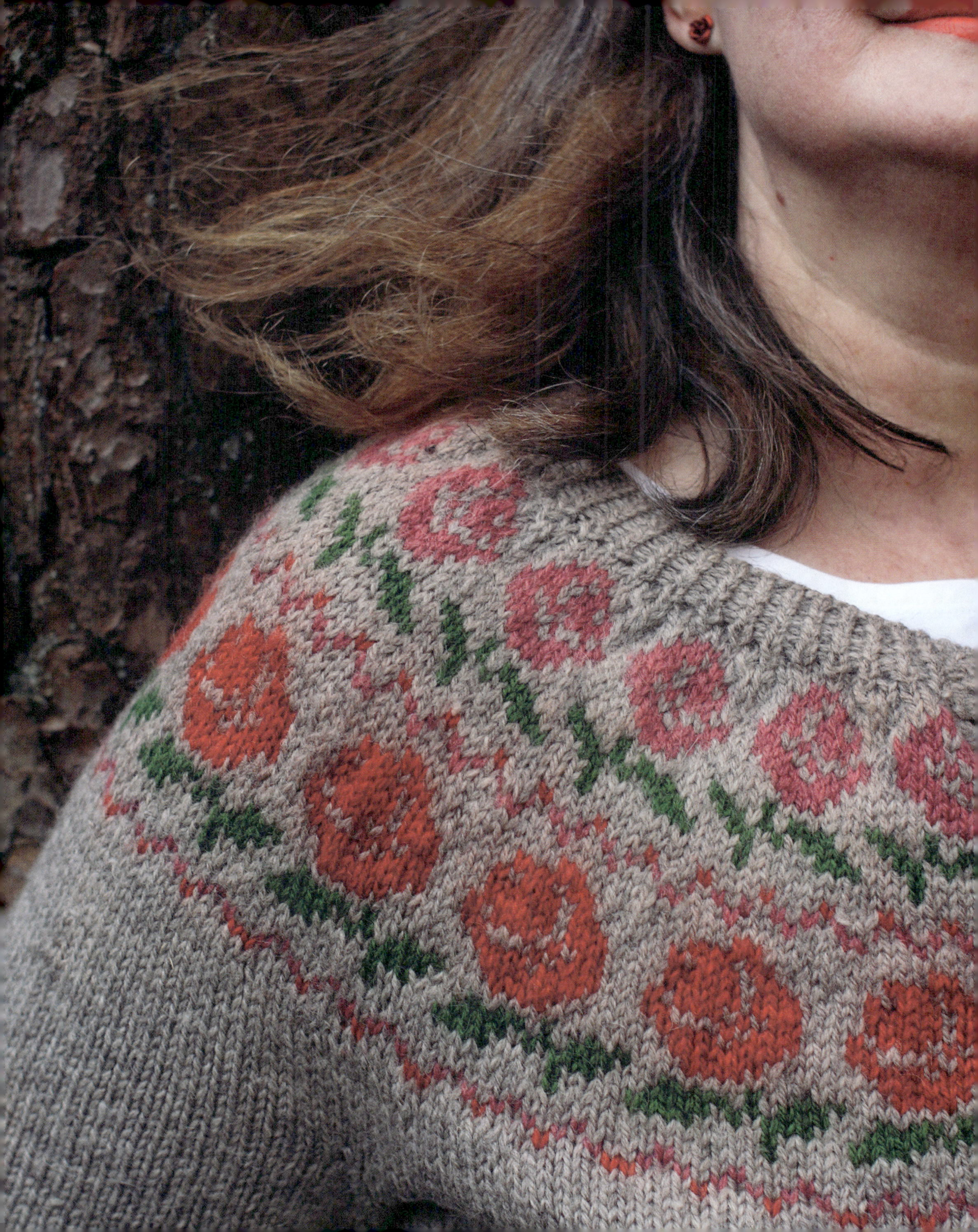

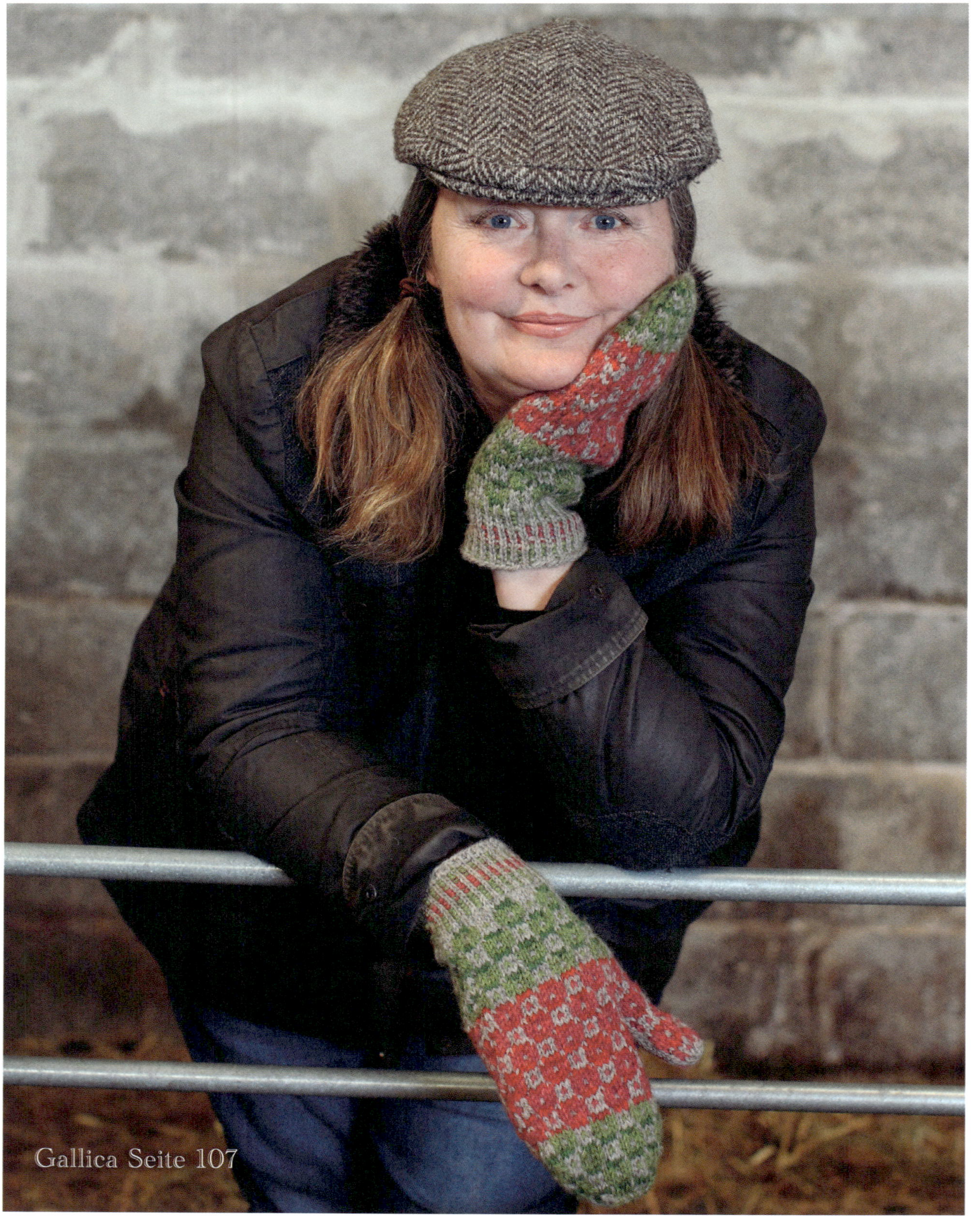

Gallica Seite 107

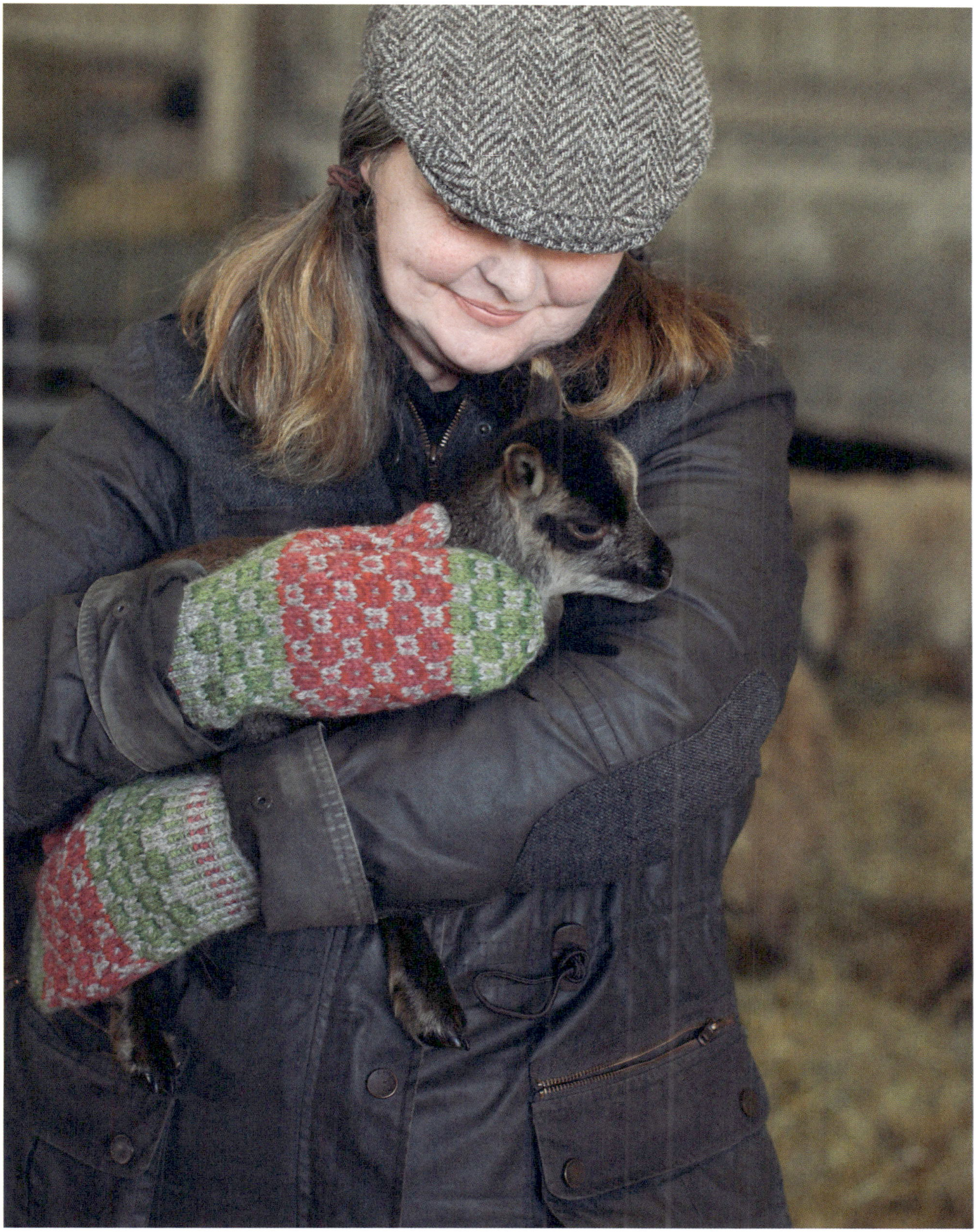

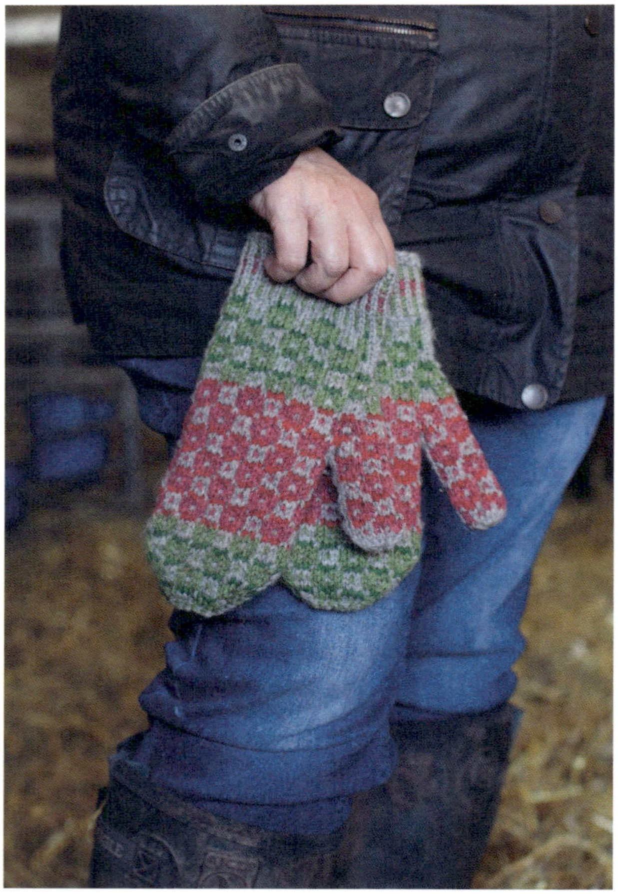

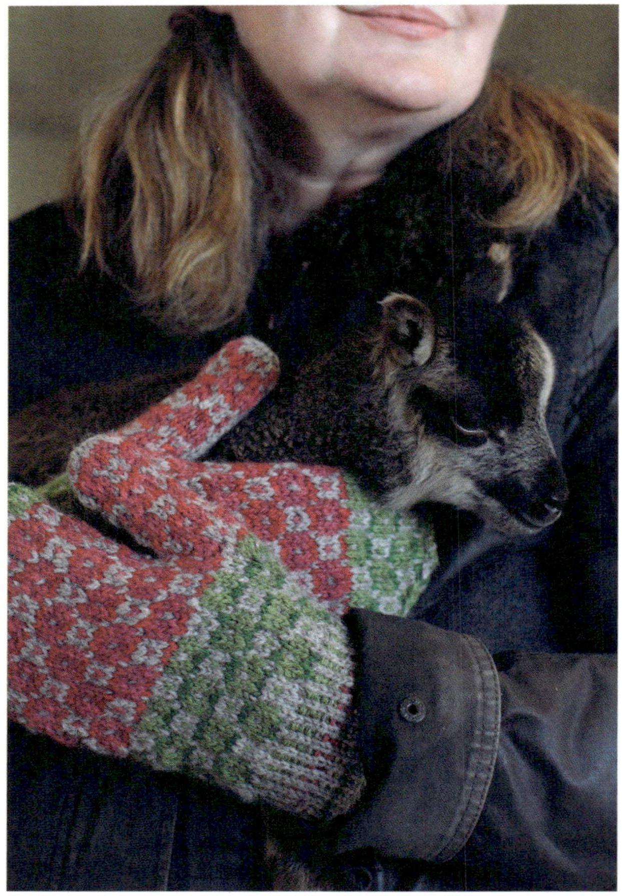

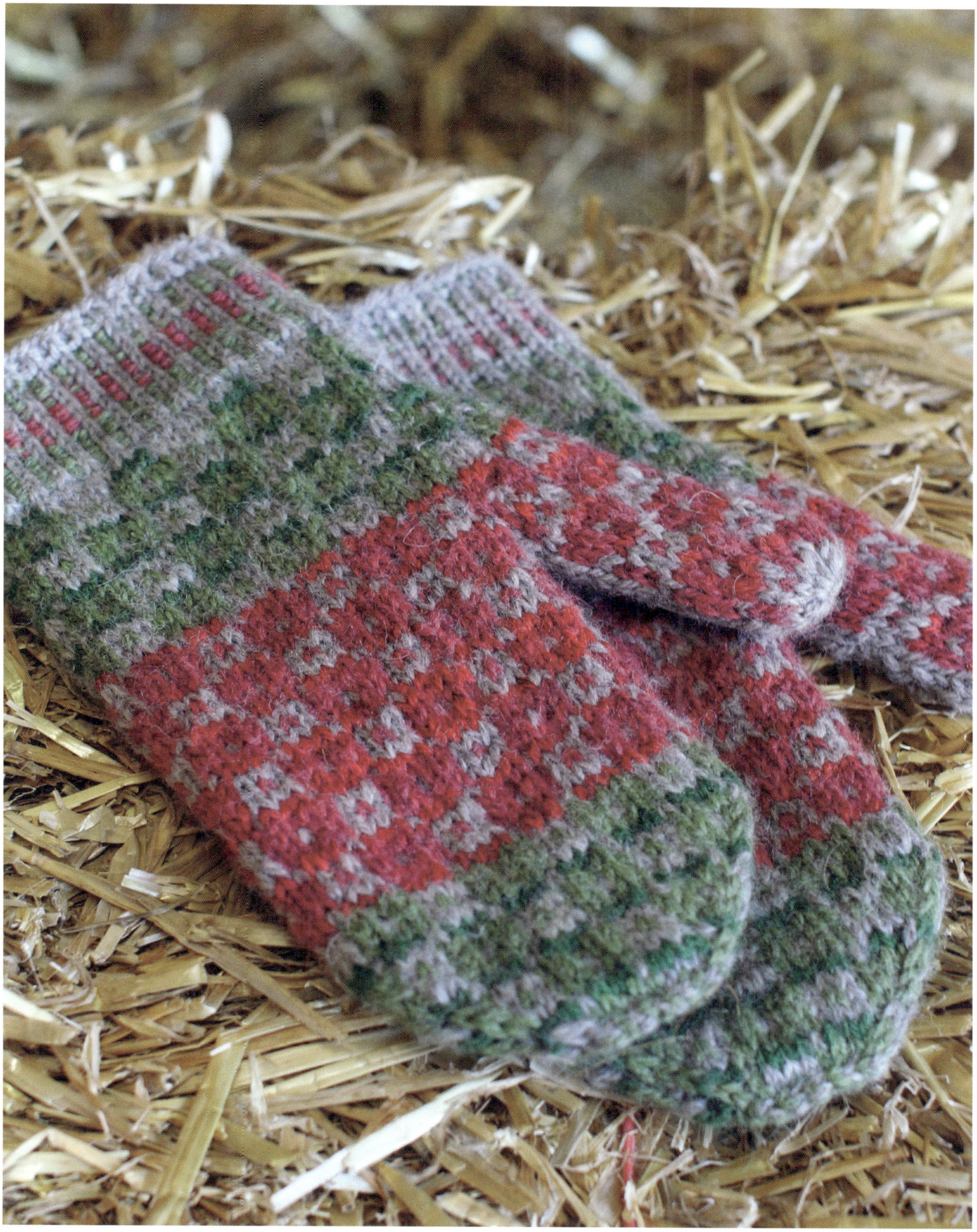

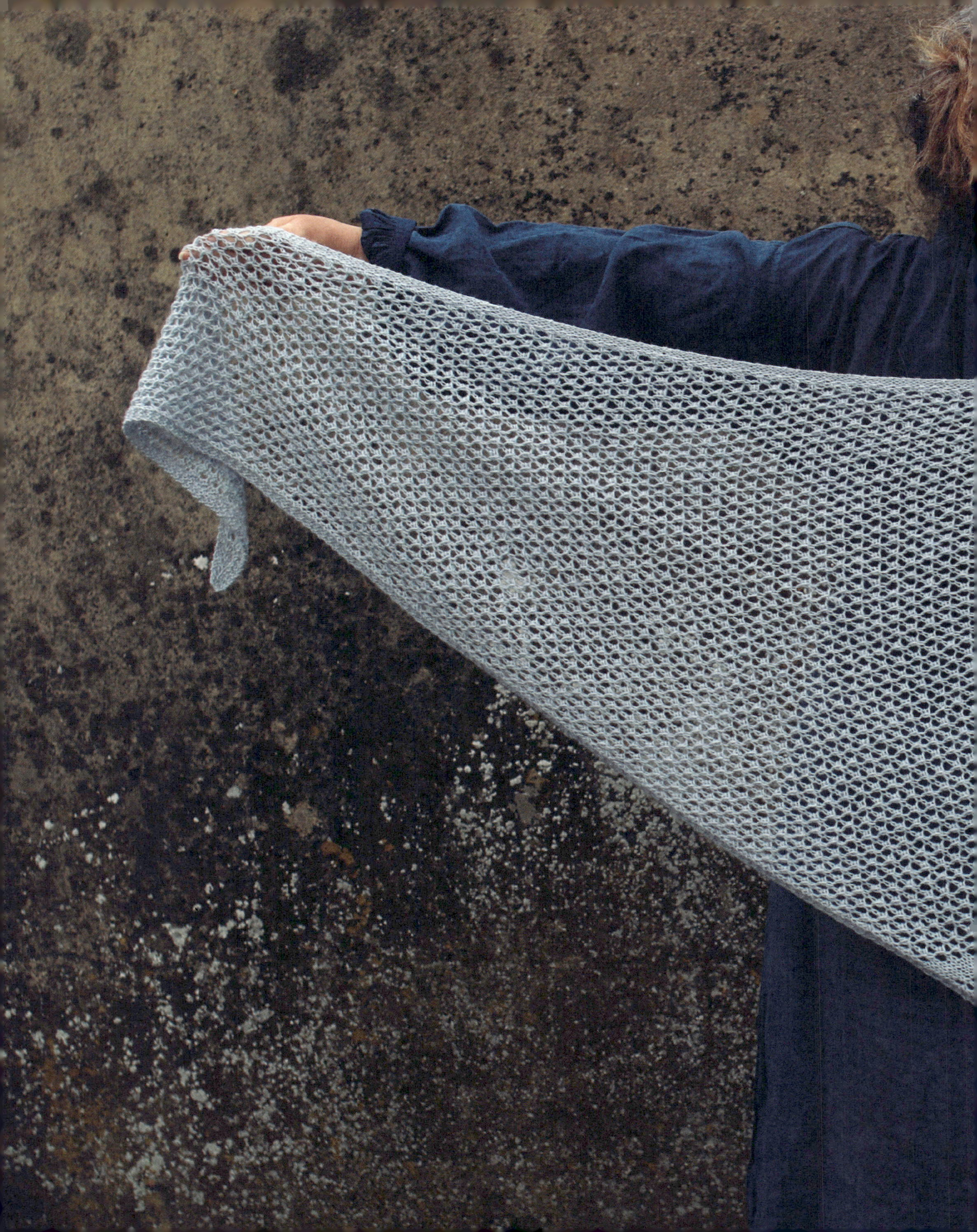

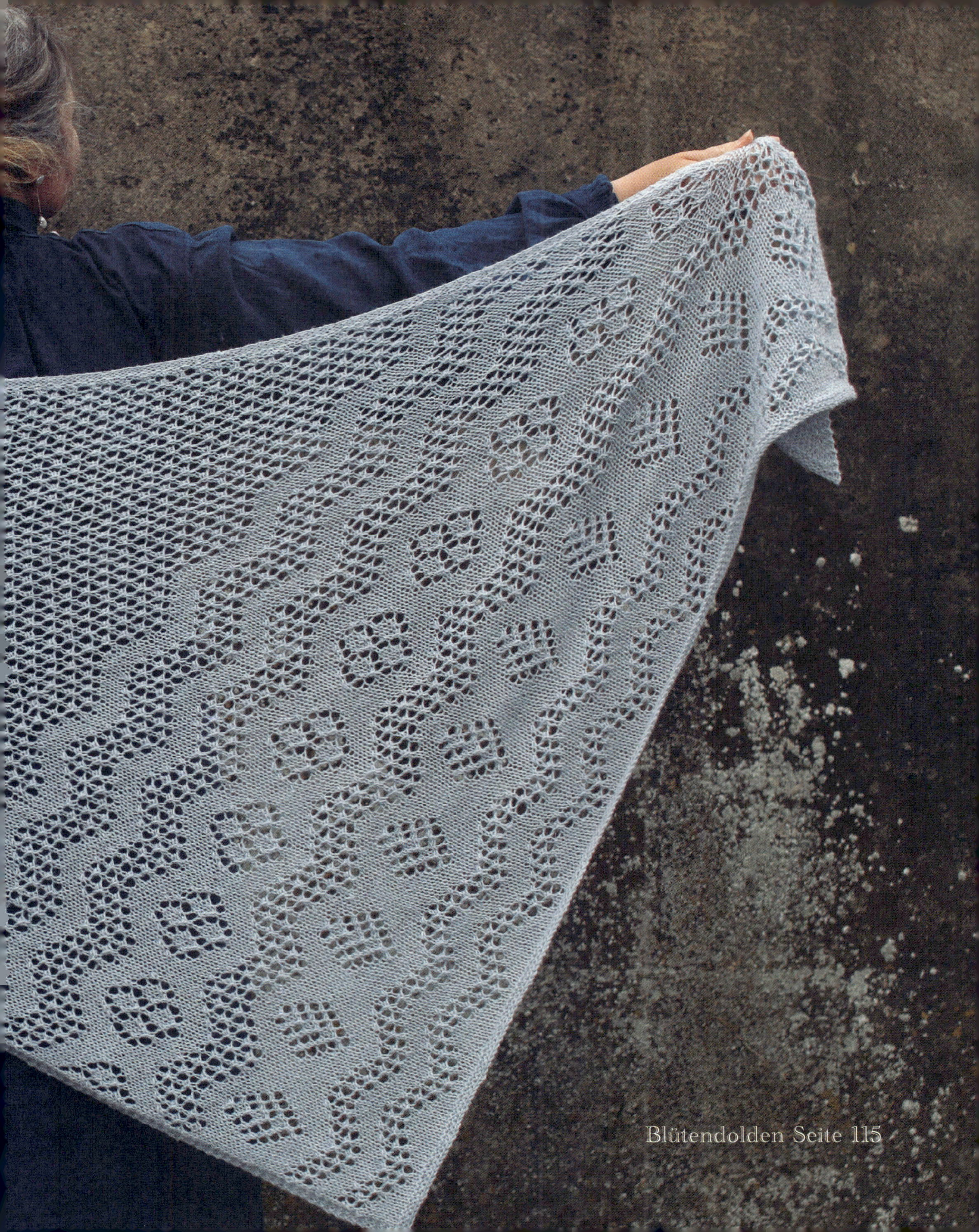

Blütendolden Seite 115

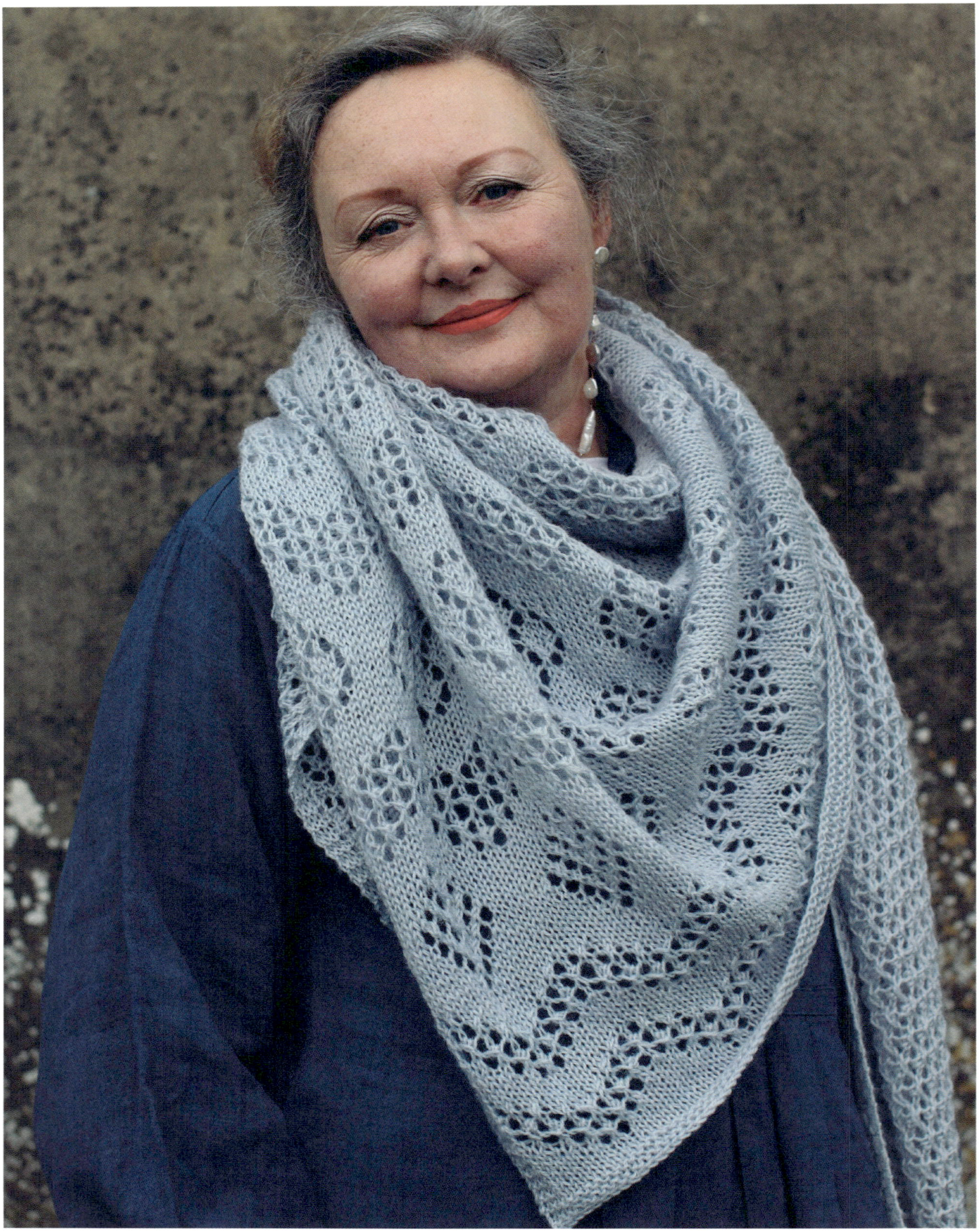

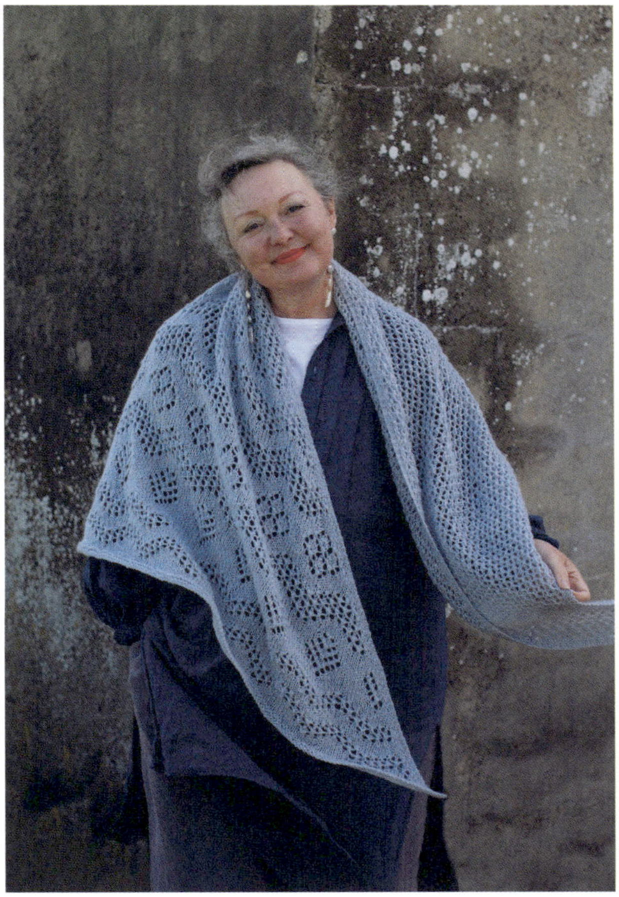

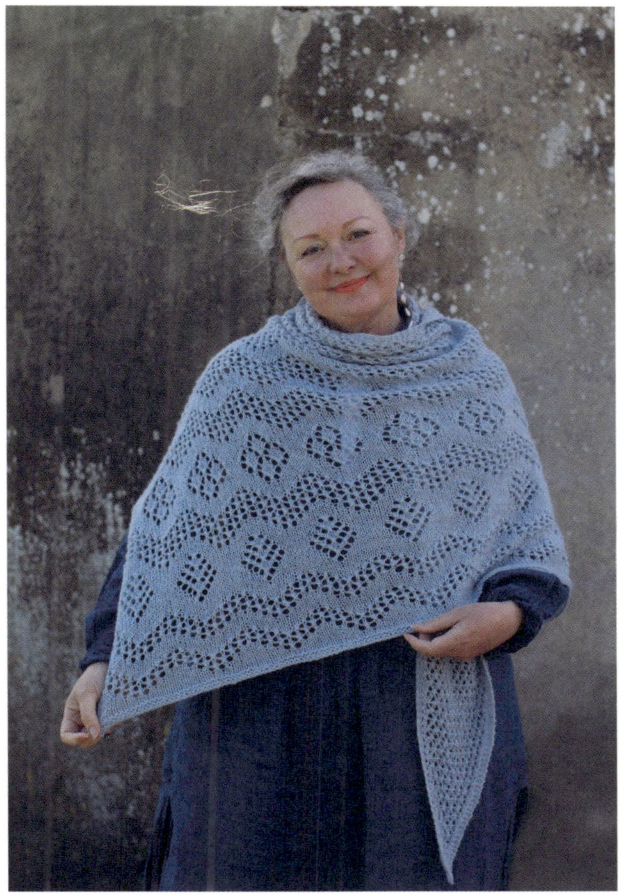

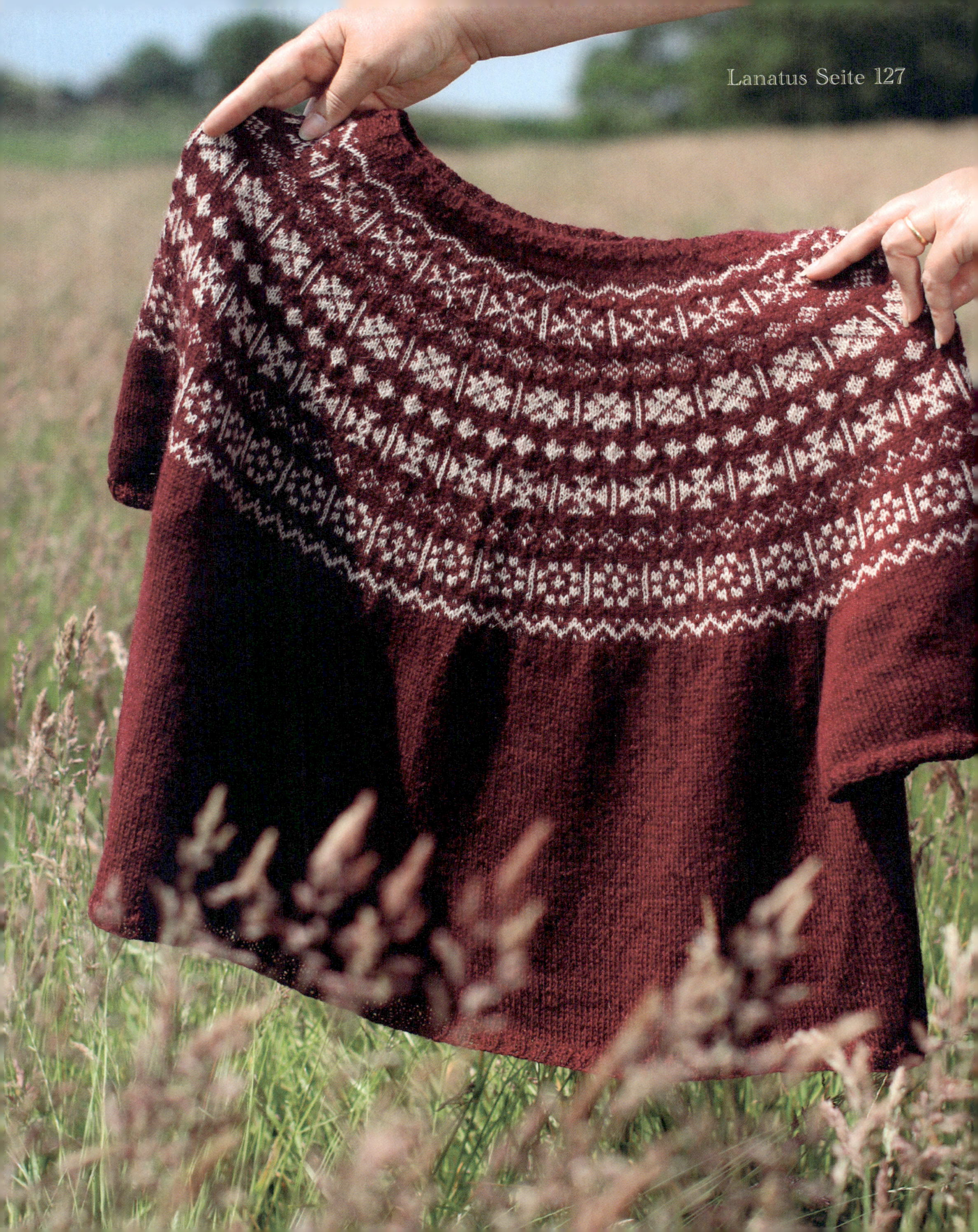
Lanatus Seite 127

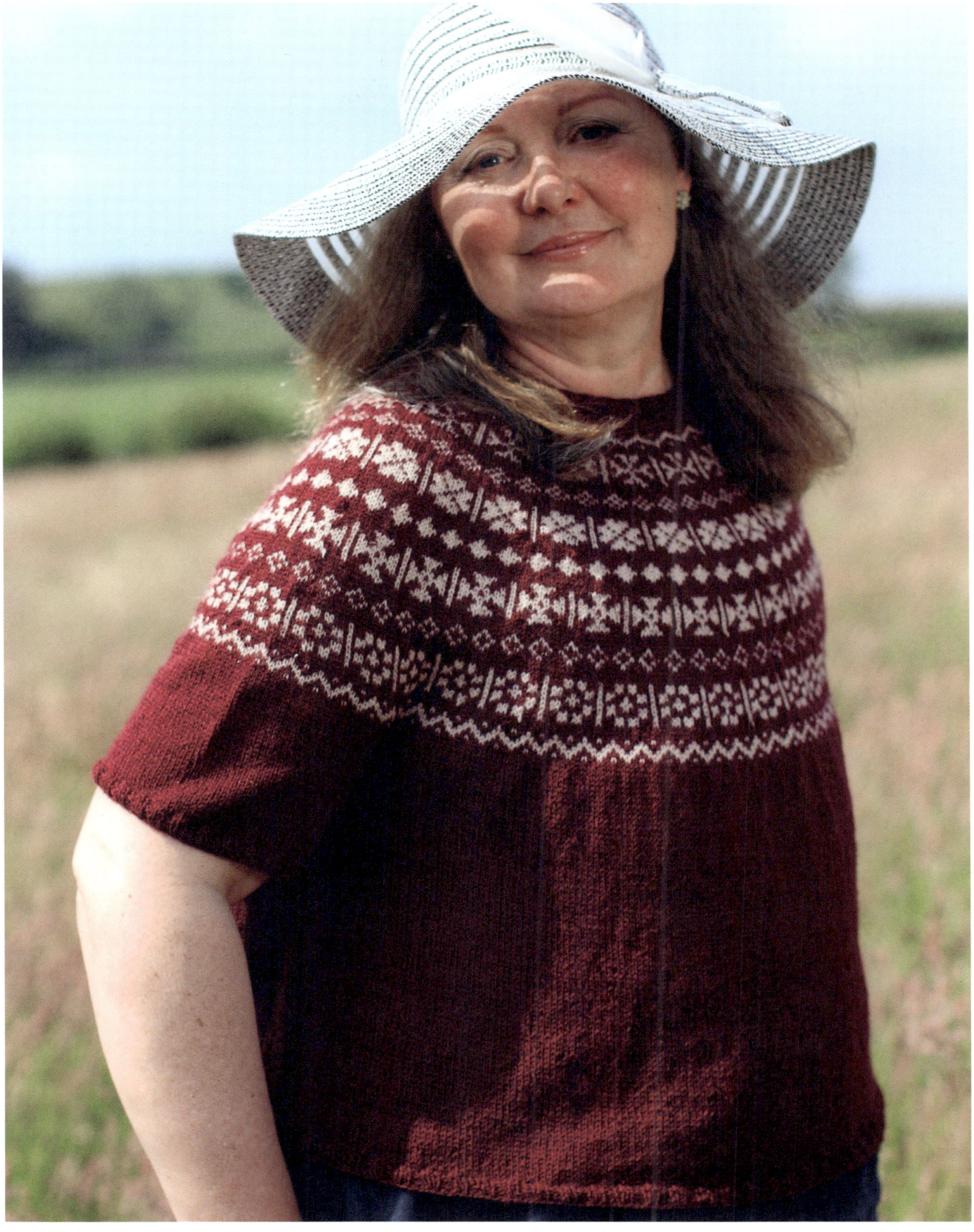

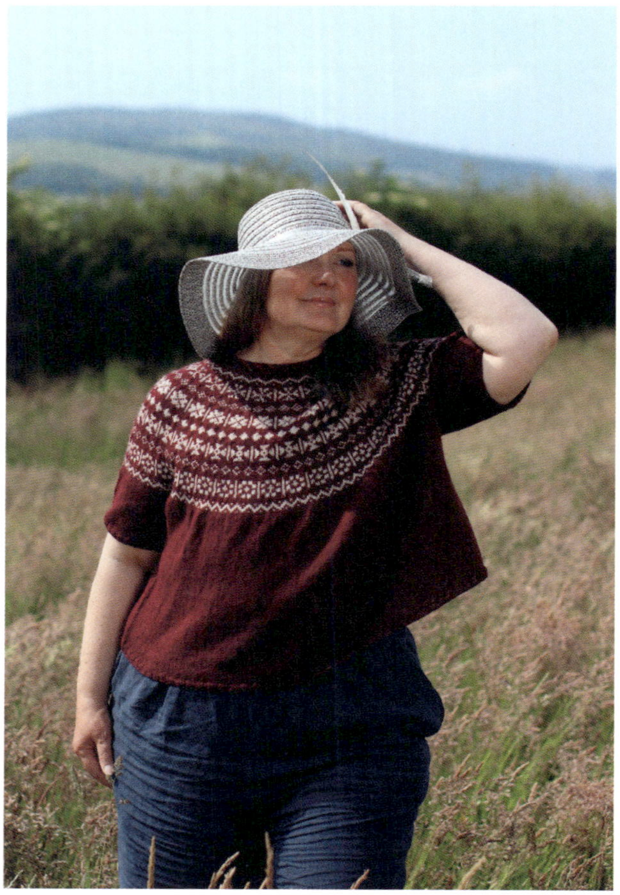

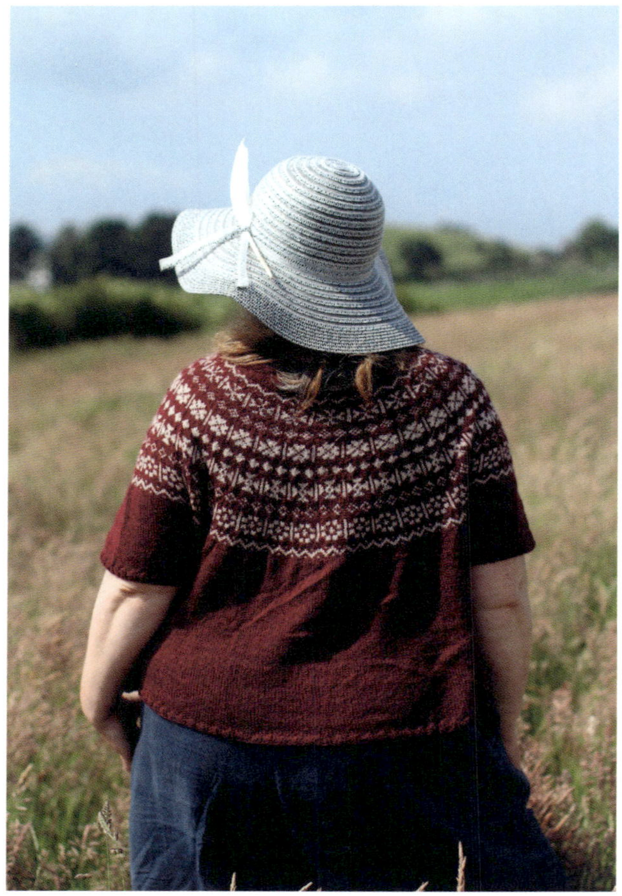

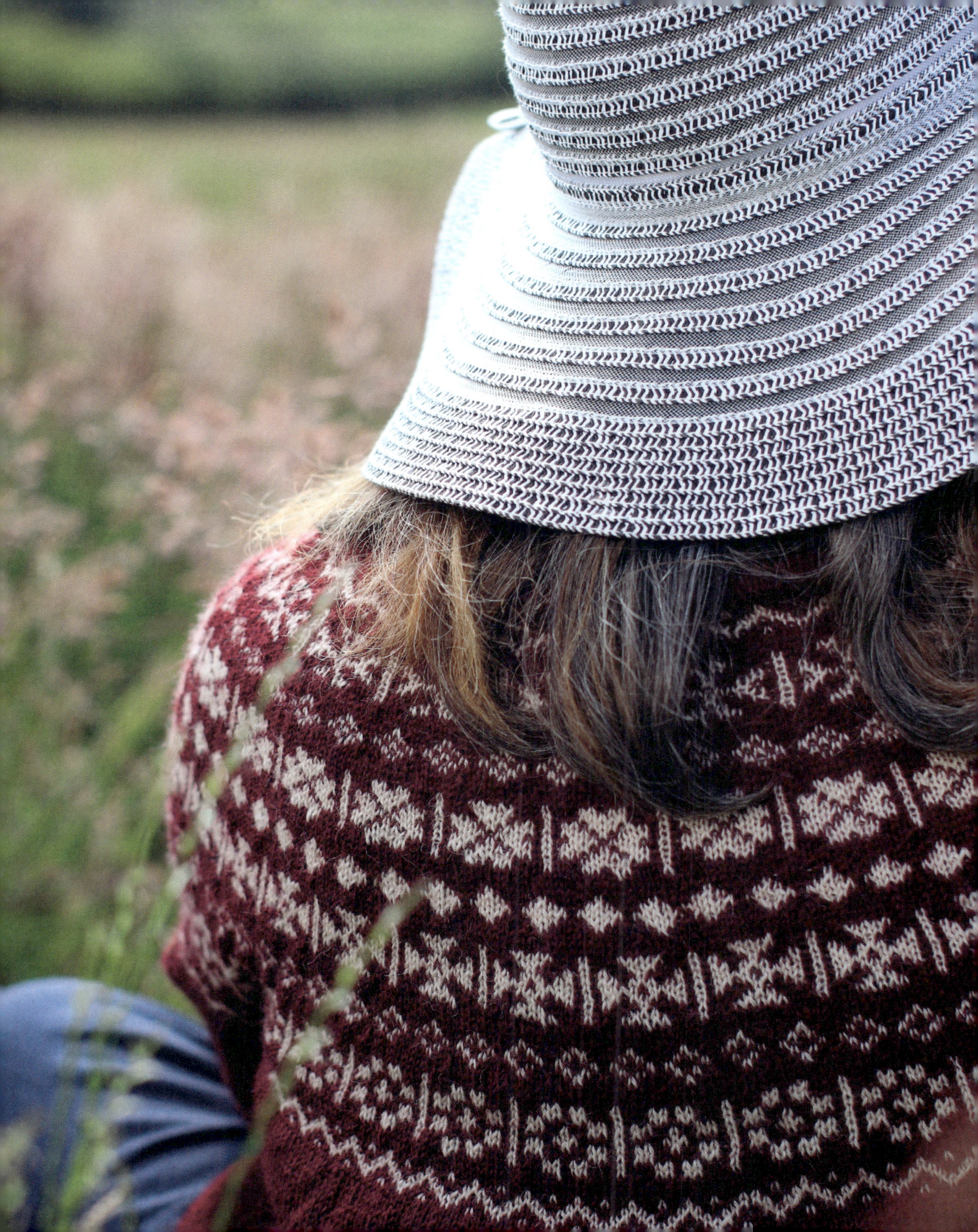

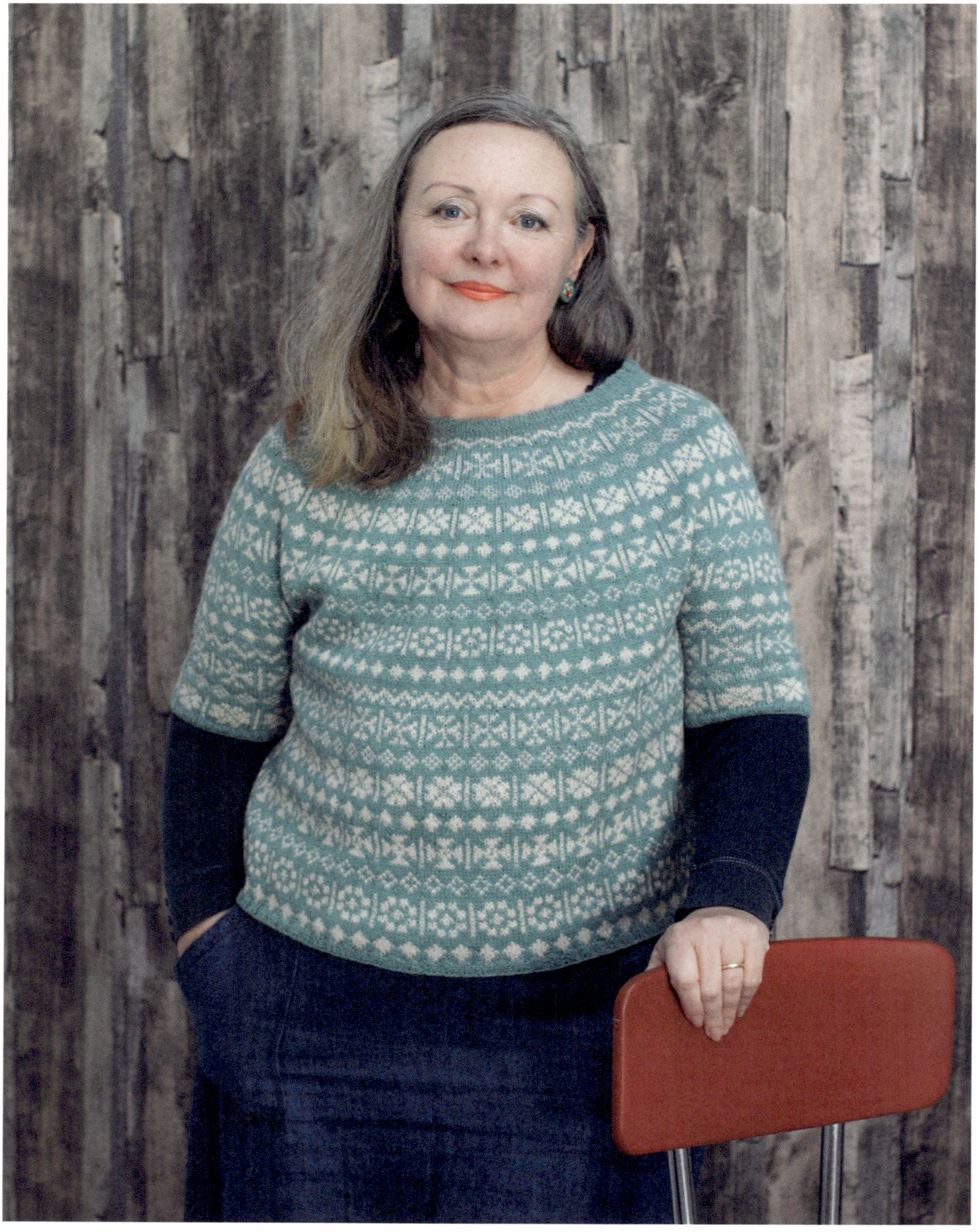

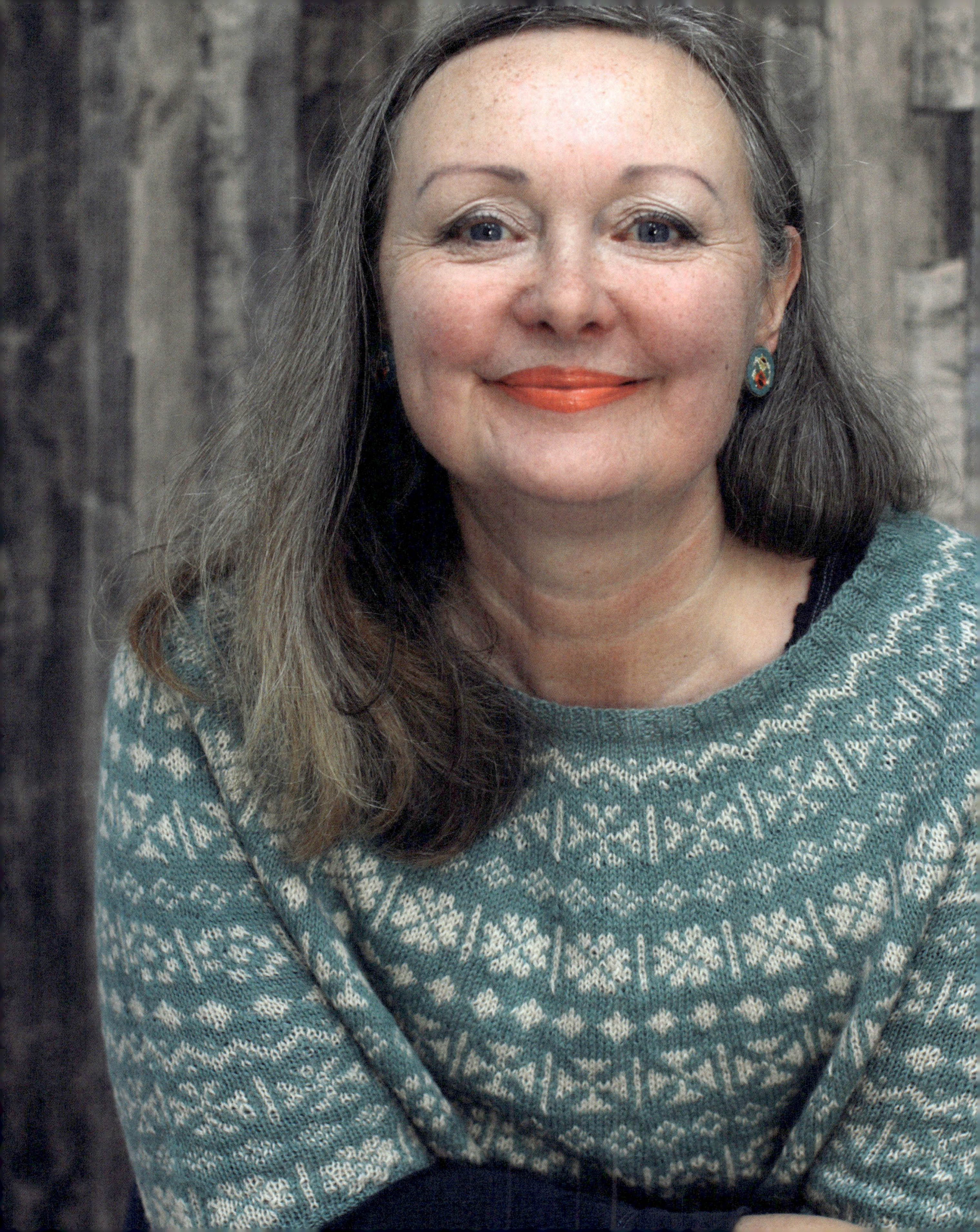

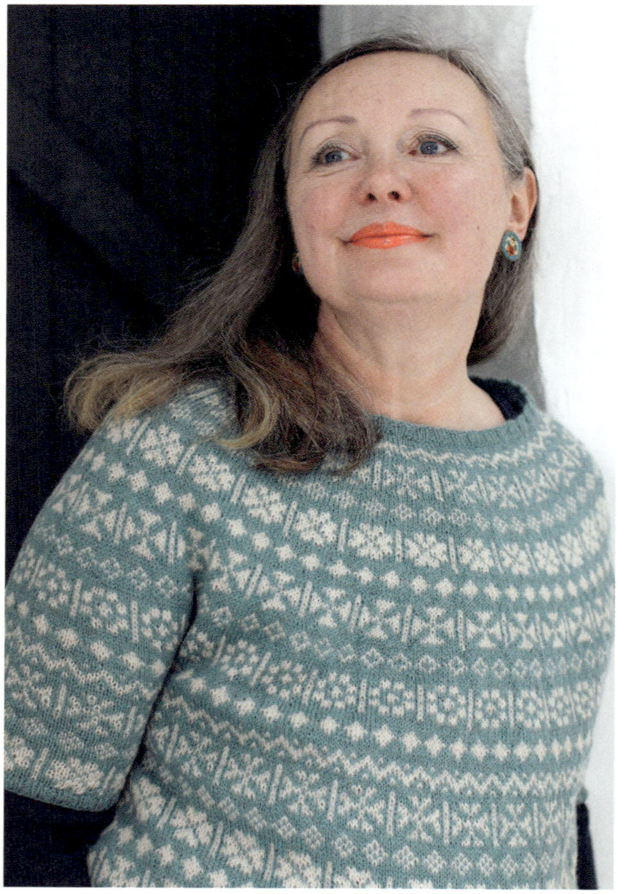

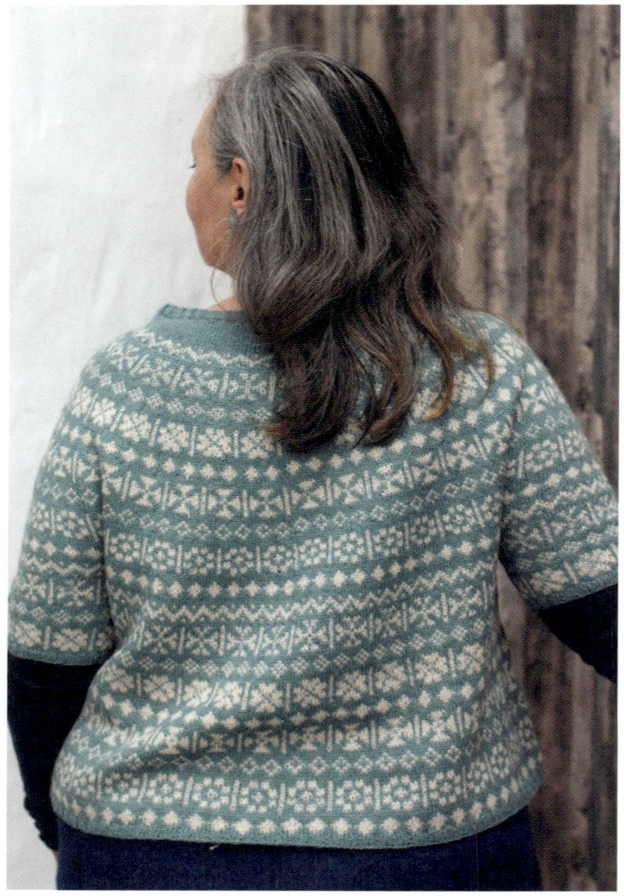

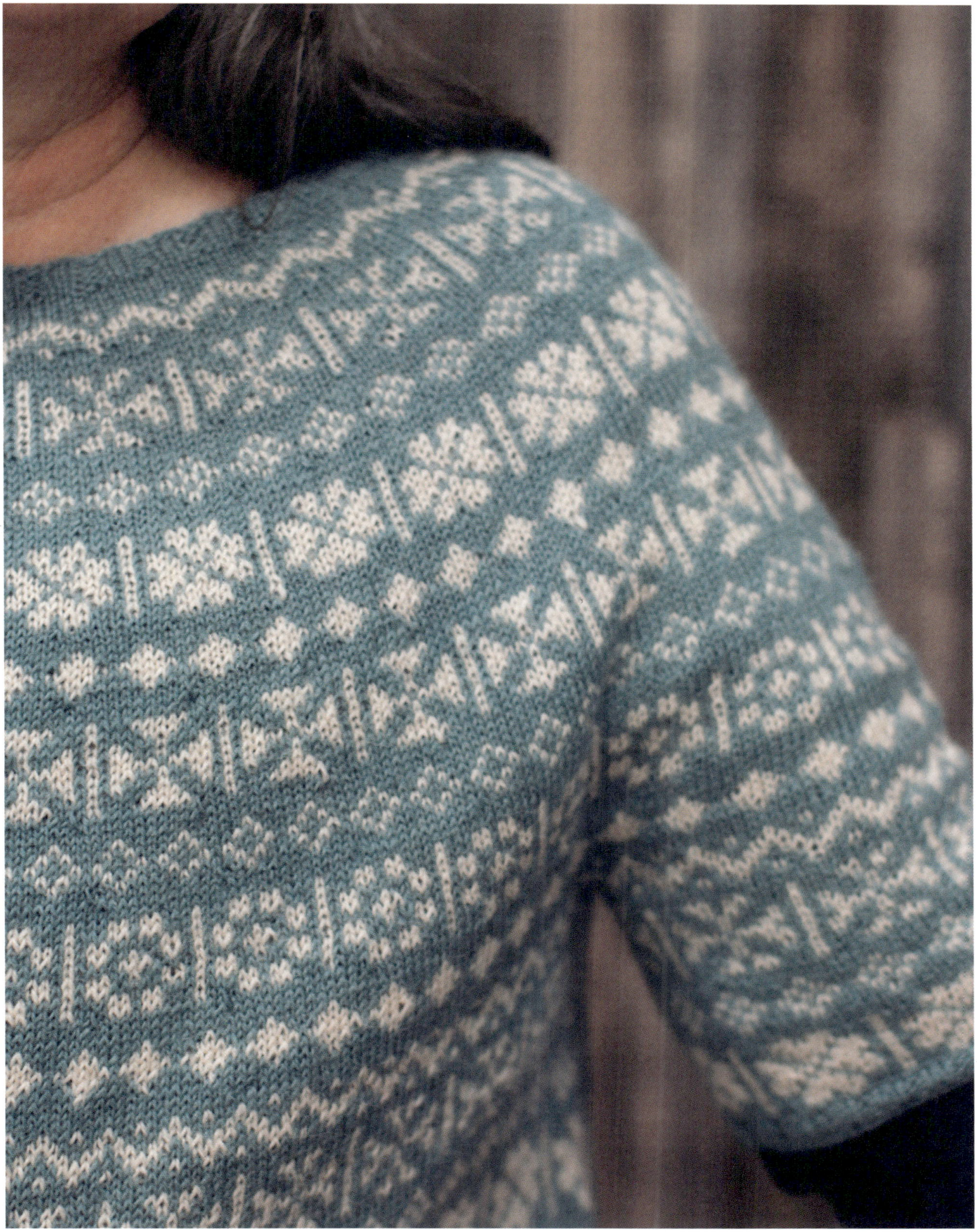

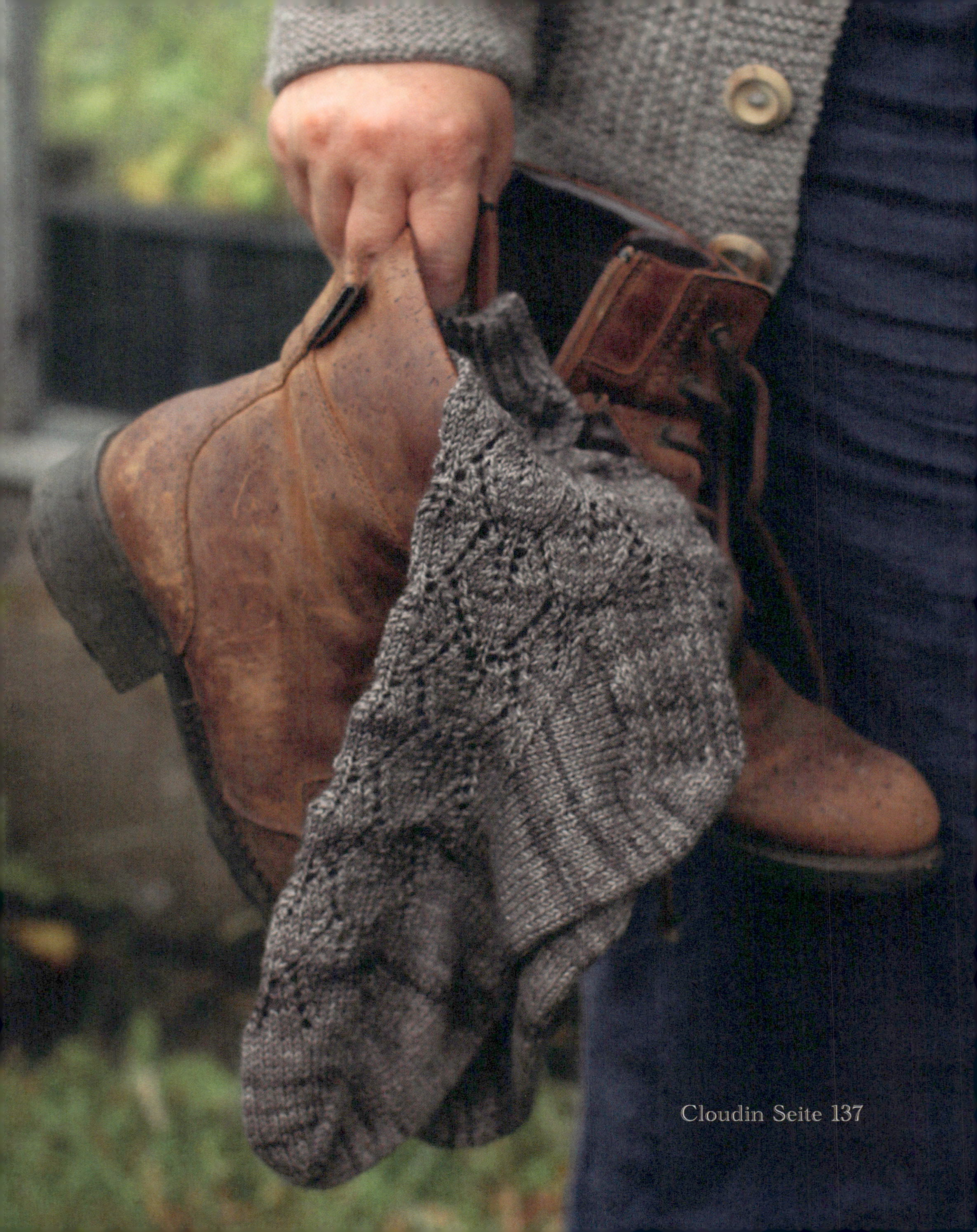

Cloudin Seite 137

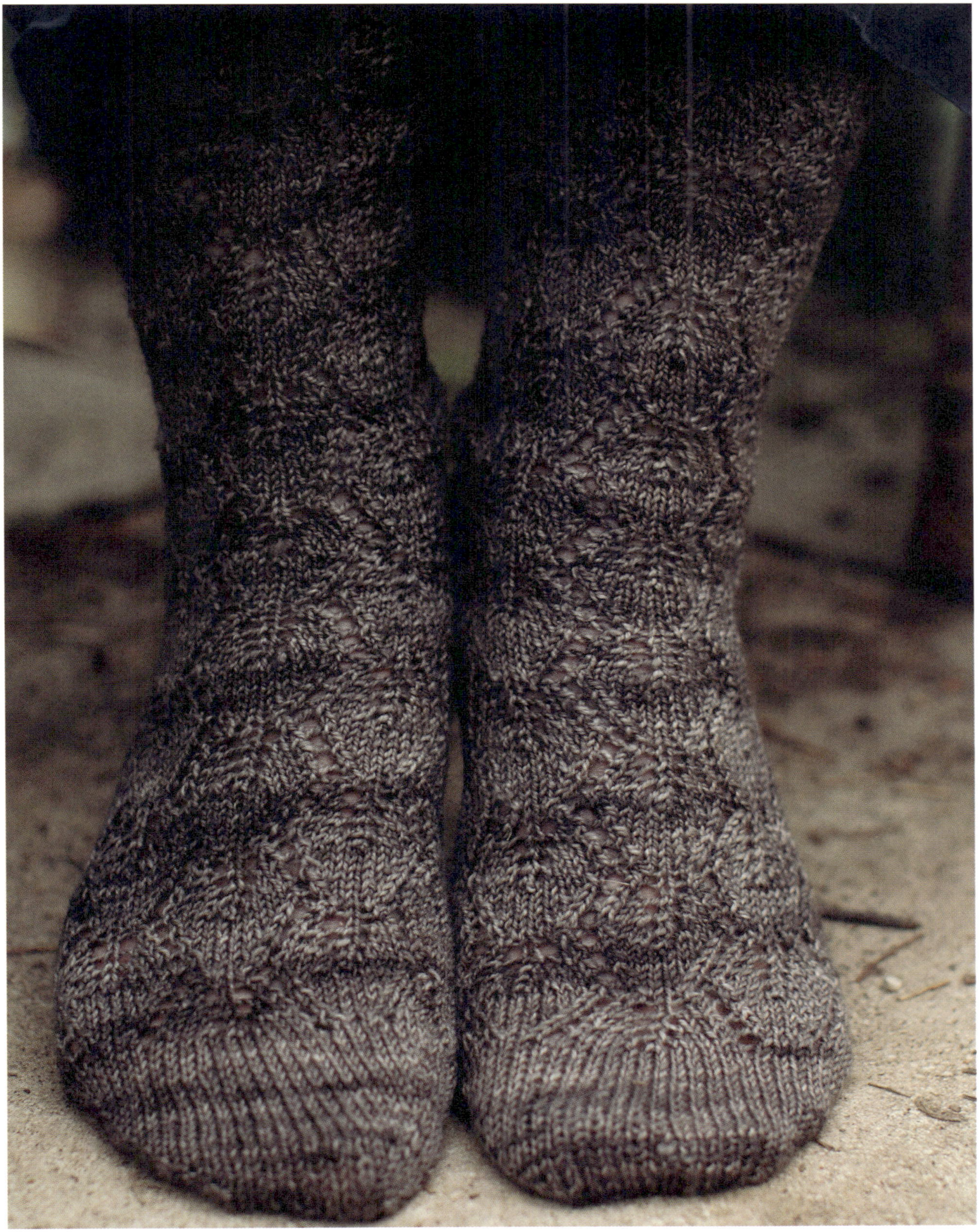

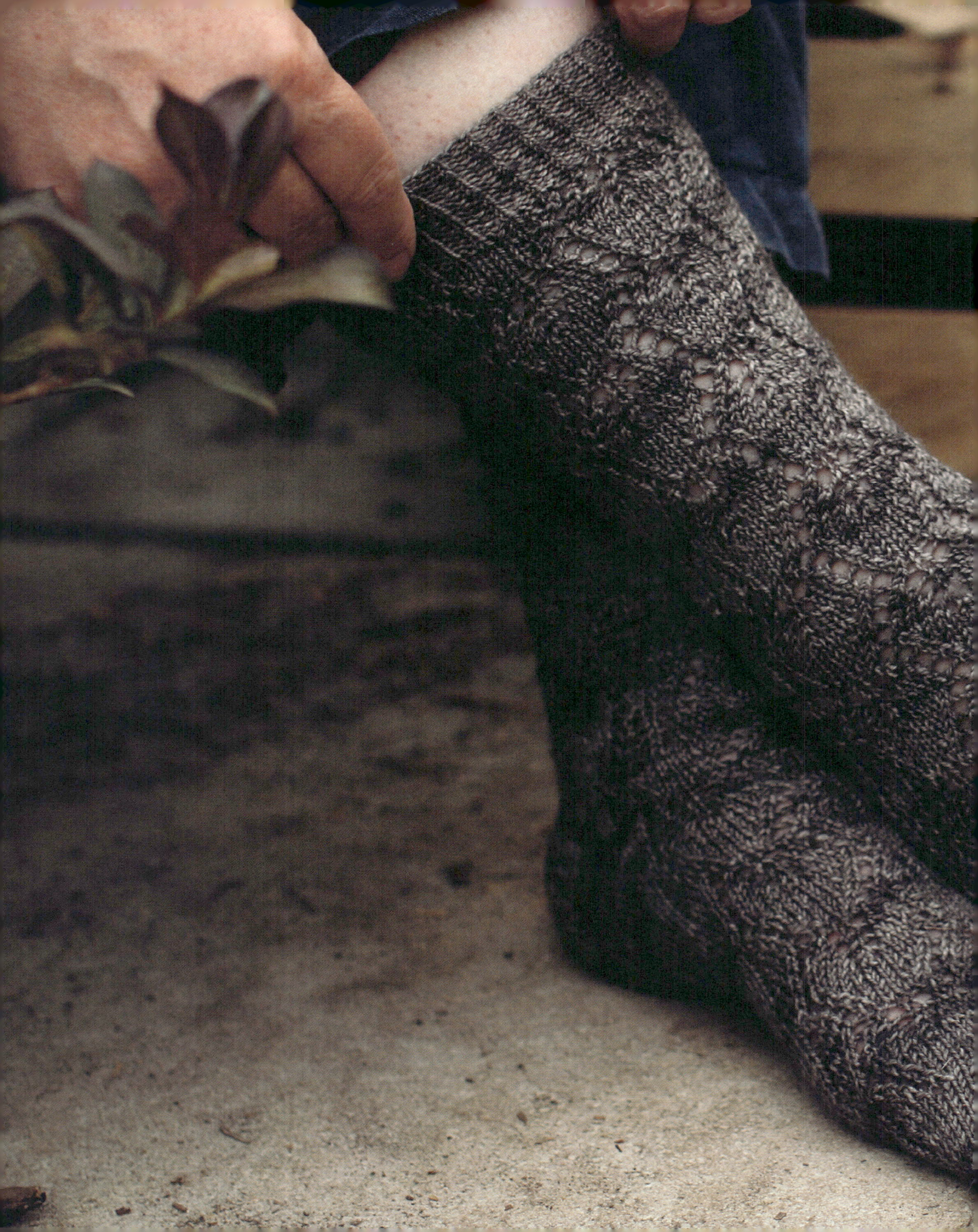

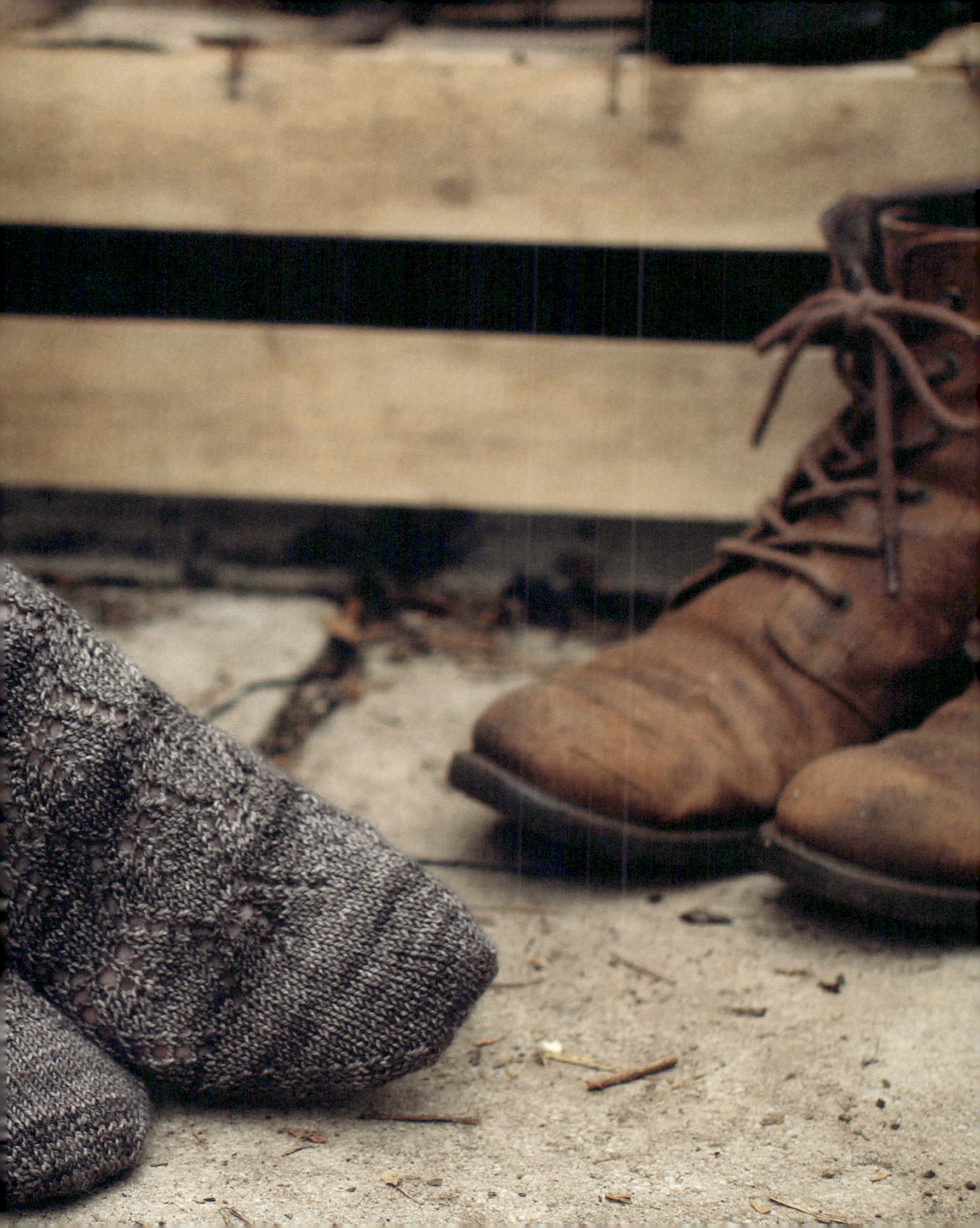

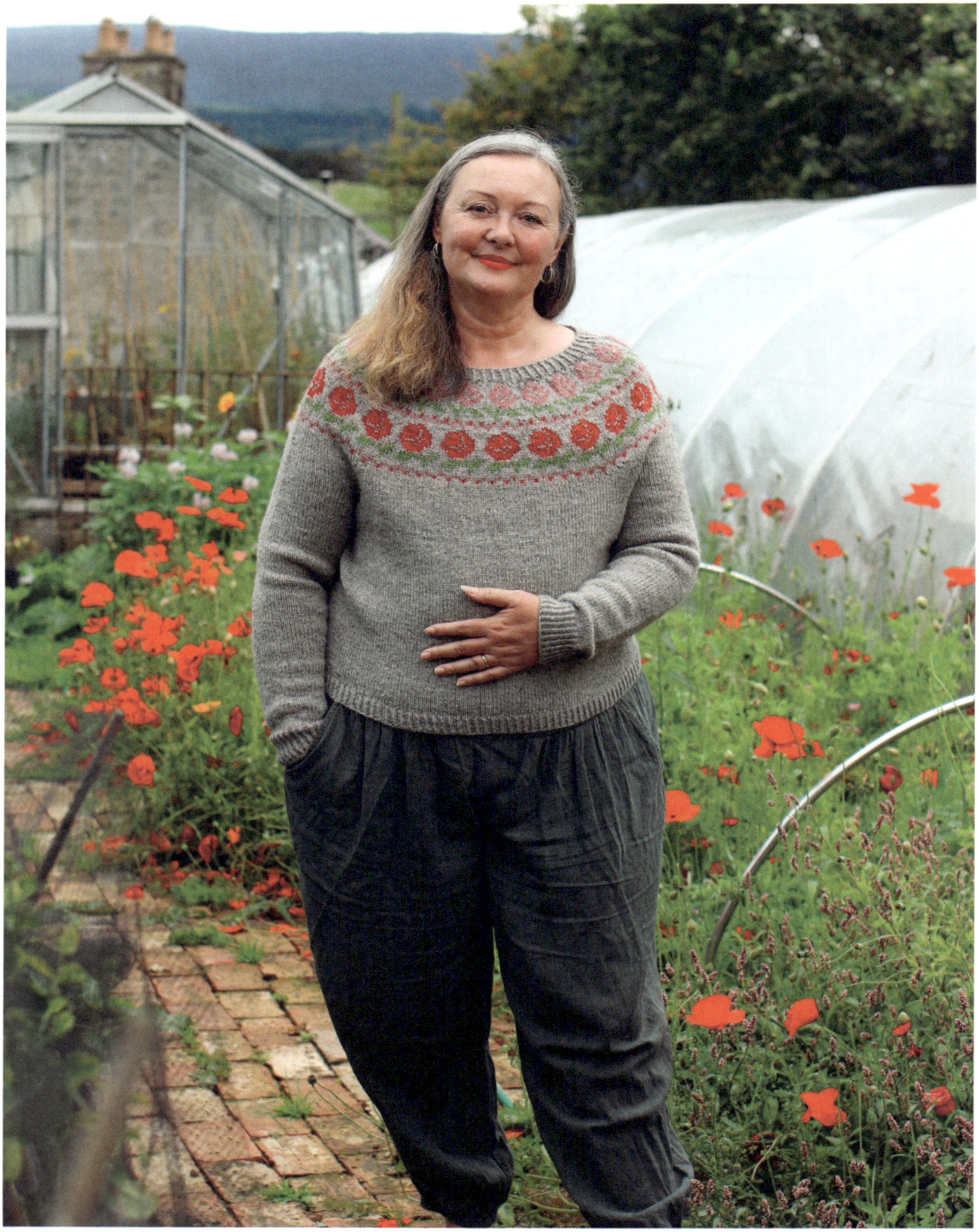

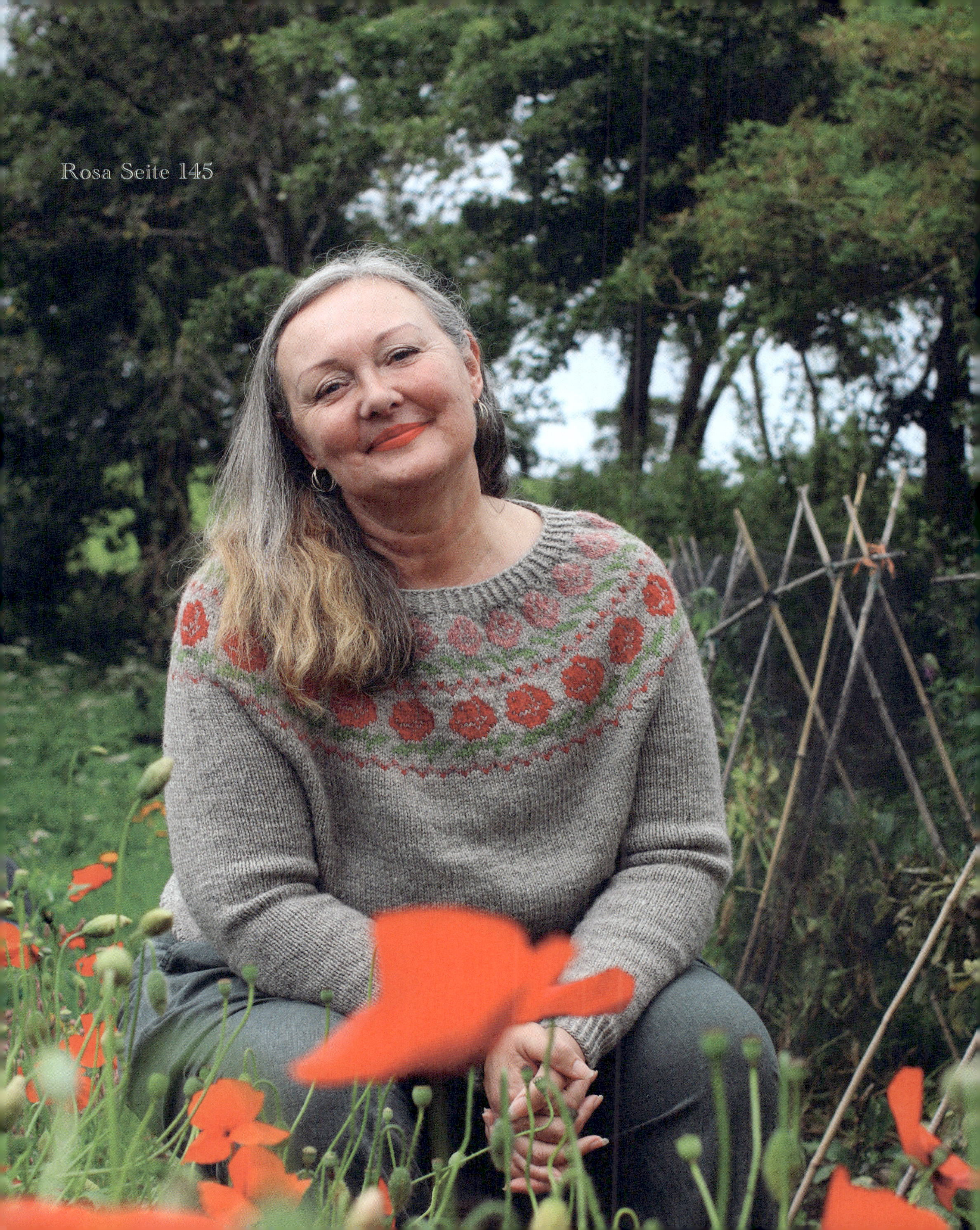
Rosa Seite 145

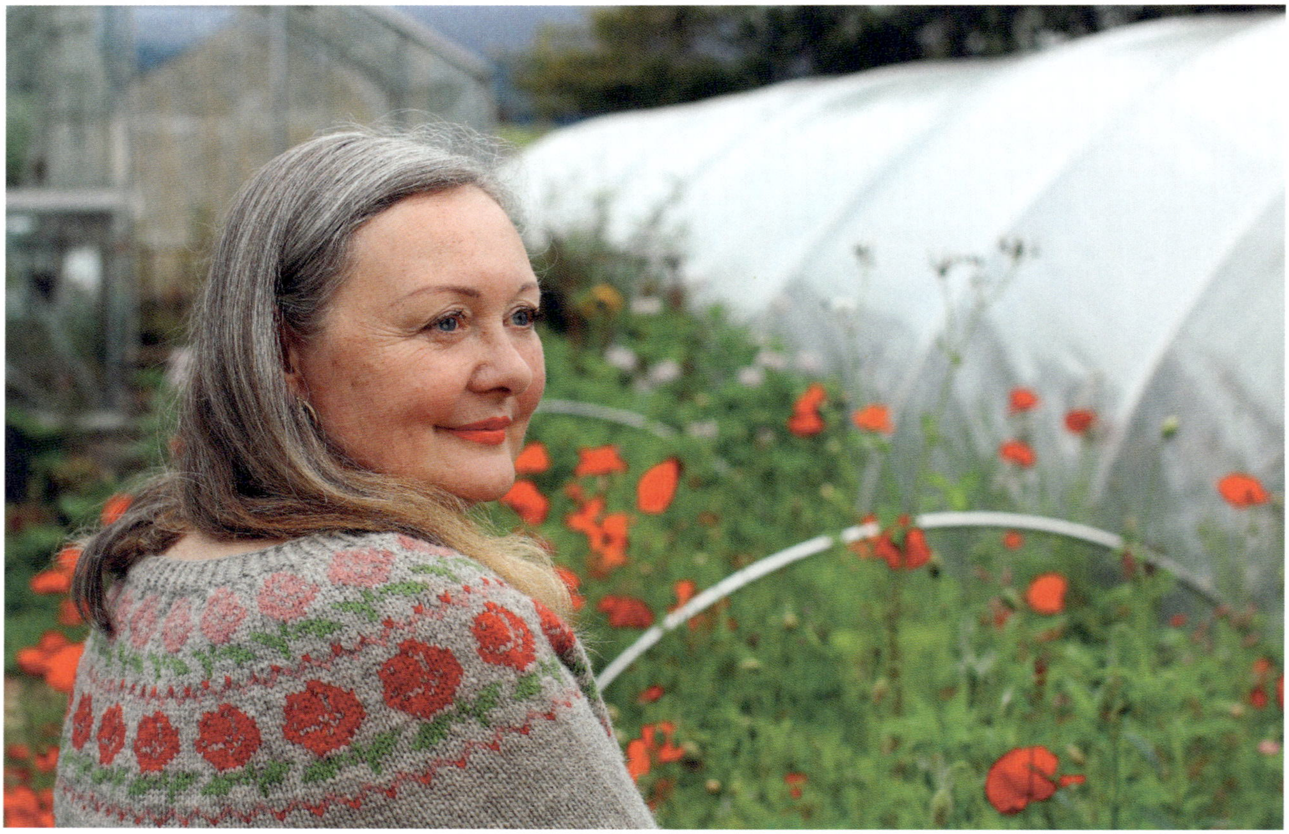

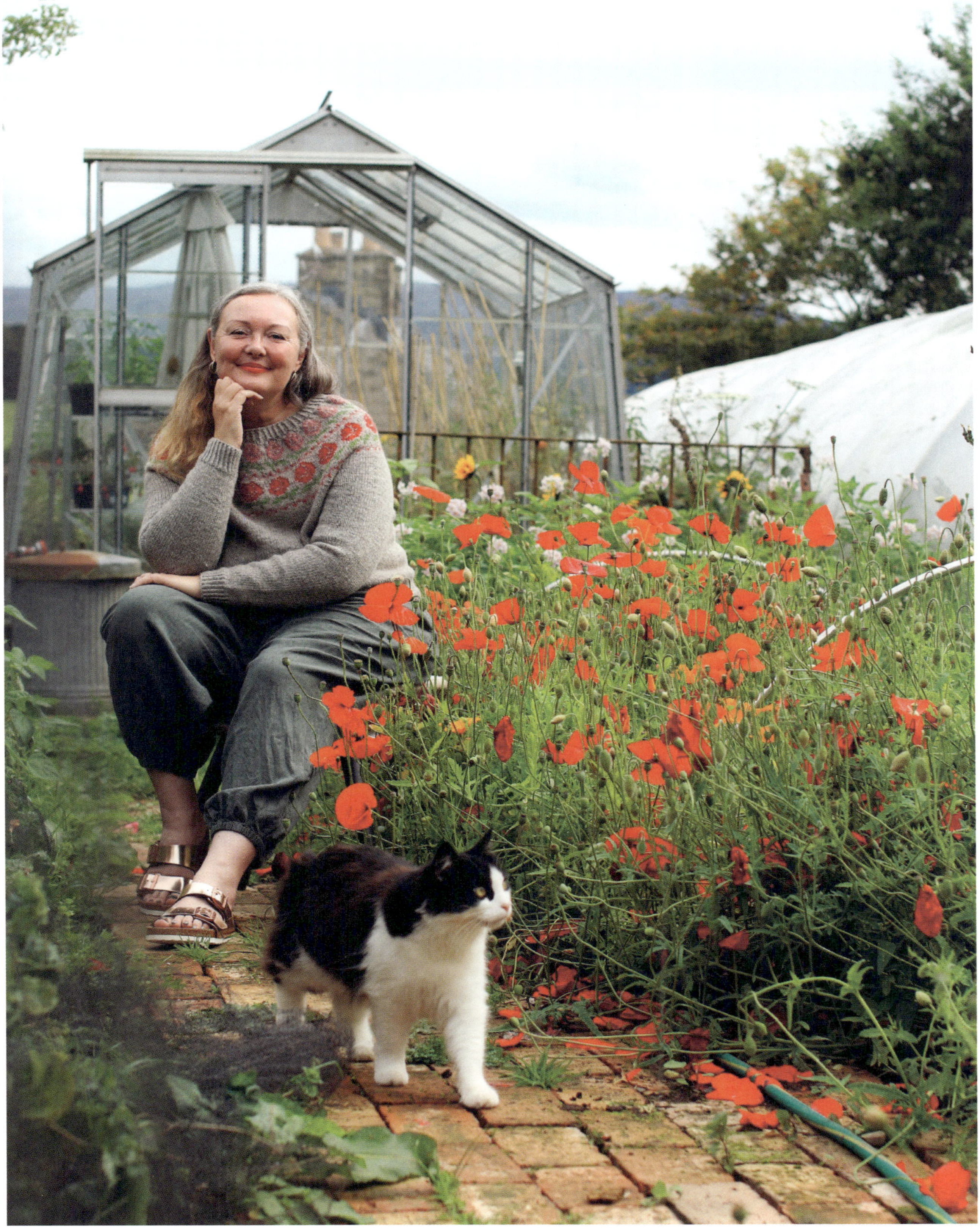

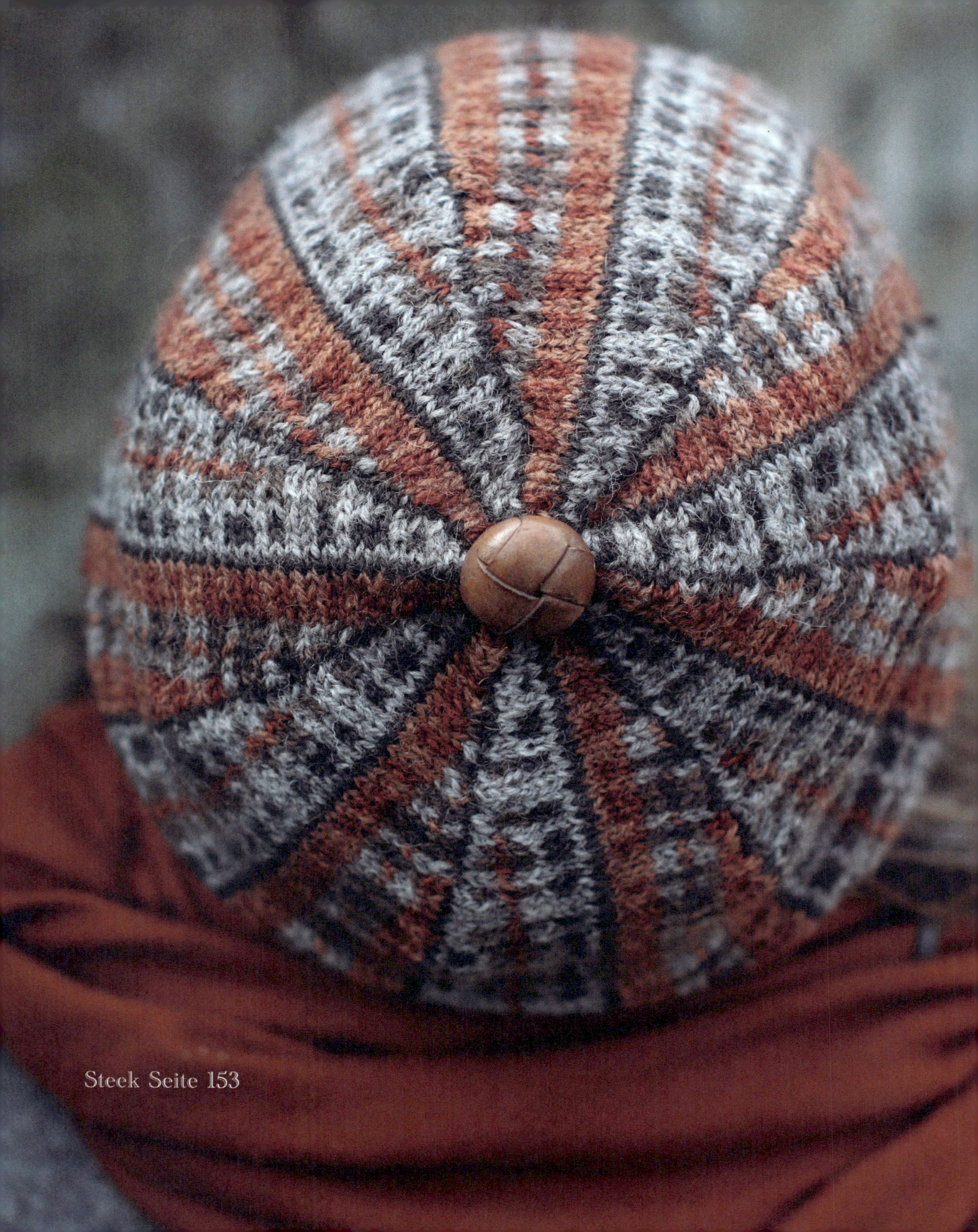

Steek Seite 153

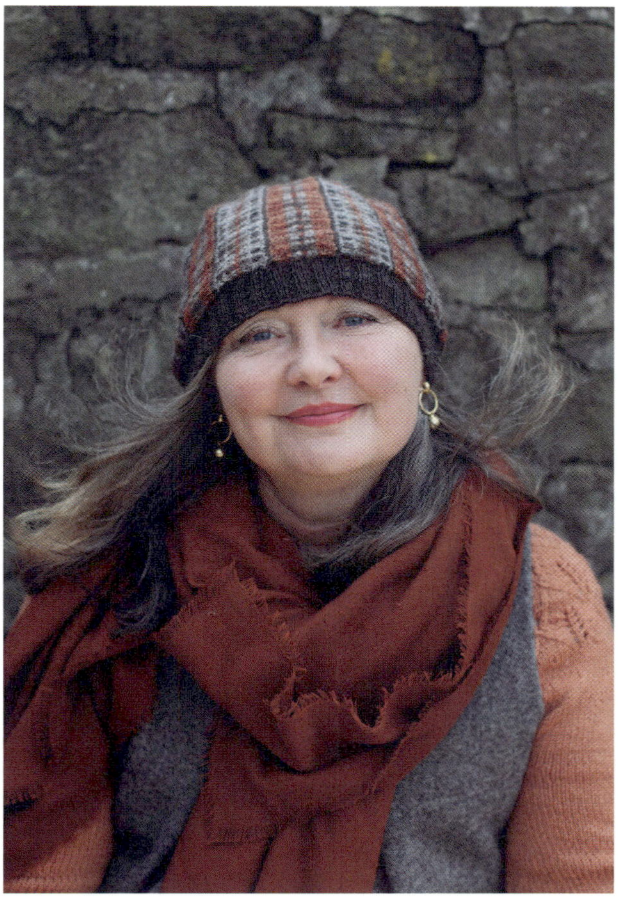

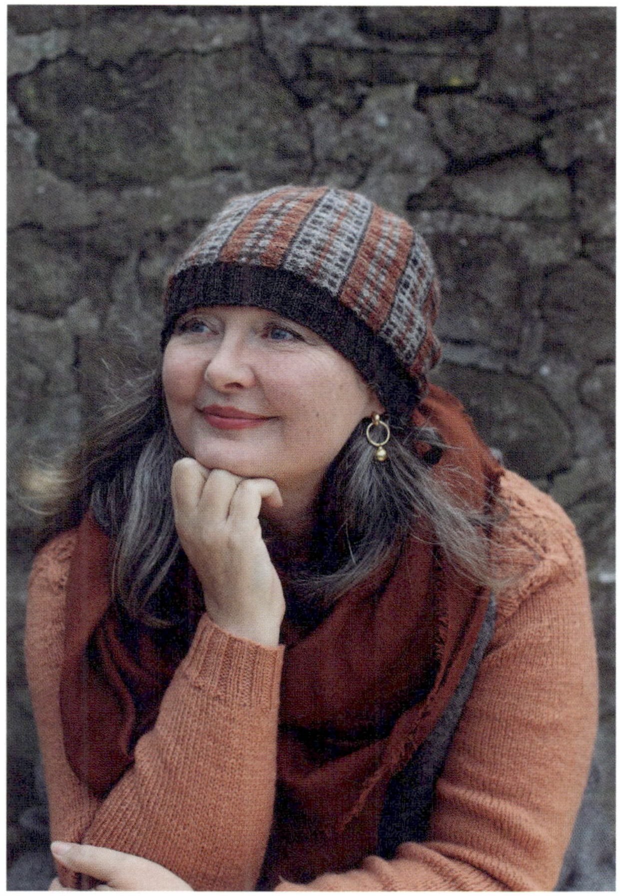

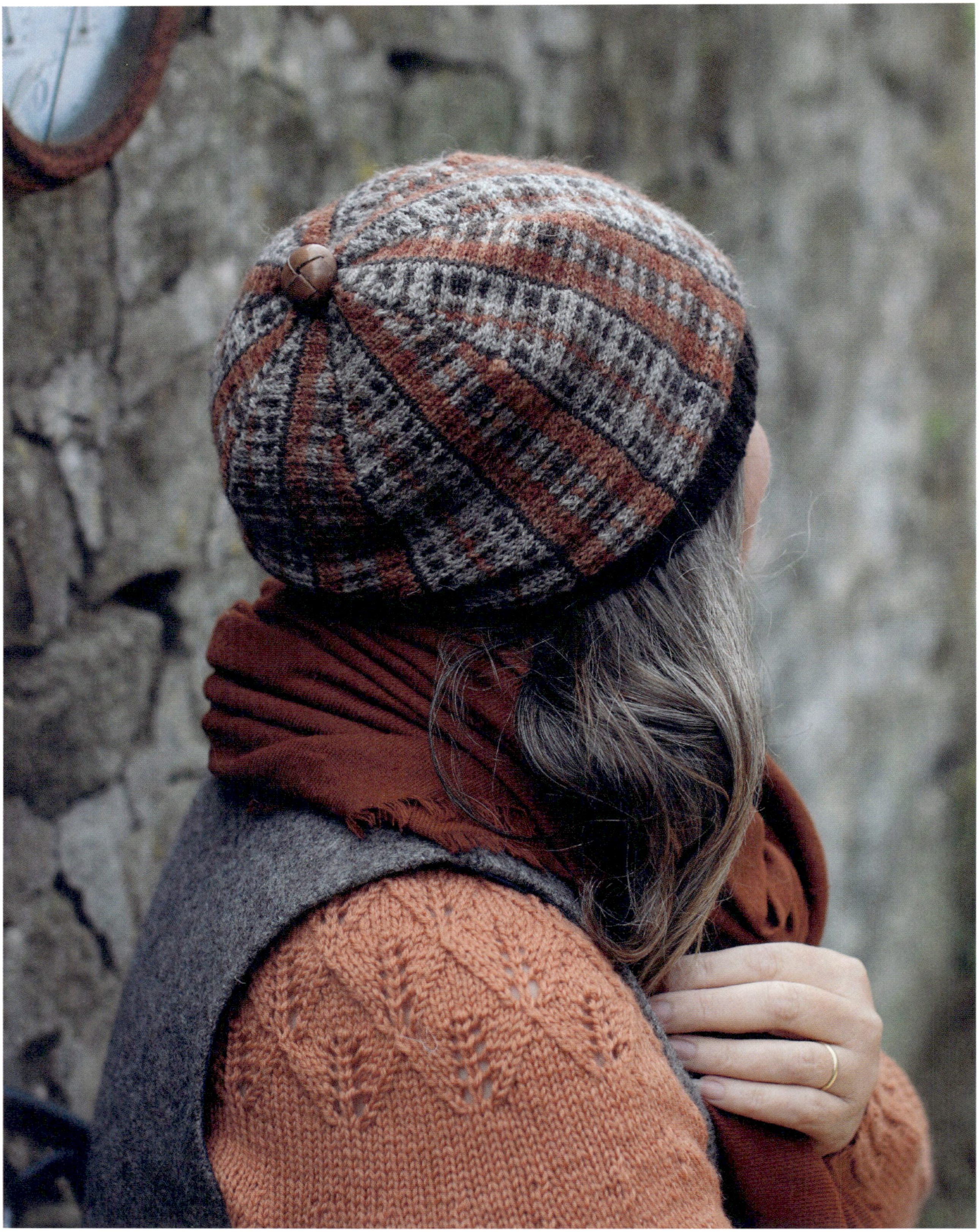

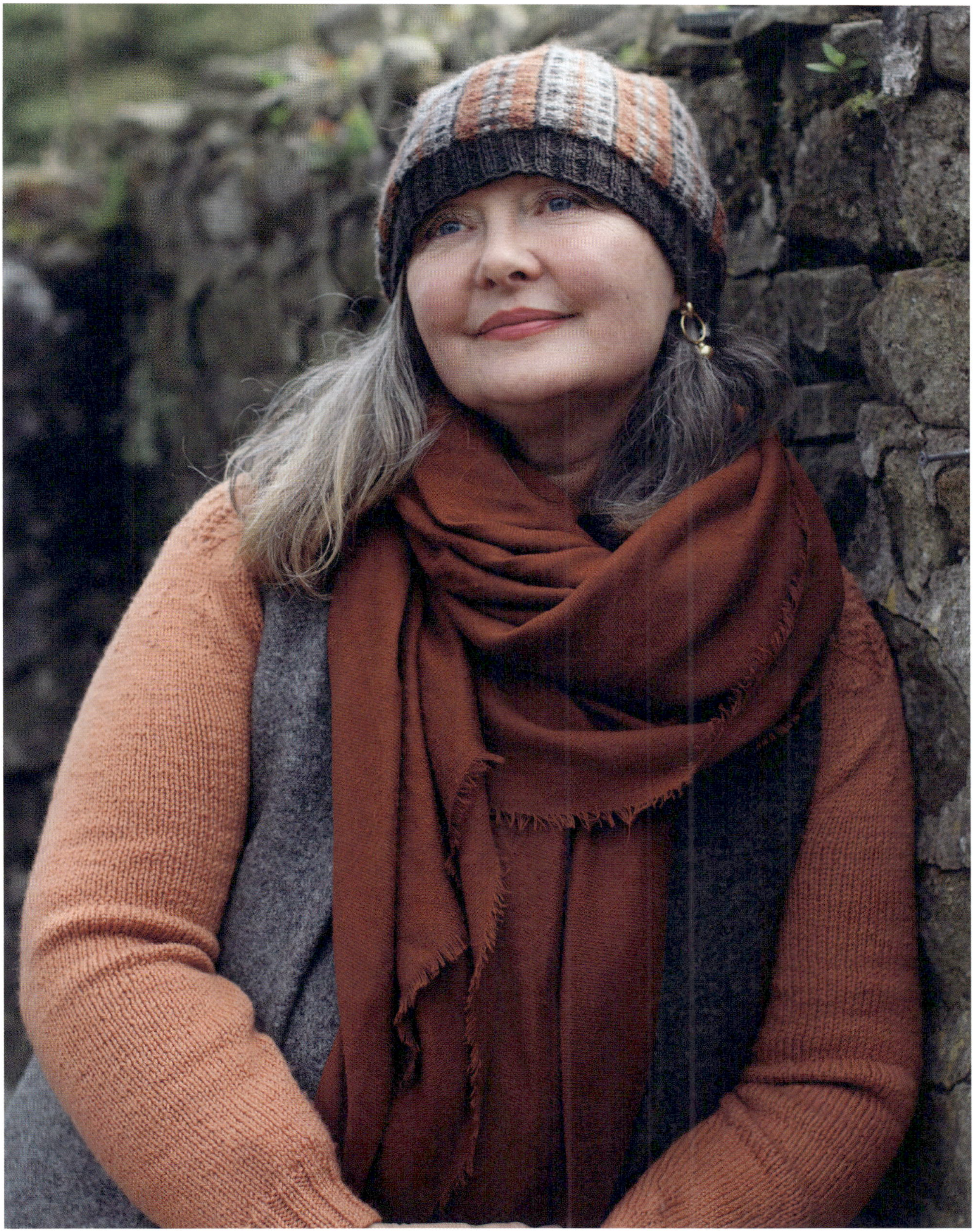

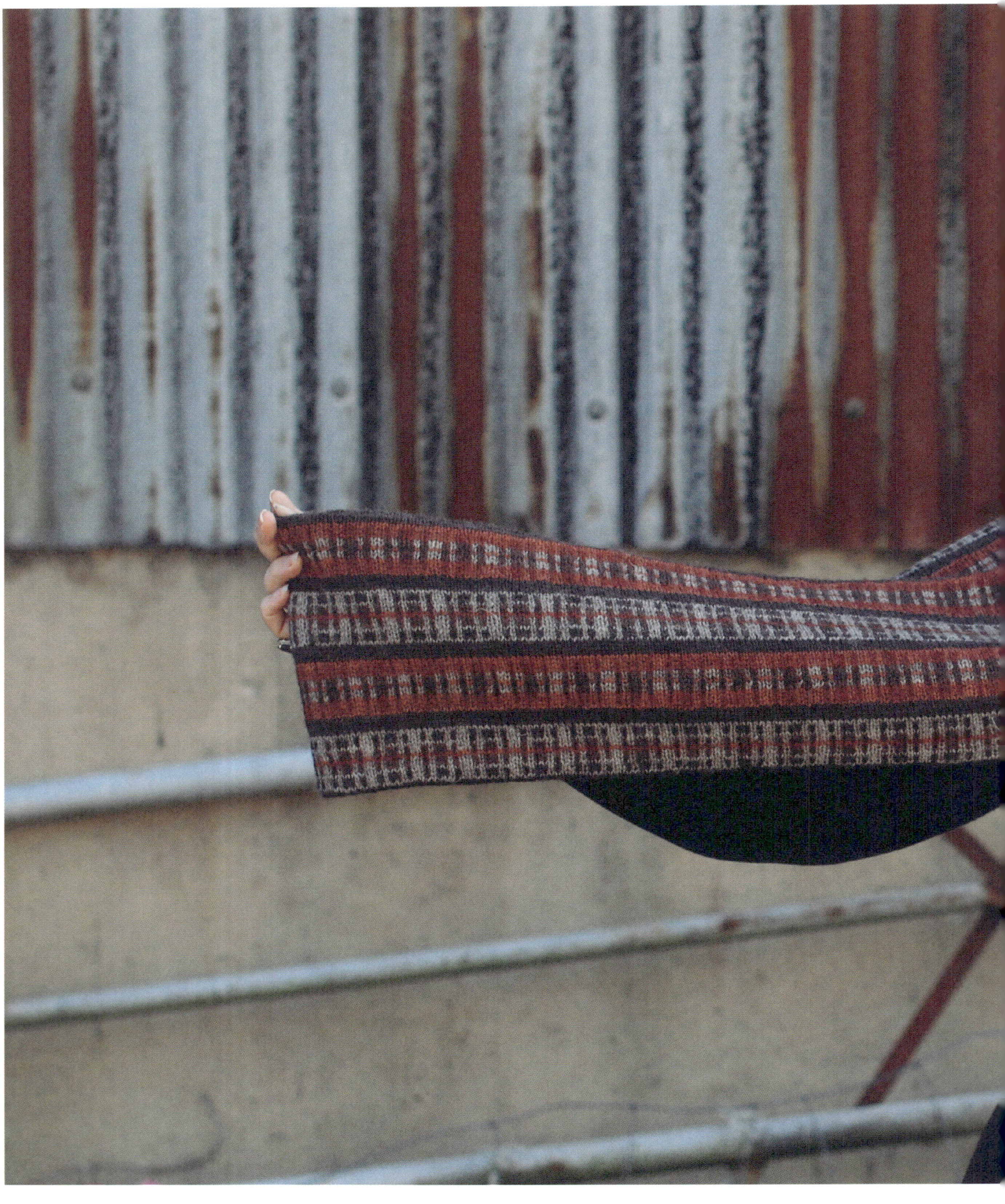

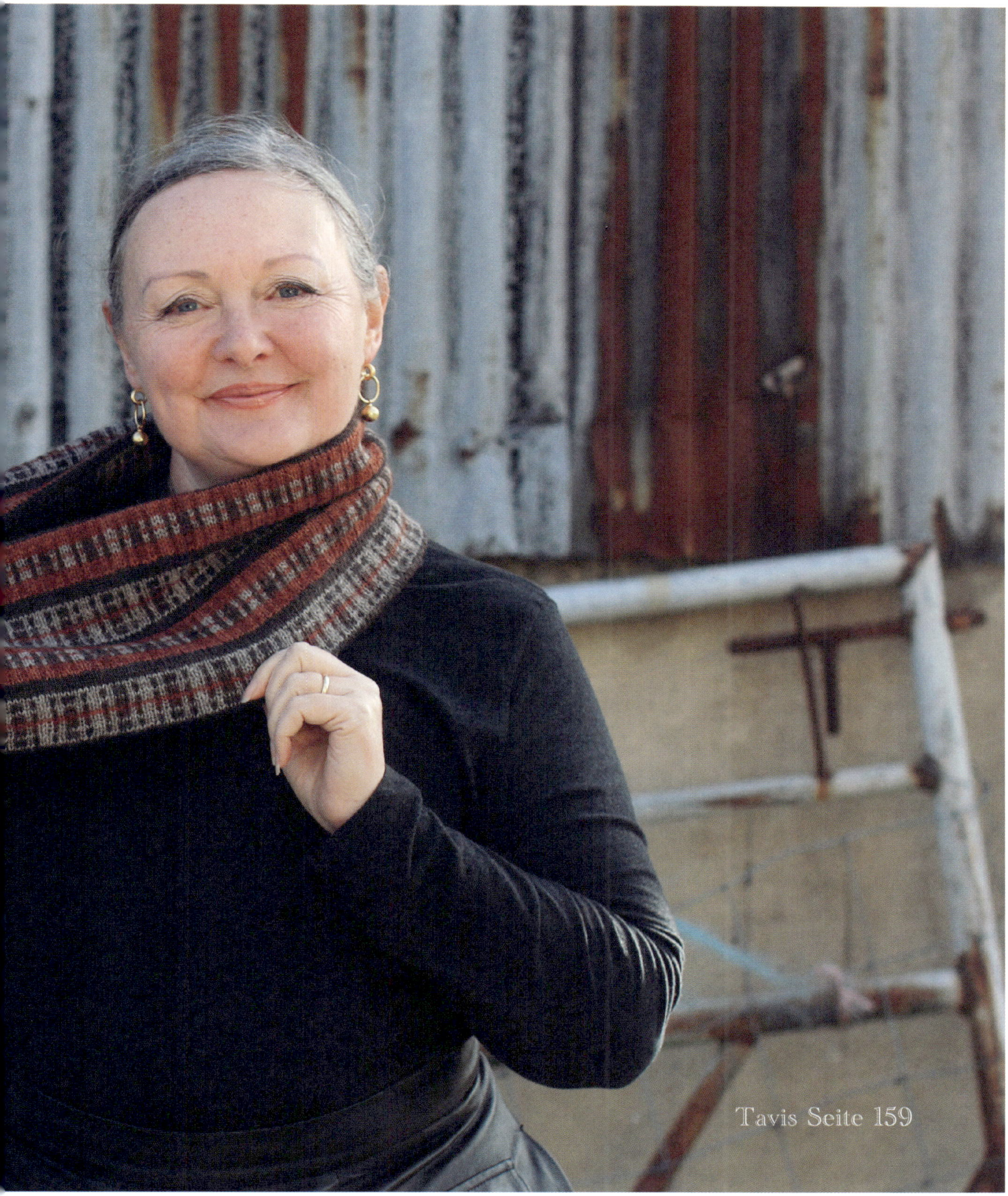

Tavis Seite 159

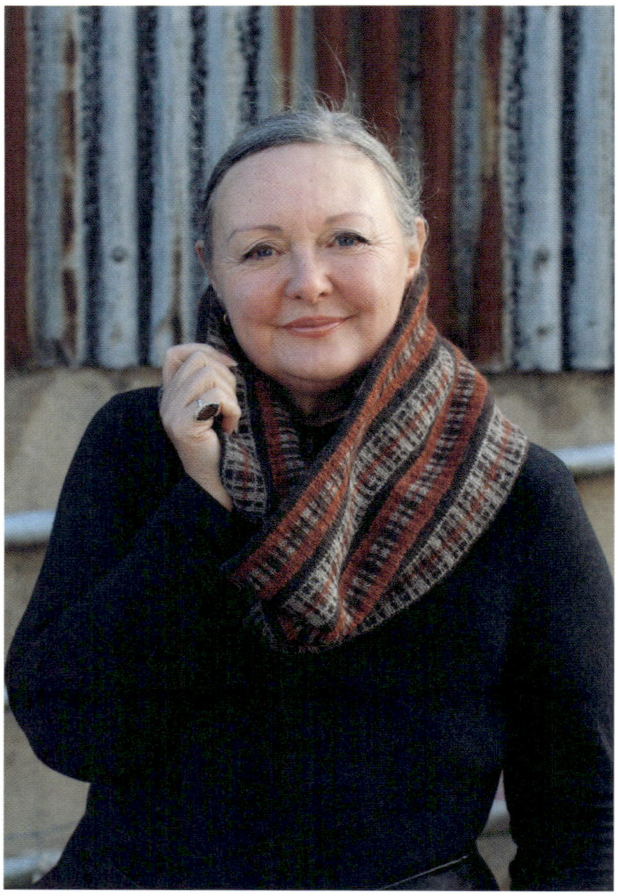

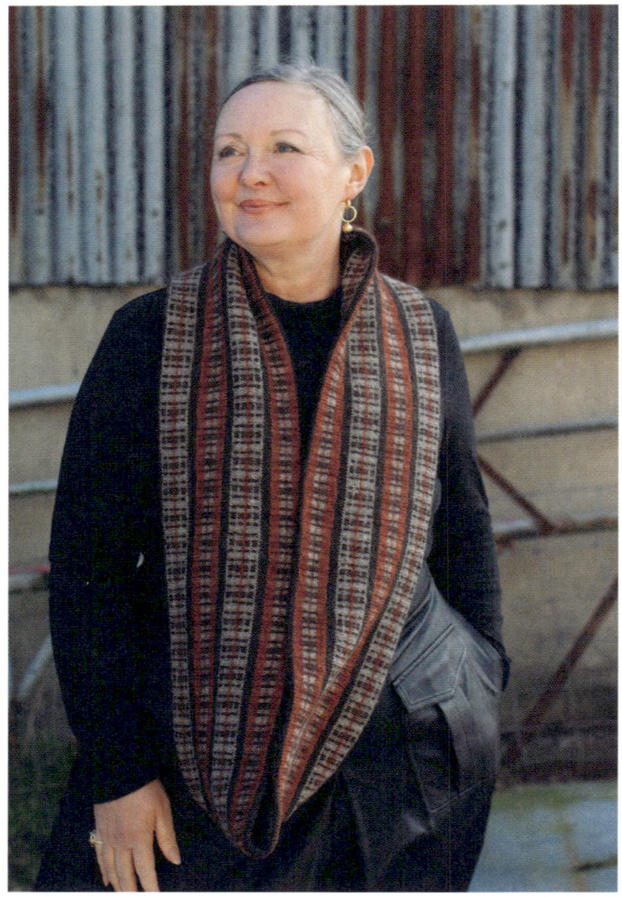

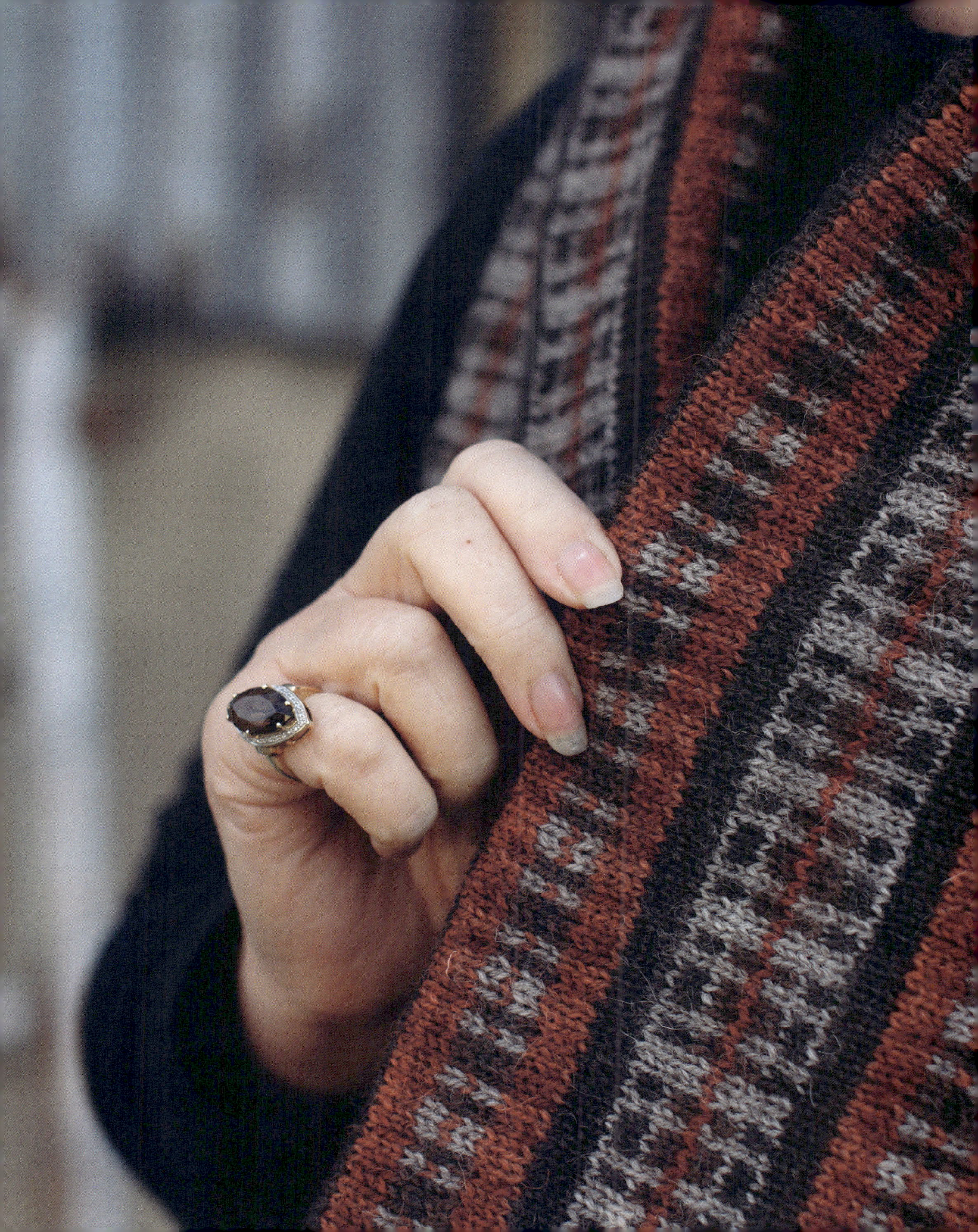

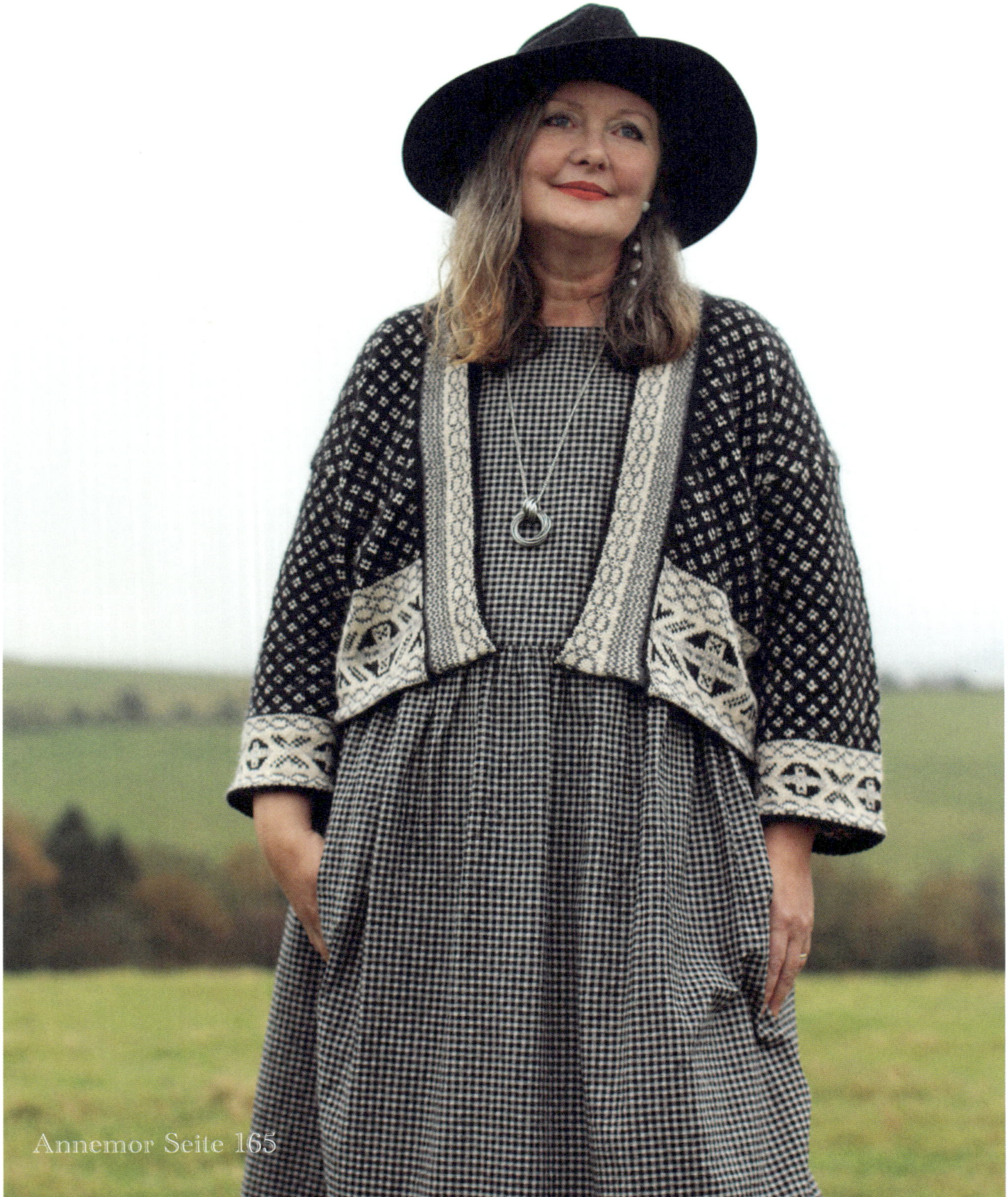

Annemor Seite 165

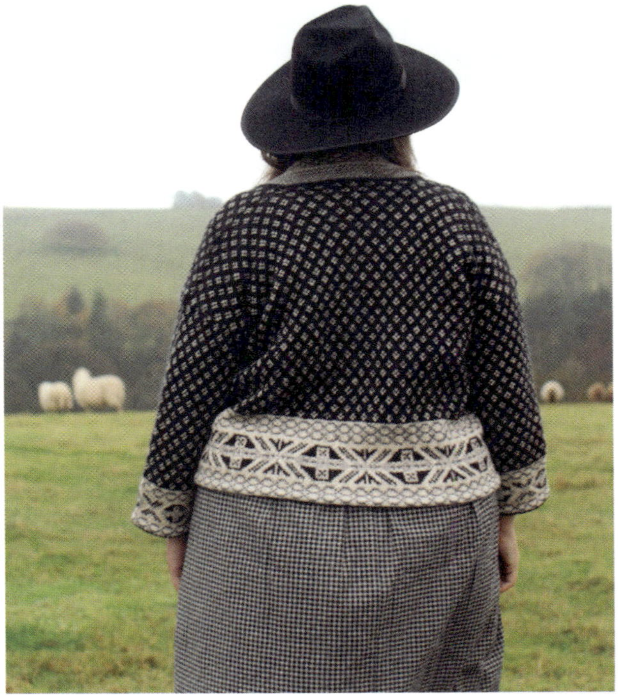

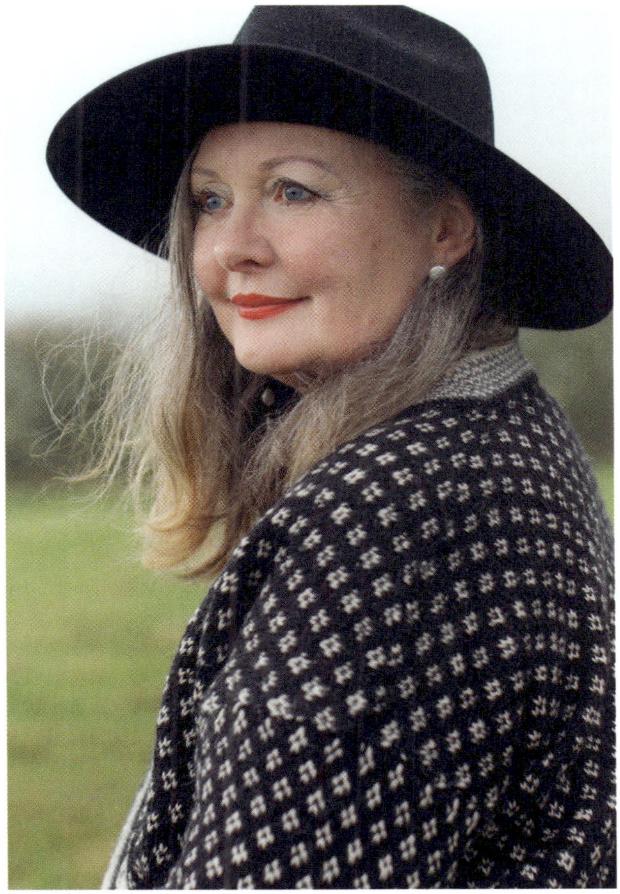

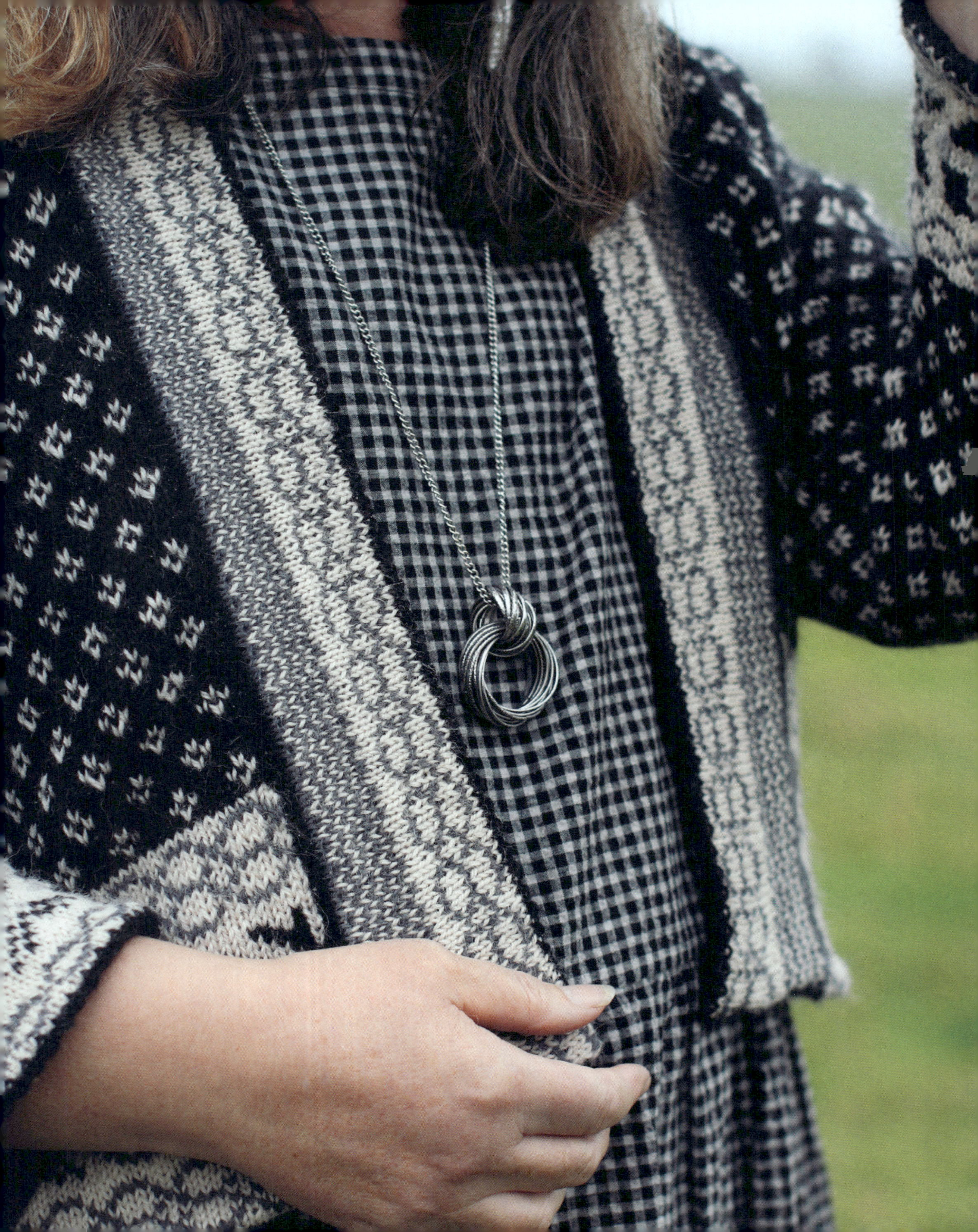

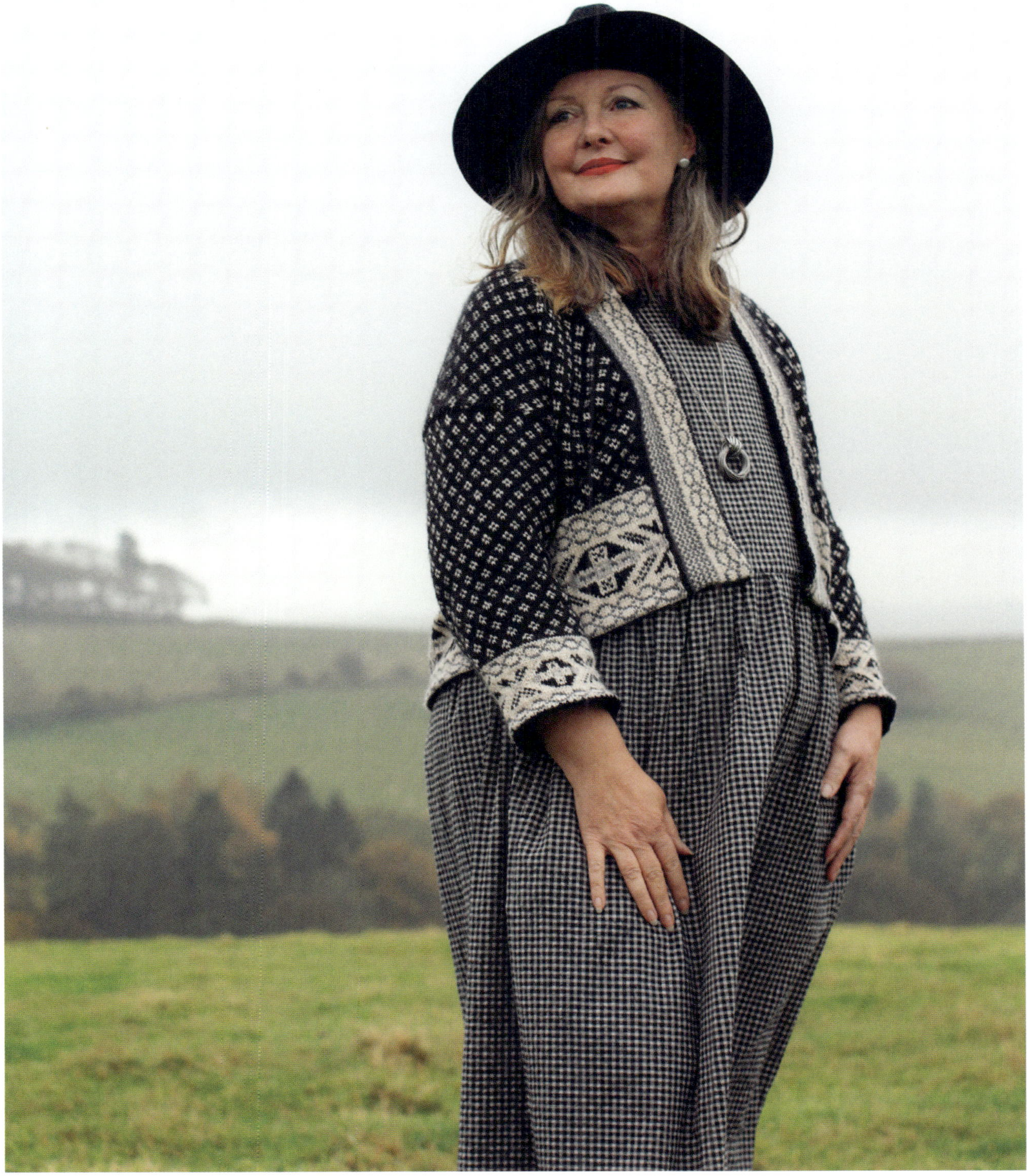

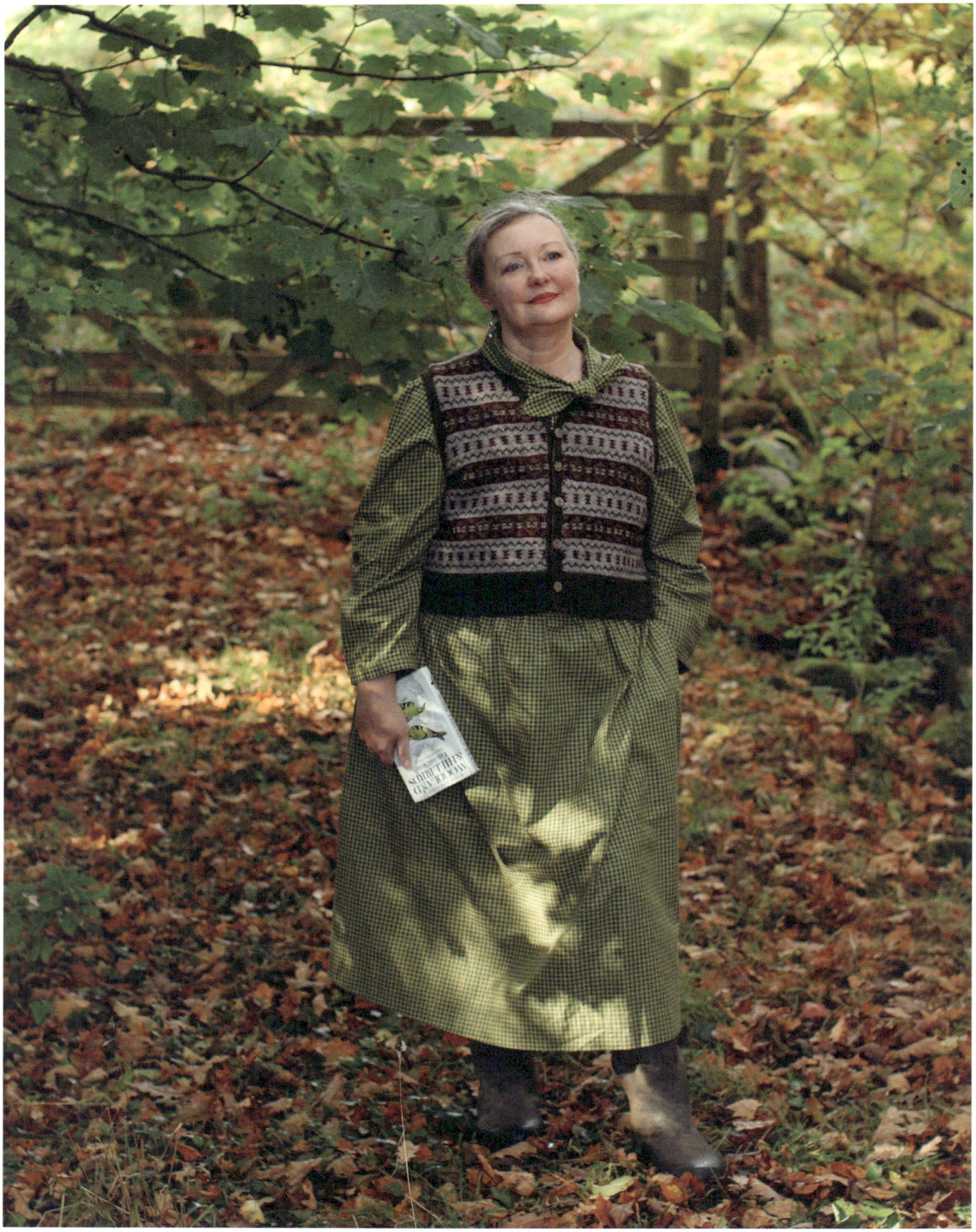

Maggy Seite 175

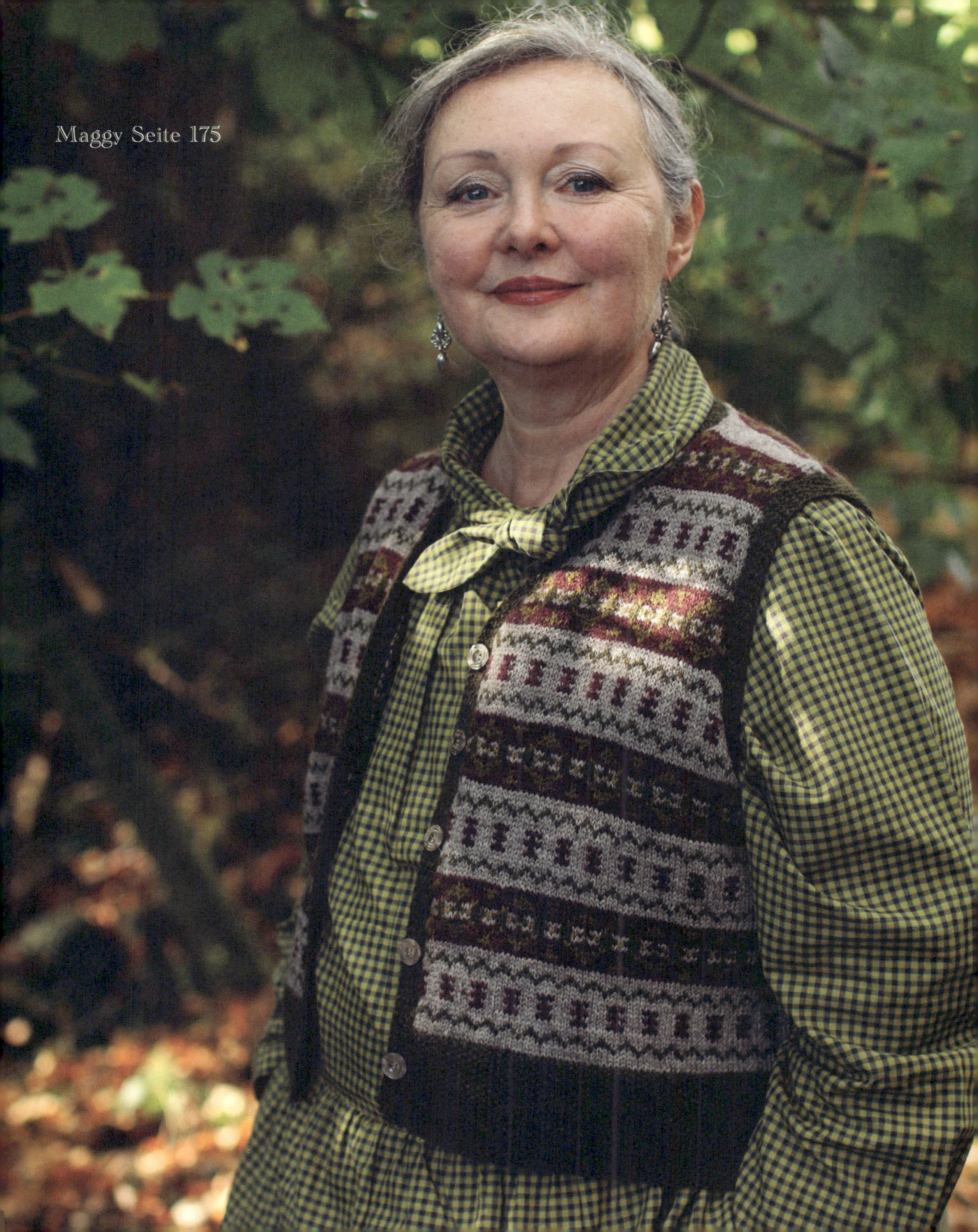

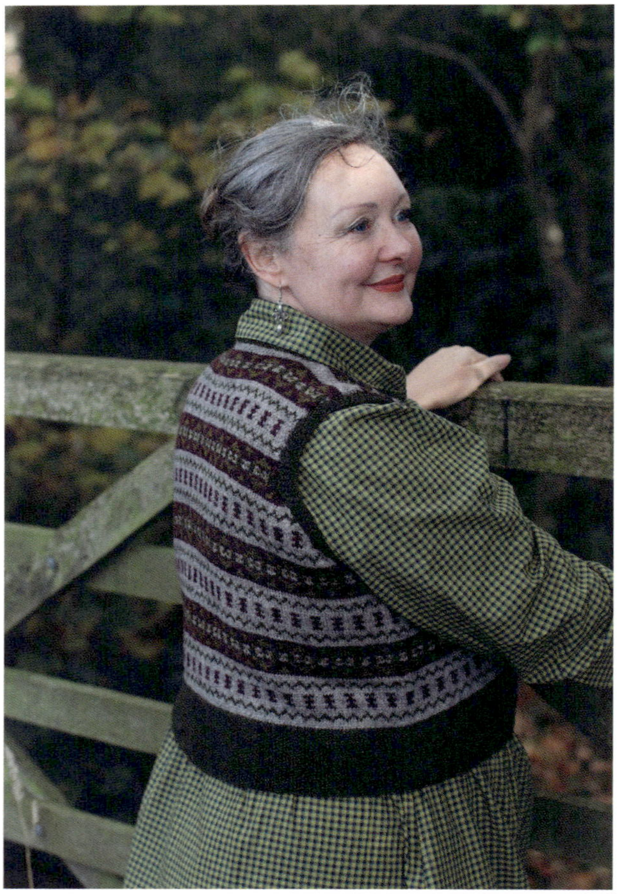

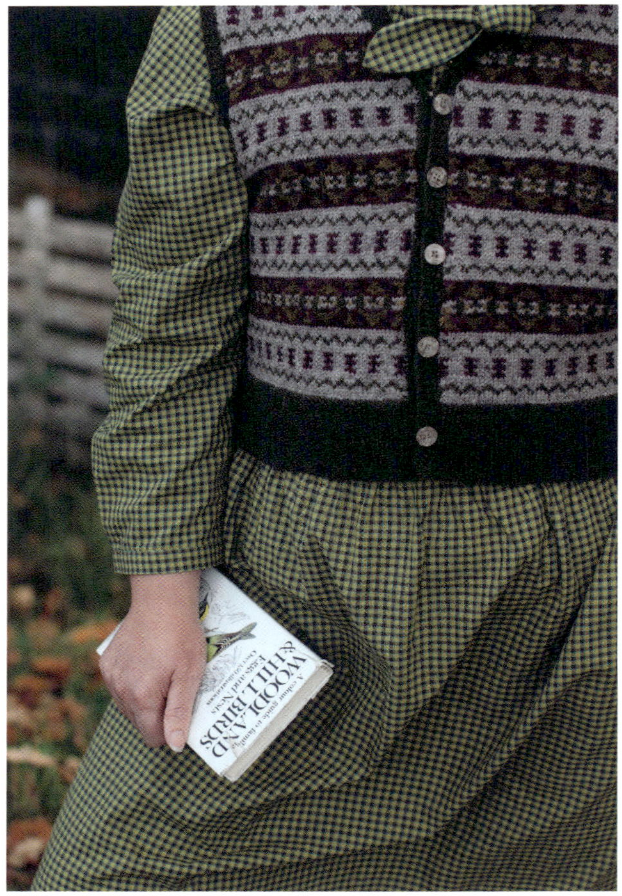
WOODLAND
& HILL BIRDS

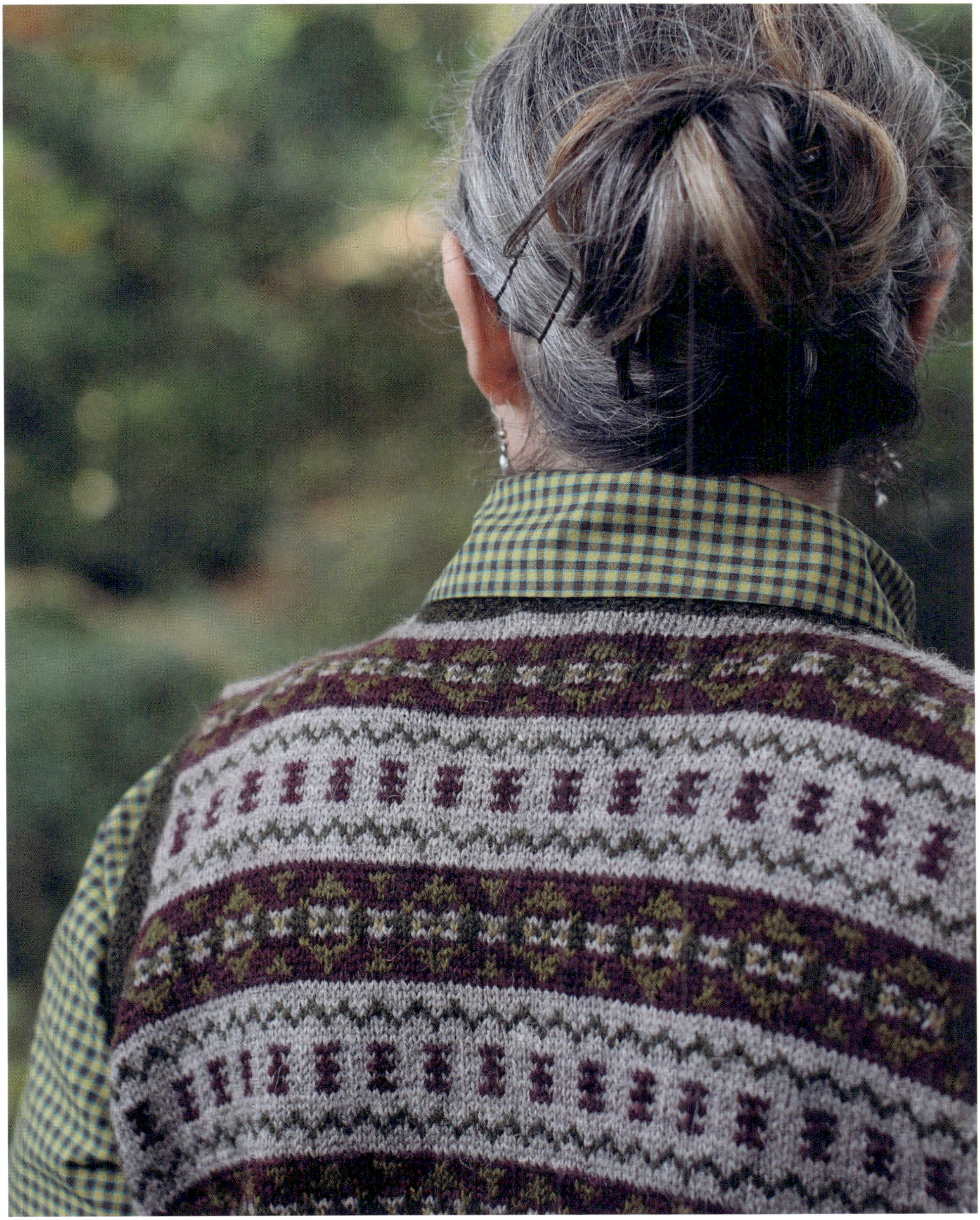

Anleitungen

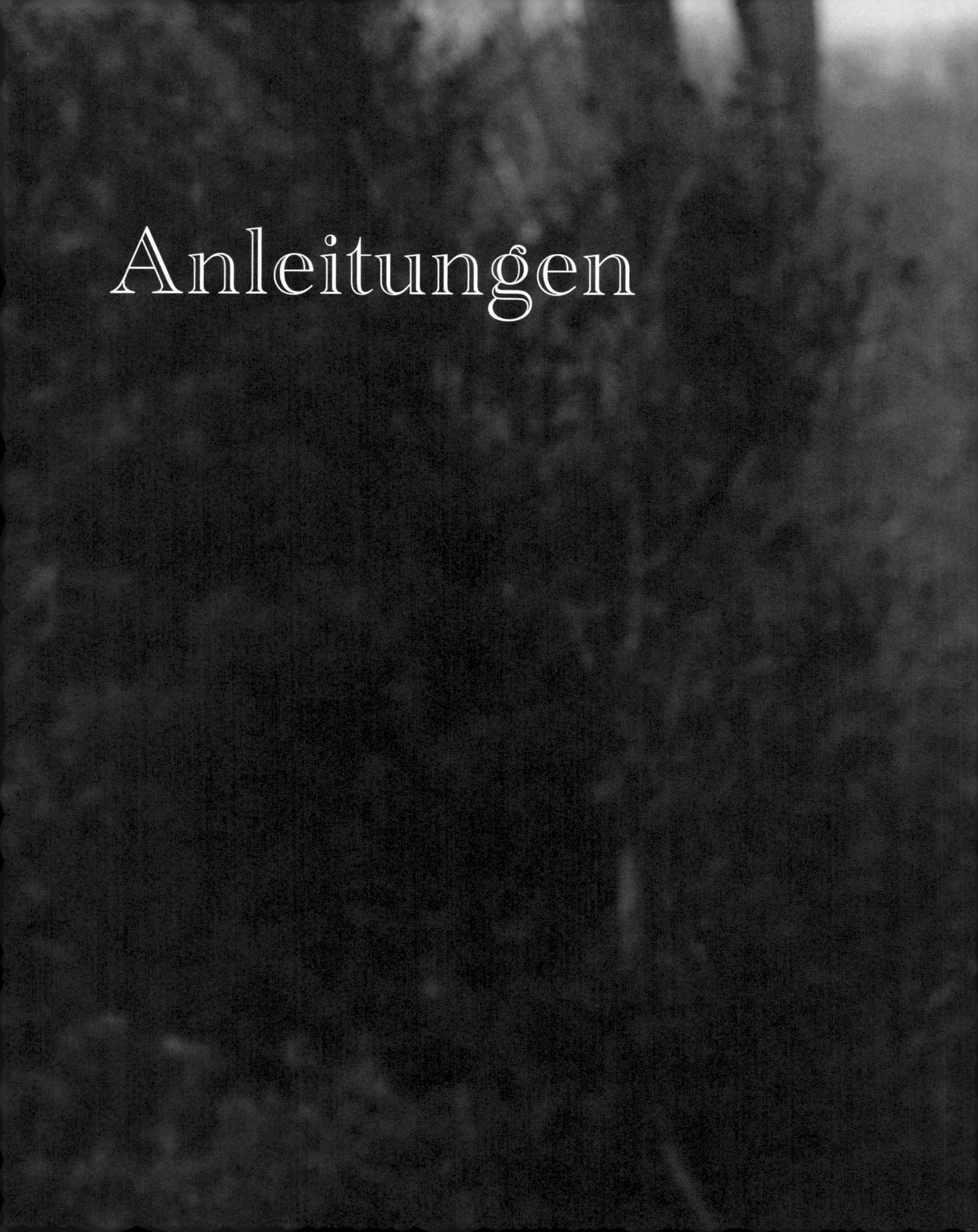

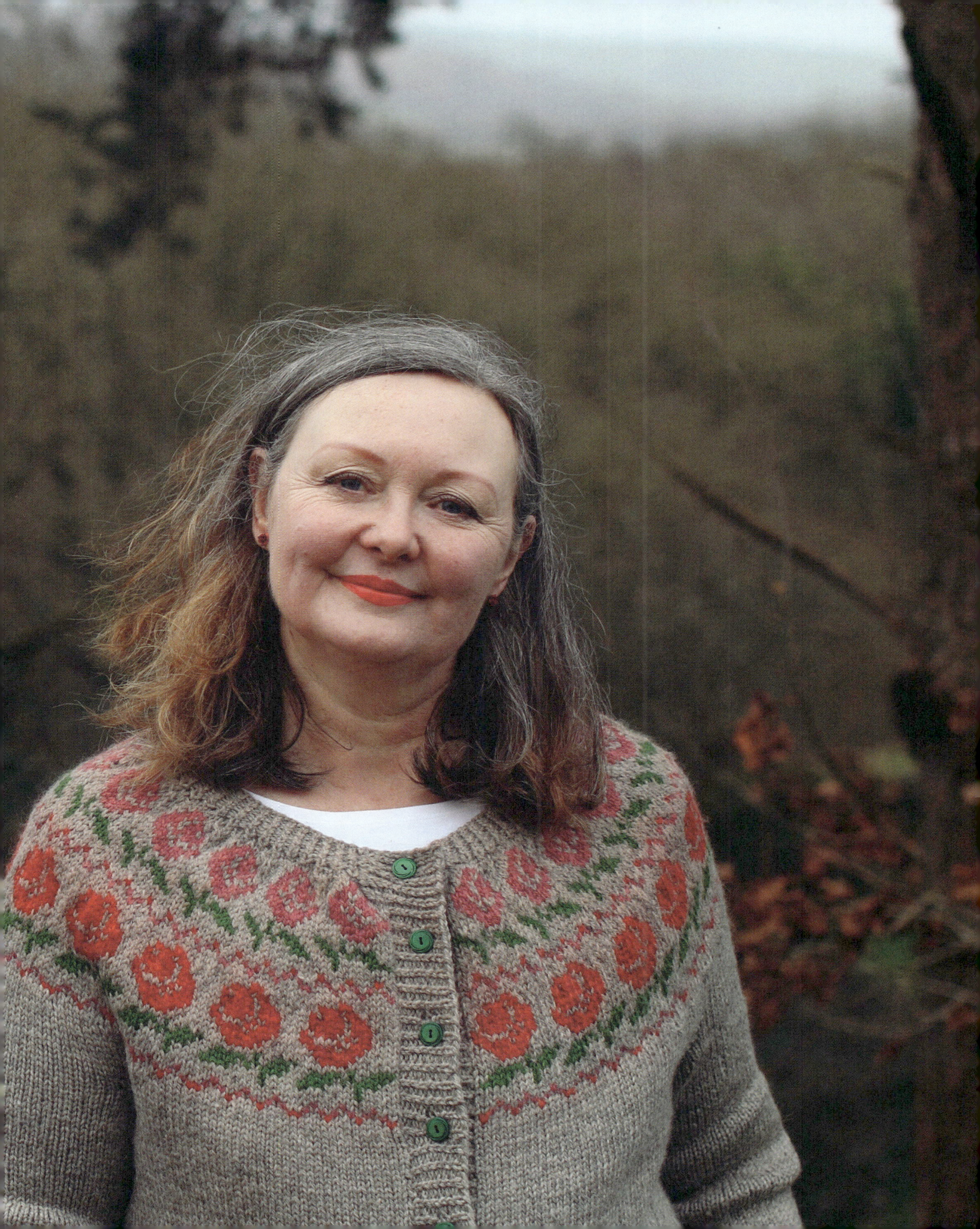

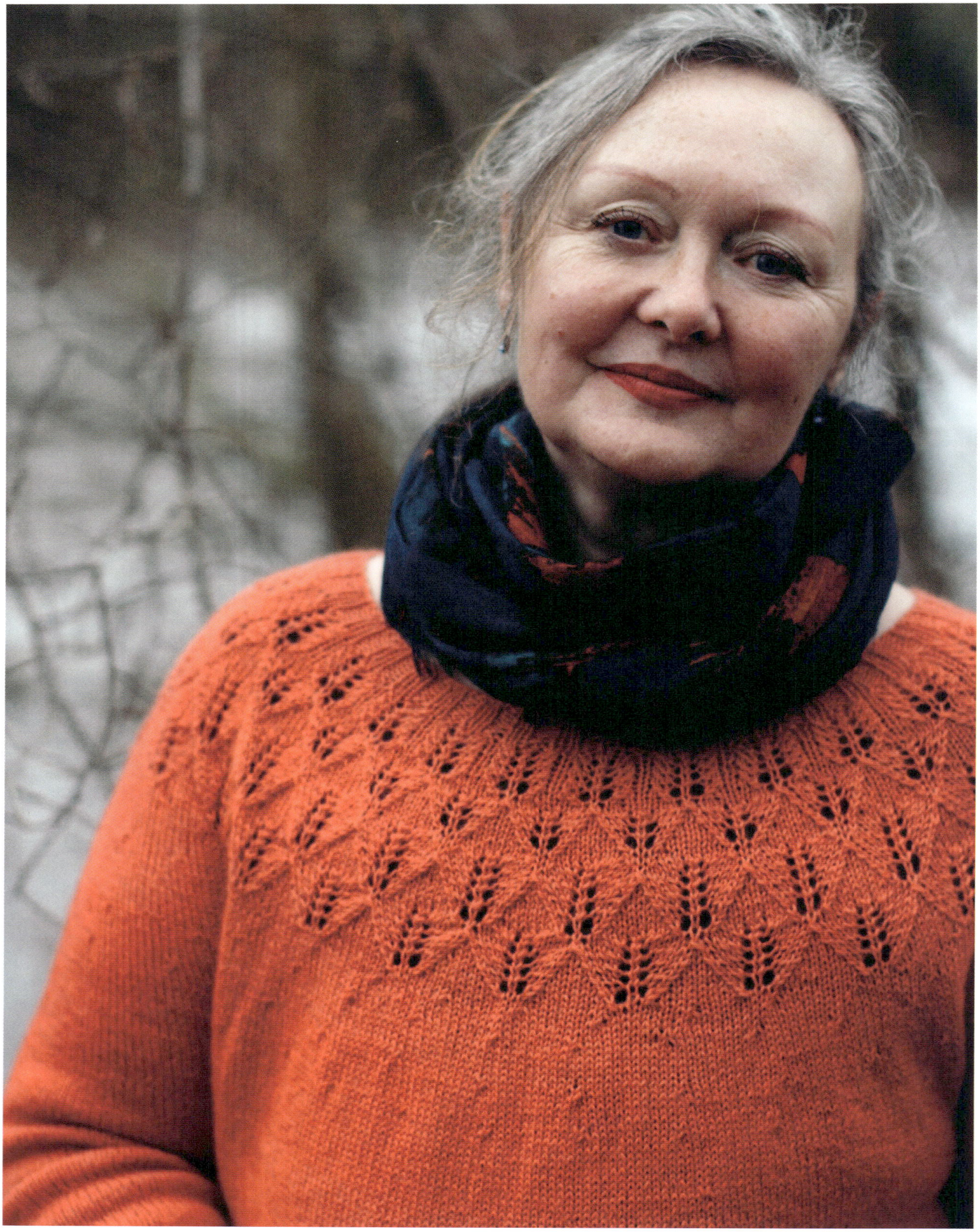

ORCHIDEEN

»Orchideen« war das erste Modell, das ich für »Shetland Maschen« entworfen habe. Vorbild war die Lace-Passe des Modells »Dorothy« aus »The Vintage Shetland Project«.

»Orchideen« ist ein unkomplizierter, bequemer Pullover mit einer zauberhaften Lace-Rundpasse. Der Pullover wird von unten nach oben bis zu den Armausschnitten rundgestrickt. Danach werden die Ärmel gearbeitet; anschließend werden Rumpf und Ärmel zusammengefügt und in einem Stück in Runden weitergestrickt. Die obere Rückenpartie wird durch verkürzte Reihen geformt, damit der vordere Halsausschnitt nicht zu hoch sitzt. Nach den verkürzten Reihen wird die Lace-Passe gestrickt. Das schlichte Muster mit dem Rapport über 12 Maschen erinnert an zarte Orchideenrispen.

Der Pullover ist gerade geschnitten und reicht etwa bis zur Hüfte. Natürlich kann er nach Wunsch auch kürzer oder länger gearbeitet werden. Um die obere Rumpfpartie zu verkürzen, können Sie vor Beginn der Lace-Passe einfach weniger Runden stricken; so vermeiden Sie komplizierte Änderungen. Für die Musterpartie gibt es sowohl eine Textanleitung als auch eine Strickschrift, die in allen Runden von rechts nach links gelesen wird.

Das abgebildete Modell wurde aus Excelana 4 Ply gearbeitet, reiner Schurwolle der britischen Schafrassen Exmoor Mule und Bluefaced Leicester, einem weichen, aber dennoch strapazierfähigen Garn in Sockenwollstärke (Fingering). Der schöne hier verwendete Farbton heißt Coral Lombard.

Die empfohlene Mehrweite für den Pullover beträgt etwa 15–20 cm.

Orchideen

GARN

Susan Crawford Excelana 4 Ply, 100 % britische Schurwolle (LL 159 m/50 g)
Farbe Carol Lombard, 5 (6, 7, 7, 8, 9, 10, 10, 11) 50-g-Stränge,
Garnpackungen erhältlich bei susancrawfordvintage.com

MASCHENPROBE

25 M x 32 Rd = 10 x 10 cm (glatt rechts rundgestrickt). Hier verwendete Nadelstärke: 3,5 mm.

Zum Erreichen der korrekten Maschenprobe nach Bedarf eine andere Nadelstärke verwenden

EMPFOHLENE STRICKNADELN

Dünne Nadeln: : 3,25 mm Rundnadel (Länge 40–60 cm)
3,25 mm Rundnadel (Länge 80–100 cm)
3,25 mm Nadelspiel

Dicke Nadeln: 3,5 mm Rundnadel (Länge 40–60 cm)
3,5 mm Rundnadel (Länge 80–100 cm)
3,5 mm Nadelspiel

SONSTIGES MATERIAL

Hilfsfaden (Garnrest) oder Maschenhalter
Maschenmarkierer

ABGEBILDETES MODELL

Susan trägt hier Größe 4 mit 15 cm Mehrweite.

GRÖSSENÜBERSICHT UND HINWEISE ZUM SPANNEN

Wählen Sie die »Passend für BU«-Größe, die Ihrem tatsächlichen Brustumfang am besten entspricht. Bedenken Sie dabei auch die gewünschte Passform (enger oder lockerer). Verwenden Sie zur Größenbestimmung die Tabelle in Verbindung mit dem Schema.

Die angegebenen Maße beziehen sich auf das fertige und laut Anleitung gespannte Modell. Die Angaben helfen Ihnen bei der Auswahl der passenden Größe und können zur Orientierung bei eventuellen Abänderungen der fertigen Maße dienen. Richten Sie sich beim Spannen nach dem Schema und den Maßen, damit Ihr Modell die korrekte Größe bekommt. Alle Angaben sind cm-Angaben.

	Größe 1	Größe 2	Größe 3	Größe 4	Größe 5	Größe 6	Größe 7	Größe 8	Größe 9
Passend für BU von:	71–76	81–86	91–97	102–107	112–117	122–127	132–137	142–147	152–157
Fertige Maße									
a Brustumfang	90,5	101	111	120	131	141,5	153	162,5	172
b Länge bis zur Achsel	25	26	26	27	28	28	29	29	30
c Höhe der Rundpasse	19,5	20,5	22	23	25	27	28	29	31,5
d Gesamtlänge	44,5	46,5	48	50	53	55	57	58	61,5
h Ärmellänge	43	43	44	44	45	45	46	46	47
m Oberarmumfang	29,5	32,5	35	37	40,5	43	47	49,5	53

SCHEMA

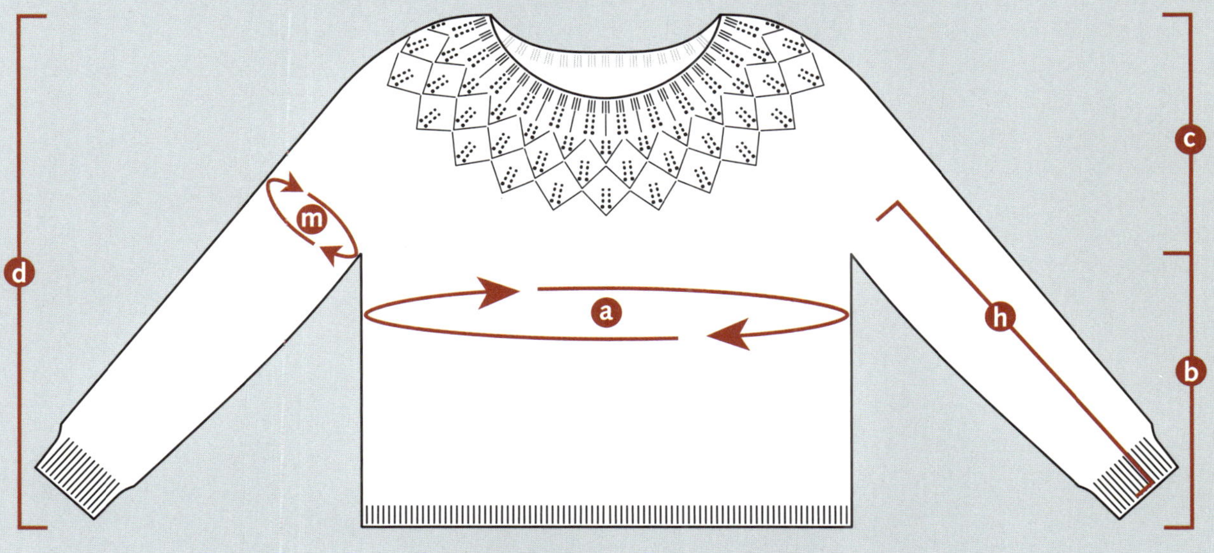

RUMPF

Mit der dünneren Rundnadel (80–100 cm) im Kreuzanschlag 224 (252, 276, 300, 328, 352, 380, 404, 428) M anschl. Die M zur Runde schließen, dabei aufpassen, dass die M sich nicht verdrehen; MMs für den Rd-Anf.

Bündchen

Nächste Rd: *2 M re, 2 M li; ab * fortl wdh.
Diese Runde wdh, bis das Bündchen ab dem Maschenanschlag etwa 2,5 cm misst, dabei in der letzten Rd gleichmäßig verteilt 2 (0, 2, 0, 0, 2, 2, 2, 2) M zunehmen; 226 (252, 278, 300, 328, 354, 382, 406, 430) M.

Untere Rumpfpartie

Zur dickeren Rundnadel (80–100 cm) wechseln.
Glatt rechts gerade hoch stricken (alle Rd re str), bis die Arbeit ab dem Maschenanschlag 25 (26, 26, 27, 28, 28, 29, 29, 30) cm misst, dabei einige Runden vor Erreichen dieser Höhe nach 113 (126, 139, 150, 164, 177, 191, 203, 215) M MMs zur Markierung der Seite.

Aufteilen für die Armausschnitte

Nächste Rd: *Re M bis 4 (5, 5, 6, 6, 7, 7, 8, 8) M nach dem MM, zuletzt gestrickte 8 (10, 10, 12, 12, 14, 14, 16, 16) M auf Hilfsfaden legen, dabei MM entf; ab * noch 1-mal wdh; 16 (20, 20, 24, 24, 28, 28, 32, 32) M stillgelegt, 210 (232, 258, 276, 304, 326, 354, 374, 398) M.
Aufteilung der M: 105 (116, 129, 138, 152, 163, 177, 187, 199) M für das VT, 105 (116, 129, 138, 152, 163, 177, 187, 199) M für das RT.

ÄRMEL

Mit dem dünneren Nadelspiel im Kreuzanschlag 48 (52, 52, 56, 56, 60, 60, 64, 68) M anschl. Die M zur Runde schließen, dabei aufpassen, dass die M sich nicht verdrehen; MMs für den Rd-Anf.

Ärmelbündchen

Nächste Rd: *2 M re, 2 M li; ab * fortl wdh.
Diese Runde wdh, bis das Ärmelbündchen ab dem Maschenanschlag etwa 5 cm misst, dabei am Beginn der letzten Rd 0 (1, 1, 0, 1, 0, 1, 0, 0) M zunehmen; 48 (53, 53, 56, 57, 60, 61, 64, 68) M.

Zum dickeren Nadelspiel wechseln.
Nächste Rd (Zun): 1 M re, 1 re gen Zun, re M bis 1 M vor MM, 1 re gen Zun, 1 M re; 2 M zugen.
7 (5, 5, 5, 3, 3, 1, 1, 1) Rd re str.
Nächste Rd (Zun): 1 M re, 1 re gen Zun, re M bis 1 M vor MM, 1 re gen Zun, 1 M re; 2 M zugen.

Die letzten 8 (6, 6, 6, 4, 4, 2, 2, 2) Rd noch 7 (0, 10, 14, 9, 16, 1, 5, 7)-mal wdh, bei ausreichender M-Zahl nach Wunsch zur dickeren Rundnadel (40 cm) wechseln; 66 (57, 77, 88, 79, 96, 67, 78, 86) M.

9 (7, 7, 7, 5, 5, 3, 3, 3) Rd re str.
Nächste Rd (Zun): 1 M re, 1 re gen Zun, re M bis 1 M vor MM, 1 re gen Zun, 1 M re; 2 M zugen.

Die letzten 10 (8, 8, 8, 6, 6, 4, 4, 4) Rd noch 3 (11, 4, 1, 10, 5, 24, 22, 22)-mal wdh; 74 (81, 87, 92, 101, 108, 117, 124, 132) M.

Ohne weitere Zunahmen weiterstr, bis der Ärmel ab dem Maschenanschlag 43 (43, 44, 44, 45, 45, 46, 46, 47) cm misst.

Aufteilen für die Armausschnitte

Ohne zu stricken, die M auf den Nadeln verschieben: die letzten 4 (5, 5, 6, 6, 7, 7, 8, 8) M vor dem MM und die ersten 4 (5, 5, 6, 6, 7, 7, 8, 8) M nach dem MM auf einen Hilfsfaden legen, dabei den MM entf. Garn abschneiden; 66 (71, 77, 80, 89, 94, 103, 108, 116) M.

VERBINDEN FÜR DIE RUNDPASSE

Auf rechts mit der dickeren Rundnadel (80–100 cm) die 105 (116, 129, 138, 152, 163, 177, 187, 199) M des RT re str, dann die 66 (71, 77, 80, 89, 94, 103, 108, 116) M des ersten Ärmels re str, MMs (linke Seite des VT), die 105 (116, 129, 138, 152, 163, 177, 187, 199) M des VT re str, MMs (rechte Seite des VT), dann die 66 (71, 77, 80, 89, 94, 103, 108, 116) M des zweiten Ärmels re str; 342 (374, 412, 436, 482, 514, 560, 590, 630) M.

Nächste Rd (teilweise gestrickt): 52 (58, 64, 69, 76, 81, 88, 93, 99) M des RT re str, MMs für das Rd-Ende. Rundenbeginn ist nun an der rückwärtigen Mitte.

10 (10, 12, 12, 14, 14, 16, 17, 18) Rd gerade hoch re str.

Nun folgen einige Abnahmen und anschließend eine Partie mit verkürzten Reihen; dann wird nach der Strickschrift weitergearbeitet. Lesen Sie dazu die genauen Anweisungen für Ihre Größe durch, bevor Sie fortfahren.

NUR GRÖSSEN 1, 2, 3, 5 UND 7

Nächste Rd (Abn): 2 (10, 9, 9, 0) M re, *2 M re zus, 8 (6, 6, 9, 8) M re; ab * bis 0 (4, 3, 0, 0) M vor Ende wdh, 0 (4, 3, 0, 0) M re.

NUR GRÖSSEN 4, 6, 8 UND 9

Nächste Rd (Abn): 4 (4, 5, 4) M re, 4 (2, 19, 18)-mal [2 M re zus, 9 (9, 11, 10) M re], 29 (46, 7, 17)-mal [2 M re zus, 10 (8, 10, 9) M re], 3 (2, 19, 18)-mal [2 M re zus, 9 (9, 11, 10) M re], 2 M re zus, 5 (4, 5, 5) M re.

ALLE GRÖSSEN

34 (45, 50, 37, 43, 51, 56, 46, 54) M abgen, 308 (329, 362, 399, 439, 463, 504, 544, 576) M.

5 (8, 9, 8, 10, 14, 14, 11, 14) Rd gerade hoch re str.

NUR GRÖSSEN 1, 2, 3, 5 UND 7

Nächste Rd (Abn): 2 (10, 12, 9, 0) M re, *2 M re zus, 7 (5, 5, 8, 7) M re; ab * bis 0 (4, 7, 0, 0) M vor Ende wdh, 0 (4, 7, 0, 0) M re.

NUR GRÖSSEN 4, 6, 8 UND 9

Nächste Rd (Abn): 4 (4, 5, 4) M re, 4 (2, 19, 18)-mal [2 M re zus, 8 (8, 10, 9) M re], 29 (46, 7, 17)-mal [2 M re zus, 9 (7, 9, 8) M re], 3 (2, 19, 18)-mal [2 M re zus, 8 (8, 10, 9) M re], 2 M re zus, 4 (3, 4, 4) M re.

ALLE GRÖSSEN

34 (45, 49, 37, 43, 51, 56, 46, 54) M abgen, 274 (284, 313, 362, 396, 412, 448, 498, 522) M.

2 (3, 4, 5, 7, 8, 9, 9, 9) Rd gerade hoch re str.

NUR GRÖSSEN 1, 3, 5, 6 UND 7

Nächste Rd (Abn): 2 (12, 12, 9, 0) M re, *2 M re zus, 6 (4, 7, 6, 6) M re; ab * bis 0 (7, 6, 3, 0) M vor Ende wdh, 0 (7, 6, 3, 0) M re.

NUR GRÖSSEN 2, 4, 8 UND 9

Nächste Rd (Abn): 2 (4, 4, 4) M re, 10 (4, 19, 18)-mal [2 M re zus, 5 (7, 9, 8) M re], 23 (29, 7, 17)-mal [2 M re zus, 4 (8, 8, 7) M re], 10 (3, 19, 18)-mal [2 M re zus, 5 (7, 9, 8) M re], 2 M re zus, 2 (3, 4, 3) M re.

ALLE GRÖSSEN

34 (44, 49, 37, 42, 50, 56, 46, 54) M abgen, 240 (240, 264, 325, 354, 362, 392, 452, 468) M.

NUR GRÖSSEN 4, 5, 6, 7, 8 UND 9

3 (3, 4, 5, 5, 7) Rd gerade hoch re str.

NUR GRÖSSEN 5, 6 UND 7

Nächste Rd (Abn): 12 (9, 0) M re, *2 M re zus, 6 (5, 5) M re; ab * bis 6 (3, 0) M vor Ende wdh, 6 (3, 0) M re; 42 (50, 56) M abgen, 312 (312, 336) M.

NUR GRÖSSEN 4, 8 UND 9

Nächste Rd (Abn): 3 (4, 3) M re, 4 (19, 18)-mal 6 (8, 7) M re, 29 (7, 17)-mal [2 M re zus, 7 (7, 6) M re], 3 (19, 18)-mal [2 M re zus, 6 (8, 7) M re], 2 M re zus, 3 M re; 37 (46, 54) M abgen, 288 (406, 414) M.

NUR GRÖSSEN 8 UND 9

4 (5) Rd gerade hoch re str.

Nächste Rd (Abn): 3 M re, 19 (18)-mal [2 M re zus, 7 (6) M re], 7 (17)-mal [2 M re zus, 6 (5) M re], 19 (18)-mal [2 M re zus, 7 (6) M re], 2 M re zus, 3 (2) M re; 46 (54) M abgen, 360 (360) M.

ALLE GRÖSSEN

Gesamt 240 (240, 264, 288, 312, 312, 336, 360, 360) M.
1 Runde re str.

Verkürzte Reihen

Nächste R (HinR): Re M bis 9 M nach MM links am VT, W&w.
Nächste R (RückR): Li M bis 9 M nach MM rechts am VT, W&w.
Nächste R: Re M bis 7 (7, 7, 7, 8, 8, 9, 9, 10) M vor letzter Wendung, W&w.
Nächste R: Li M bis 7 (7, 7, 7, 8, 8, 9, 9, 10) M vor letzter Wendung, W&w.
Die letzten 2 R noch 2-mal wdh, nach dem letzten Wenden zurück bis zum MM am Rd-Anf stricken.
Nächste Rd: Fortl re M, dabei die Wickel-M und Wickel zusammen abstricken und die zusätzlichen MM entf (der MM am Rd-Anf bleibt).

Einteilung der Strickschrift Rundpasse

Diese Partie wird rundgestrickt. Entweder nach der Strickschrift oder nach der Textanleitung arbeiten.
Mit der 1. R der Strickschrift Rundpasse beginnend den 12-M-Rapport bis zum Rd-Ende 20 (20, 22, 24, 26, 26, 28, 30, 30)-mal stricken.
Im Muster bis einschl. der 39. R der Strickschrift str.

In der Passe werden Maschen abgenommen: in der 21. Rd auf gesamt 200 (200, 220, 240, 260, 260, 280, 300, 300) M, in der 29. Rd auf gesamt 160 (160, 176, 192, 208, 208, 224, 240, 240) M und zuletzt in der 39. Rd auf gesamt 120 (120, 132, 144, 156, 156, 168, 180, 180) M.
Damit ist die Musterpartie der Passe fertig.

Halsbündchen

Zur dünneren Rundnadel (40–60 cm) wechseln.

Nächste Rd: *2 M re, 2 M li; ab * fortl wdh.

Diese Rd wiederholen, bis das Halsbündchen etwa 2 cm hoch ist.

Alle Maschen im Muster abketten.

AUSARBEITUNG

Die jeweils 2 Partien der stillgelegten 8 (10, 10, 12, 12, 14, 14, 16, 16) Maschen unter den Achseln im Maschenstich zusammennähen.

Den Pullover in lauwarmem Wasser mit etwas Wollwaschmittel einweichen, bei Bedarf auswaschen, dann flach auf Maß spannen und trocknen lassen.

Alle Fadenenden vernähen.

TEXTANLEITUNG ZUR STRICKSCHRIFT

STRICKSCHRIFT RUNDPASSE

1. Rd: 1 M re, U, 2 M re überz zus, 7 M re, 2 M re zus, U.
2. und alle weiteren geraden Rd außer der 18. Rd: Re M.
3. Rd: 1 M re, U, 1 M re, 2 M re überz zus, 5 M re, 2 M re zus, 1 M re, U.
5. Rd: 1 M re, U, 2 M re, 2 M re überz zus, 3 M re, 2 M re zus, 2 M re, U.
7. Rd: 1 M re, U, 3 M re, 2 M re überz zus, 1 M re, 2 M re zus, 3 M re, U.
9. Rd: 1 M re, U, 4 M re, 3 M re überz zus, 4 M re, U.
11. Rd: 4 M re, 2 M re zus, U, 1 M re, U, 2 M re überz zus, 3 M re.
13. Rd: 3 M re, 2 M re zus, 2-mal (1 M re, U), 1 M re, 2 M re überz zus, 2 M re.
15. Rd: 2 M re, 2 M re zus, 2 M re, U, 1 M re, U, 2 M re, 2 M re überz zus, 1 M re.
17. Rd: 1 M re, 2 M re zus, 3 M re, U, 1 M re, U, 3 M re, 2 M re überz zus.
18. Rd: Re M bis 1 M vor Rd-Ende, MMs für neuen Rd-Anf.
19. Rd: Vorigen MM des Rd-Anf entf, 3 M re überz zus, 4 M re, U, 1 M re, U, 4 M re.
21. Rd (Abn): 1 M re, 2 M re überz zus, 7 M re, 2 M re zus.
23. Rd: 1 M re, U, 2 M re überz zus, 5 M re, 2 M re zus, U.
25. Rd: 1 M re, U, 1 M re, 2 M re überz zus, 3 M re, 2 M re zus, 1 M re, U.
27. Rd: 1 M re, U, 2 M re, 2 M re überz zus, 1 M re, 2 M re zus, 2 M re, U.
29. Rd (Abn): 4 M re, 3 M re überz zus, 3 M re.
31. Rd: 2 M re, 2 M re zus, U, 1 M re, U, 2 M re überz zus, 1 M re.
33. Rd: 1 M re, 2 M re zus, 2-mal (1 M re, U), 1 M re, 2 M re überz zus.
35. Rd: 1 M re, 2 M re zus, 2-mal (1 M re, U), 1 M re, 2 M re überz zus.
37. Rd: 1 M re, 2 M re zus, 2-mal (1 M re, U), 1 M re, 2 M re überz zus.
39. Rd (Abn): 1 M re, 2 M re zus, 3 M re, 2 M re überz zus.

ANMERKUNGEN ZUR STRICKSCHRIFT

Dieses Lace-Muster enthält eine Abnahme, für die eine Masche der Vorrunde verwendet wird, um das Muster korrekt auszurichten.

18. Rd: Im Muster der Strickschrift bis 1 M vor Ende stricken.

19. Rd: Die ersten »3 M re überz zus« mit der noch nicht gestrickten M der Vorrunde stricken, dann weiter nach der Strickschrift arbeiten.

Beachten Sie, dass der MM des neuen Rd-Anfangs direkt vor diese Abnahme gesetzt wird.

Strickschrift Rundpasse

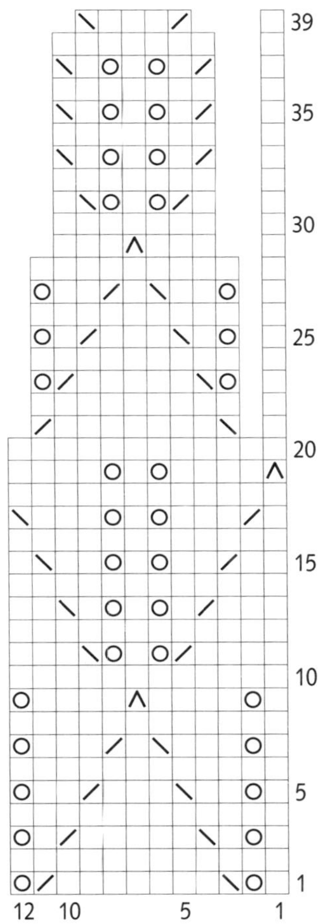

Symbole

- re M
- 2 M re zus
- 2 M re überz zus
- Umschlag
- 3 M re überz zus

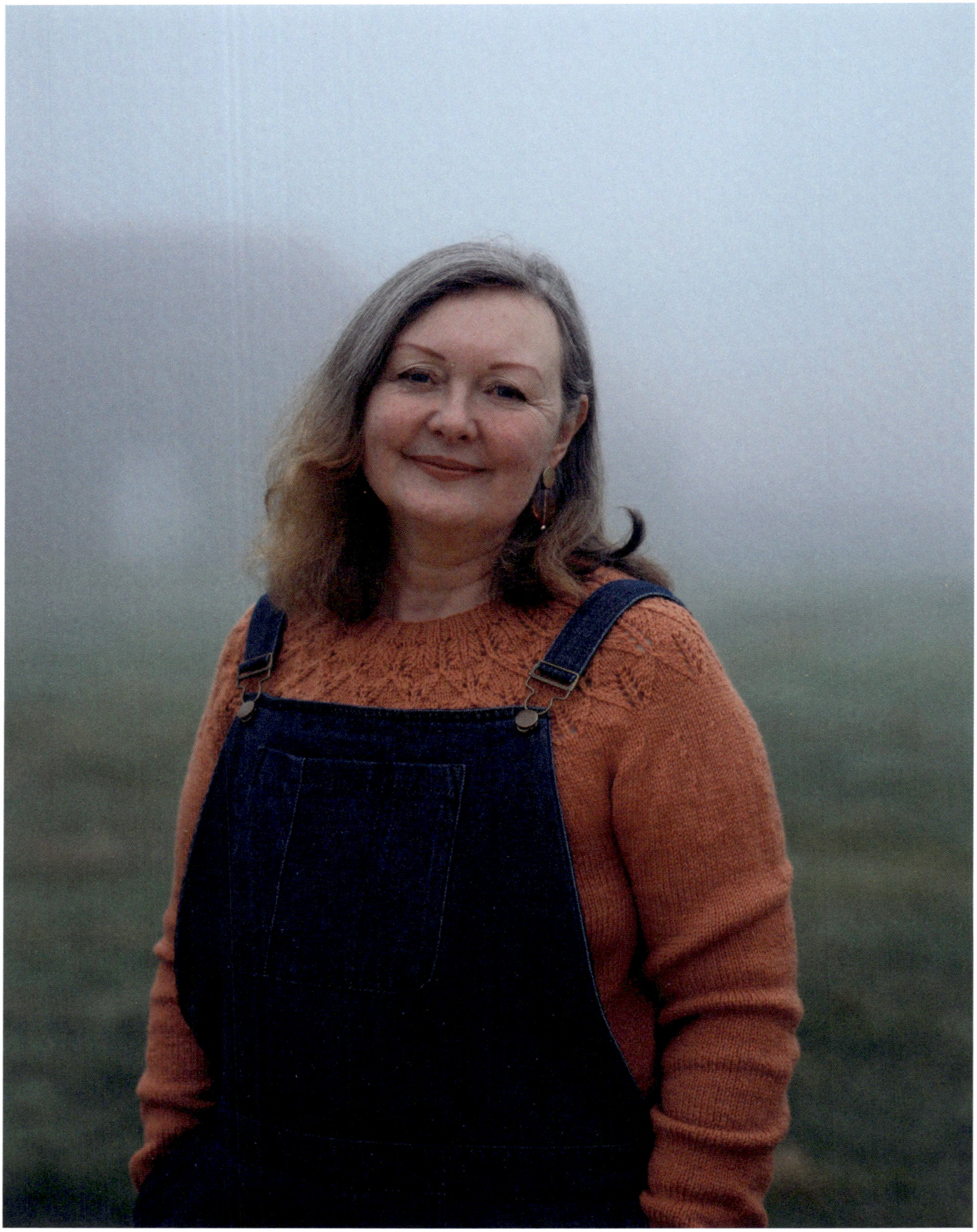

GROSSE ORCHIDEEN

»Große Orchideen« ist eine aus dickerem Garn gestrickte Variante des Orchideen-Pullovers; Vorbild war auch hier die Lace-Passe des Modells »Dorothy« aus dem »The Vintage Shetland Project«. Den Orchideen-Pullover habe ich so gern getragen, dass ich nicht widerstehen konnte, eine ebenso hübsche Version aus mitteldickem Garn zu entwerfen, die mit dickeren Nadeln gestrickt wird und daher schneller fertig ist.

»Große Orchideen« ist ein unkomplizierter, bequemer Pullover mit einer zauberhaften Lace-Passe. Der Pullover wird von unten nach oben bis zu den Armausschnitten rundgestrickt. Danach werden die Ärmel gearbeitet; anschließend werden Rumpf und Ärmel zusammengefügt und in einem Stück in Runden weitergestrickt. Die obere Rückenpartie wird durch verkürzte Reihen geformt, damit der vordere Halsausschnitt nicht zu hoch sitzt. Nach den verkürzten Reihen wird die Lace-Passe gestrickt. Das schlichte Muster mit dem Rapport über 12 Maschen erinnert an zarte Orchideenrispen.

Der Pullover ist gerade geschnitten und reicht etwa bis zur Hüfte. Natürlich kann er nach Wunsch auch kürzer oder länger gearbeitet werden. Um die obere Rumpfpartie zu verkürzen, können Sie vor Beginn der Lace-Passe einfach weniger Runden stricken; so vermeiden Sie komplizierte Änderungen. Für die Musterpartie gibt es sowohl eine Textanleitung als auch eine Strickschrift, die in allen Runden von rechts nach links gelesen wird.

Das abgebildete Modell wurde aus Excelana DK gearbeitet, einem mitteldicken weichen Garn aus reiner Schurwolle der britischen Schafrassen Exmoor Mule und Bluefaced Leicester. Dieses Modell habe ich in dem warmen, aber dezenten Terracotta-Farbton Cinnamon gestrickt.

Die empfohlene Mehrweite für den Pullover beträgt etwa 15–20 cm, doch wenn Sie eine engere Passform bevorzugen wie auf den Fotos gezeigt, wählen Sie eine Größe, deren fertiger Brustumfang nur etwa 5 cm größer ist als Ihr Körpermaß.

Große Orchideen

GARN

Susan Crawford Excelana DK, 100 % britische Schurwolle (LL 247 m/100 g)
Farbe Cinnamon, 4 (4, 5, 5, 6, 6, 7, 7, 8) 100-g-Stränge,
Garnpackungen erhältlich bei susancrawfordvintage.com

MASCHENPROBE

22 M x 30 Rd = 10 x 10 cm (glatt rechts rundgestrickt). Hier verwendete Nadelstärke: 4 mm.

Zum Erreichen der korrekten Maschenprobe nach Bedarf eine andere Nadelstärke verwenden.

EMPFOHLENE STRICKNADELN

Dünne Nadeln: 3,25 mm Rundnadel (Länge 40–60 cm)
3,25 mm Rundnadel (Länge 80–100 cm)
3,25 mm Nadelspiel

Dicke Nadeln: 4 mm Rundnadel (Länge 40–60 cm)
4 mm Rundnadel (Länge 80–100 cm)
4 mm Nadelspiel

SONSTIGES MATERIAL

Hilfsfaden (Garnrest) oder Maschenhalter
Maschenmarkierer

ABGEBILDETES MODELL

Susan trägt hier Größe 3 mit 7 cm Mehrweite. So sitzt der Pullover etwas enger als laut Anleitung vorgesehen.

GRÖSSENÜBERSICHT UND HINWEISE ZUM SPANNEN

Wählen Sie die »Passend für BU«-Größe, die Ihrem tatsächlichen Brustumfang am besten entspricht. Bedenken Sie dabei auch die gewünschte Passform (enger oder lockerer). Verwenden Sie zur Größenbestimmung die Tabelle in Verbindung mit dem Schema.

Die angegebenen Maße beziehen sich auf das fertige und laut Anleitung gespannte Modell. Die Angaben helfen Ihnen bei der Auswahl der passenden Größe und können zur Orientierung bei eventuellen Abänderungen der fertigen Maße dienen. Richten Sie sich beim Spannen nach dem Schema und den Maßen, damit Ihr Modell die korrekte Größe bekommt. Alle Angaben sind cm-Angaben.

	Größe 1	Größe 2	Größe 3	Größe 4	Größe 5	Größe 6	Größe 7	Größe 8	Größe 9
Passend für BU von:	71–76	81–86	91–97	102–107	112–117	122–127	132–137	142–147	152–157
Fertige Maße									
a Brustumfang	92	102	112	122	132	142	153	163	173
b Länge bis zur Achsel	25	26	26	27	28	28	29	29	30
c Höhe der Rundpasse	20	21	22	23,5	25	27	28,5	29,5	31,5
d Gesamtlänge	45	47	48	50,5	53	55	57,5	58,5	61,5
h Ärmellänge	43	43	44	44	45	45	46	46	47
m Oberarmumfang	29,5	32,5	35	37,5	40,5	43	46,5	49,5	52,5

SCHEMA

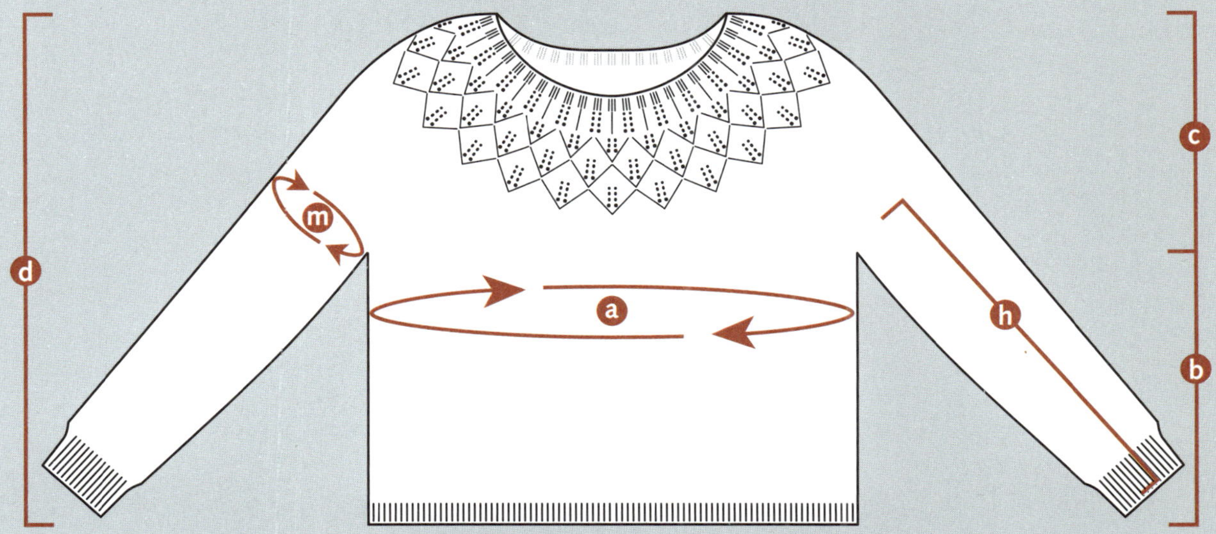

RUMPF

Mit der dünneren Rundnadel (80–100 cm) im Kreuzanschlag 200 (224, 244, 268, 288, 312, 336, 356, 380) M anschl. Die M zur Runde schließen, dabei aufpassen, dass die M sich nicht verdrehen; MMs für den Rd-Anf.

Bündchen

Nächste Rd: *2 M re, 2 M li; ab * fortl wdh.
Diese Runde wdh, bis das Bündchen ab dem Maschenanschlag etwa 2,5 cm misst, dabei in der letzten Rd gleichmäßig verteilt 2 (0, 2, 0, 2, 0, 0, 2, 0) M zunehmen; 202 (224, 246, 268, 290, 312, 336, 358, 380) M.

Untere Rumpfpartie

Zur dickeren Rundnadel (80–100 cm) wechseln.
Glatt rechts gerade hoch stricken (alle Rd re str), bis die Arbeit ab dem Maschenanschlag 25 (26, 26, 27, 28, 28, 29, 29, 30) cm misst, dabei einige Runden vor Erreichen dieser Höhe nach 101 (112, 123, 134, 145, 156, 168, 179, 190) M MMs zur Markierung der Seite.

Aufteilen für die Armausschnitte

Nächste Rd: *Re M bis 3 (4, 4, 5, 5, 6, 6, 7, 7) M nach dem MM, zuletzt gestrickte 6 (8, 8, 10, 10, 12, 12, 14, 14) M auf einen Hilfsfaden legen, dabei MM entf; ab * noch 1-mal wdh; 12 (16, 16, 20, 20, 24, 24, 28, 28) M stillgelegt, 190 (208, 230, 248, 270, 288, 312, 330, 352) M.
Aufteilung der M: 95 (104, 115, 124, 135, 144, 156, 165, 176) M für das VT, 95 (104, 115, 124, 135, 144, 156, 165, 176) M für das RT.

ÄRMEL

Mit dem dünneren Nadelspiel im Kreuzanschlag 44 (44, 48, 48, 52, 52, 56, 56, 60) M anschl. Die M zur Runde schließen, dabei aufpassen, dass die M sich nicht verdrehen; MMs für den Rd-Anf.

Ärmelbündchen

Nächste Rd: *2 M re, 2 M li; ab * fortl wdh.
Diese Runde wdh, bis das Ärmelbündchen ab dem Maschenanschlag etwa 5 cm misst, dabei am Beginn der letzten Rd 1 (1, 1, 0, 1, 1, 0, 1, 1) M zunehmen; 45 (45, 49, 48, 53, 53, 56, 57, 61) M.

Zum dickeren Nadelspiel wechseln.
Nächste Rd (Zun): 1 M re, 1 re gen Zun, re M bis 1 M vor MM, 1 re gen Zun, 1 M re; 2 M zugen.
9 (5, 5, 3, 3, 3, 3, 1, 1) Rd re str.
Nächste Rd (Zun): 1 M re, 1 re gen Zun, re M bis 1 M vor MM, 1 re gen Zun, 1 M re; 2 M zugen.

Die letzten 10 (6, 6, 4, 4, 4, 4, 2, 2) Rd noch 4 (0, 3, 0, 2, 10, 15, 0, 0)-mal wdh, bei ausreichender M-Zahl nach Wunsch zur dickeren Rundnadel (40 cm) wechseln; 57 (49, 59, 52, 61, 77, 90, 61, 65) M.

11 (7, 7, 5, 5, 5, 5, 3, 3) Rd re str.
Nächste Rd (Zun): 1 M re, 1 re gen Zun, re M bis 1 M vor MM, 1 re gen Zun, 1 M re; 2 M zugen.

Die letzten 12 (8, 8, 6, 6, 6, 6, 4, 4) Rd noch 3 (10, 8, 14, 13, 8, 5, 23, 24)-mal wdh; 65 (71 77, 82, 89, 95, 102, 109, 115) M.

Ohne weitere Zunahmen weiterstr, bis der Ärmel ab dem Maschenanschlag 43 (43, 44, 44, 45, 45, 46, 46, 47) cm misst.

Aufteilen für die Armausschnitte

Ohne zu stricken, die M auf den Nadeln verschieben: die letzten 3 (4, 4, 5, 5, 6, 6, 7, 7) M vor dem MM und die ersten 3 (4, 4, 5, 5, 6, 6, 7, 7) M nach dem MM auf einen Hilfsfaden legen, dabei den MM entf. Garn abschneiden; 59 (63, 69, 72, 79, 83, 90, 95, 101) M.

VERBINDEN FÜR DIE RUNDPASSE

Auf rechts mit der dickeren Rundnadel (80–100 cm) die 95 (104, 115, 124, 135, 144, 156, 165, 176) M des RT re str, dann die 59 (63, 69, 72, 79, 83, 90, 95, 101) M des ersten Ärmels re str, MMs (linke Seite des VT), die 95 (104, 115, 124, 135, 144, 156, 165, 176) M des VT re str, MMs (rechte Seite des VT), dann die 59 (63, 69, 72, 79, 83, 90, 95, 101) M des zweiten Ärmels re str; 308 (334, 368, 392, 428, 454, 492, 520, 554) M.

Nächste Rd (teilweise gestrickt): 47 (52, 57, 62, 67, 72, 78, 82, 88) M des RT re str, MMs für das Rd-Ende. Rundenbeginn ist nun an der rückwärtigen Mitte.

8 (10, 12, 14, 16, 18, 18, 20, 24) Rd gerade hoch re str.

Nun folgen Abnahmen in drei Stufen und anschließend eine Partie mit verkürzten Reihen; dann wird nach der Strickschrift weitergearbeitet. Lesen Sie dazu die genauen Anweisungen für Ihre Größe durch, bevor Sie fortfahren.

NUR GRÖSSE 1

Nächste Rd (Abn): 4 M re, 2 M re zus, 7 M re, *2 M re zus, 8 M re; ab * bis 5 M vor Ende wdh, 2 M re zus, 3 M re.

NUR GRÖSSEN 2 UND 3

Nächste Rd (Abn): 3 M re, 7 (12)-mal (2 M re zus, 7 M re), 25 (18)-mal (2 M re zus, 6 M re), 7 (12)-mal (2 M re zus, 7 M re), 2 M re zus, 3 M re.

NUR GRÖSSEN 4 UND 5

Nächste Rd (Abn): 3 M re, 8 (6)-mal (2 M re zus, 5 M re), 35 (43)-mal (2 M re zus, 6 M re), 7 (5)-mal (2 M re zus, 5 M re), 2 M re zus, 2 M re.

NUR GRÖSSEN 6, 7 UND 8

Nächste Rd (Abn): 3 M re, 3 (8, 15)-mal (2 M re zus, 6 M re), 57 (51, 39)-mal (2 M re zus, 5 M re), 3 (8, 15)-mal, (2 M re zus, 6 M re), 2 M re zus, 2 M re.

NUR GRÖSSE 9

Nächste Rd (Abn): 2 M re, 34-mal (2 M re zus, 5 M re), 12-mal (2 M re zus, 4 M re), 34-mal (2 M re zus, 5 M re), 2 M re zus, 2 M re.

ALLE GRÖSSEN

31 (40, 43, 51, 55, 64, 68, 70, 81) M abgen, 277 (294, 325, 341, 373, 390, 424, 450, 473) M.

4 (5, 6, 8, 10, 12, 13, 14, 17) Rd gerade hoch re str.

NUR GRÖSSE 1

Nächste Rd (Abn): 3 M re, 2 M re zus, 6 M re, *2 M re zus, 7 M re; ab * bis 5 M vor Ende wdh, 2 M re zus, 3 M re.

NUR GRÖSSE 2

Nächste Rd (Abn): 3 M re, 9-mal (2 M re zus, 5 M re), 21-mal (2 M re zus, 6 M re), 8-mal (2 M re zus, 5 M re), 2 M re zus, 2 M re.

NUR GRÖSSE 3

Nächste Rd (Abn): 3 M re, 12-mal (2 M re zus, 6 M re), 18-mal (2 M re zus, 5 M re), 12-mal (2 M re zus, 6 M re), 2 M re zus, 2 M re.

NUR GRÖSSEN 4 UND 5

Nächste Rd (Abn): 2 M re, 8 (6)-mal (2 M re zus, 4 M re), 35 (43)-mal (2 M re zus, 5 M re), 7 (5)-mal (2 M re zus, 4 M re), 2 M re zus, 2 M re.

NUR GRÖSSEN 6, 7 UND 8

Nächste Rd (Abn): 2 M re, 6 (8, 18)-mal (2 M re zus, 5 M re), 50 (51, 32)-mal (2 M re zus, 4 M re), 6 (8, 18)-mal (2 M re zus, 5 M re), 2 M re zus, 2 M re.

NUR GRÖSSE 9

Nächste Rd (Abn): 2 M re, 34-mal (2 M re zus, 4 M re), 12-mal (2 M re zus, 3 M re), 34-mal (2 M re zus, 4 M re), 2 M re zus, 1 M re.

ALLE GRÖSSEN

31 (39, 43, 51, 55, 63, 68, 69, 81) M abgen, 246 (255, 282, 290, 318, 327, 356, 381, 392) M.

2 (2, 3, 3, 4, 6, 9, 9, 8) Rd gerade hoch re str.

NUR GRÖSSE 1

Nächste Rd (Abn): *2 M re zus, 6 M re; ab * bis 6 M vor Ende wdh, 6 M re.

NUR GRÖSSE 2

Nächste Rd (Abn): 2 M re, 9-mal (2 M re zus, 4 M re), 21-mal (2 M re zus, 5 M re), 8-mal (2 M re zus, 4 M re), 2 M re zus, 2 M re.

NUR GRÖSSE 3

Nächste Rd (Abn): 2 M re, 15-mal (2 M re zus, 5 M re), 11-mal (2 M re zus, 4 M re), 15-mal (2 M re zus, 5 M re), 2 M re zus, 2 M re.

NUR GRÖSSEN 4, 5, 6, 7 UND 8

Nächste Rd (Abn): 2 M re, 20 (24, 6, 8, 18)-mal (2 M re zus, 4 M re), 9 (5, 50, 51, 32)-mal (2 M re zus, 3 M re), 20 (24, 6, 8, 18)-mal (2 M re zus, 4 M re), 2 M re zus, 1 M re.

NUR GRÖSSE 9

Nächste Rd (Abn): 1 M re, 36-mal (2 M re zus, 3 M re), 7-mal (2 M re zus, 2 M re), 36-mal (2 M re zus, 3 M re), 2 M re zus, 1 M re.

ALLE GRÖSSEN

30 (39, 42, 50, 54, 63, 68, 69, 80) M abgen, 216 (216, 240, 240, 264, 264, 288, 312, 312) M.
1 Runde re str.

Verkürzte Reihen

Nächste R (HinR): Re M bis 8 M nach MM links am VT, W&w.
Nächste R (RückR): Li M bis 8 M nach MM rechts am VT, W&w.
Nächste R: Re M bis 6 (6, 6, 6, 7, 7, 8, 8, 9) M vor letzter Wendung, W&w.
Nächste R: Li M bis 6 (6, 6, 6, 7, 7, 8, 8, 9) M vor letzter Wendung, W&w.

Die letzten 2 R noch 2-mal wdh, nach dem letzten Wenden zurück bis zum MM am Rd-Anf stricken.
Nächste Rd: Fortl re M, dabei die Wickel-M und Wickel zusammen abstricken und die zusätzlichen MM entf (der MM am Rd-Anf bleibt).

Einteilung der Strickschrift Rundpasse

Diese Partie wird rundgestrickt. Entweder nach der Strickschrift oder nach der Textanleitung arbeiten.
Mit der 1. R der Strickschrift Rundpasse beginnend den 12-M-Rapport bis zum Rd-Ende 18 (18, 20, 20, 22, 22, 24, 26, 26)-mal stricken.
Im Muster bis einschl. der 39. R der Strickschrift str.
In der Passe werden Maschen abgenommen: in der 21. Rd auf gesamt 180 (180, 200, 200, 220, 220, 240, 260, 260) M, in der 29. Rd auf gesamt 144 (144, 160, 160, 176, 176, 192, 208, 208) M und zuletzt in der 39. Rd auf gesamt 108 (108, 120, 120, 132, 132, 144, 156, 156) M.
Damit ist die Musterpartie der Passe fertig.

Halsbündchen

Zur dünneren Rundnadel (40–60 cm) wechseln.
Nächste Rd: *2 M re, 2 M li; ab * fortl wdh.
Diese Rd wiederholen, bis das Halsbündchen etwa 2 cm hoch ist.
Alle Maschen im Muster abketten.

AUSARBEITUNG

Die jeweils 2 Partien der stillgelegten 6 (8, 8, 10, 10, 12, 12, 14, 14) Maschen unter den Achseln im Maschenstich zusammennähen.
Den Pullover in lauwarmem Wasser mit etwas Wollwaschmittel einweichen, bei Bedarf auswaschen, dann flach auf Maß spannen und trocknen lassen.

Alle Fadenenden vernähen.

TEXTANLEITUNG ZUR STRICKSCHRIFT

STRICKSCHRIFT RUNDPASSE

1. Rd: 1 M re, U, 2 M re überz zus, 7 M re, 2 M re zus, U.
2. und alle weiteren geraden Rd außer der 18. Rd: Re M.
3. Rd: 1 M re, U, 1 M re, 2 M re überz zus, 5 M re, 2 M re zus, 1 M re, U.
5. Rd: 1 M re, U, 2 M re, 2 M re überz zus, 3 M re, 2 M re zus, 2 M re, U.
7. Rd: 1 M re, U, 3 M re, 2 M re überz zus, 1 M re, 2 M re zus, 3 M re, U.
9. Rd: 1 M re, U, 4 M re, 3 M re überz zus, 4 M re, U.
11. Rd: 4 M re, 2 M re zus, U, 1 M re, U, 2 M re überz zus, 3 M re.
13. Rd: 3 M re, 2 M re zus, 2-mal (1 M re, U), 1 M re, 2 M re überz zus, 2 M re.
15. Rd: 2 M re, 2 M re zus, 2 M re, U, 1 M re, U, 2 M re, 2 M re überz zus, 1 M re.
17. Rd: 1 M re, 2 M re zus, 3 M re, U, 1 M re, U, 3 M re, 2 M re überz zus.
18. Rd: Re M bis 1 M vor Rd-Ende, MMs für neuen Rd-Anf.
19. Rd: Vorigen MM des Rd-Anfangs entf, 3 M re überz zus, 4 M re, U, 1 M re, U, 4 M re.
21. Rd (Abn): 1 M re, 2 M re überz zus, 7 M re, 2 M re zus.
23. Rd: 1 M re, U, 2 M re überz zus, 5 M re, 2 M re zus, U.
25. Rd: 1 M re, U, 1 M re, 2 M re überz zus, 3 M re, 2 M re zus, 1 M re, U.
27. Rd: 1 M re, U, 2 M re, 2 M re überz zus, 1 M re, 2 M re zus, 2 M re, U.
29. Rd (Abn): 4 M re, 3 M re überz zus, 3 M re.
31. Rd: 2 M re, 2 M re zus, U, 1 M re, U, 2 M re überz zus, 1 M re.
33. Rd: 1 M re, 2 M re zus, 2-mal (1 M re, U), 1 M re, 2 M re überz zus.
35. Rd: 1 M re, 2 M re zus, 2-mal (1 M re, U), 1 M re, 2 M re überz zus.
37. Rd: 1 M re, 2 M re zus, 2-mal (1 M re, U), 1 M re, 2 M re überz zus.
39. Rd (Abn): 1 M re, 2 M re zus, 3 M re, 2 M re überz zus.

ANMERKUNGEN ZUR STRICKSCHRIFT

Dieses Lace-Muster enthält eine Abnahme, für die eine Masche der Vorrunde verwendet wird, um das Muster korrekt auszurichten.

18. Rd: Im Muster der Strickschrift bis 1 M vor Ende stricken.

19. Rd: Die ersten »3 M re überz zus« mit der noch nicht gestrickten M der Vorrunde stricken, dann weiter nach der Strickschrift arbeiten.

Beachten Sie, dass der MM des neuen Rd-Anfangs direkt vor diese Abnahme gesetzt wird.

Strickschrift Rundpasse

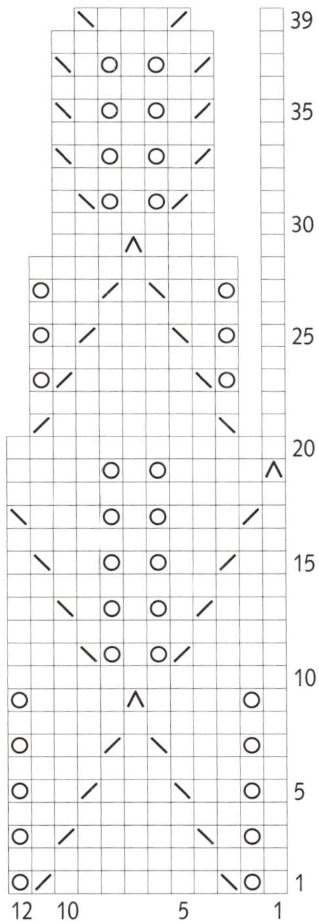

Symbole

- re M
- 2 M re zus
- 2 M re überz zus
- U
- 3 M re überz zus

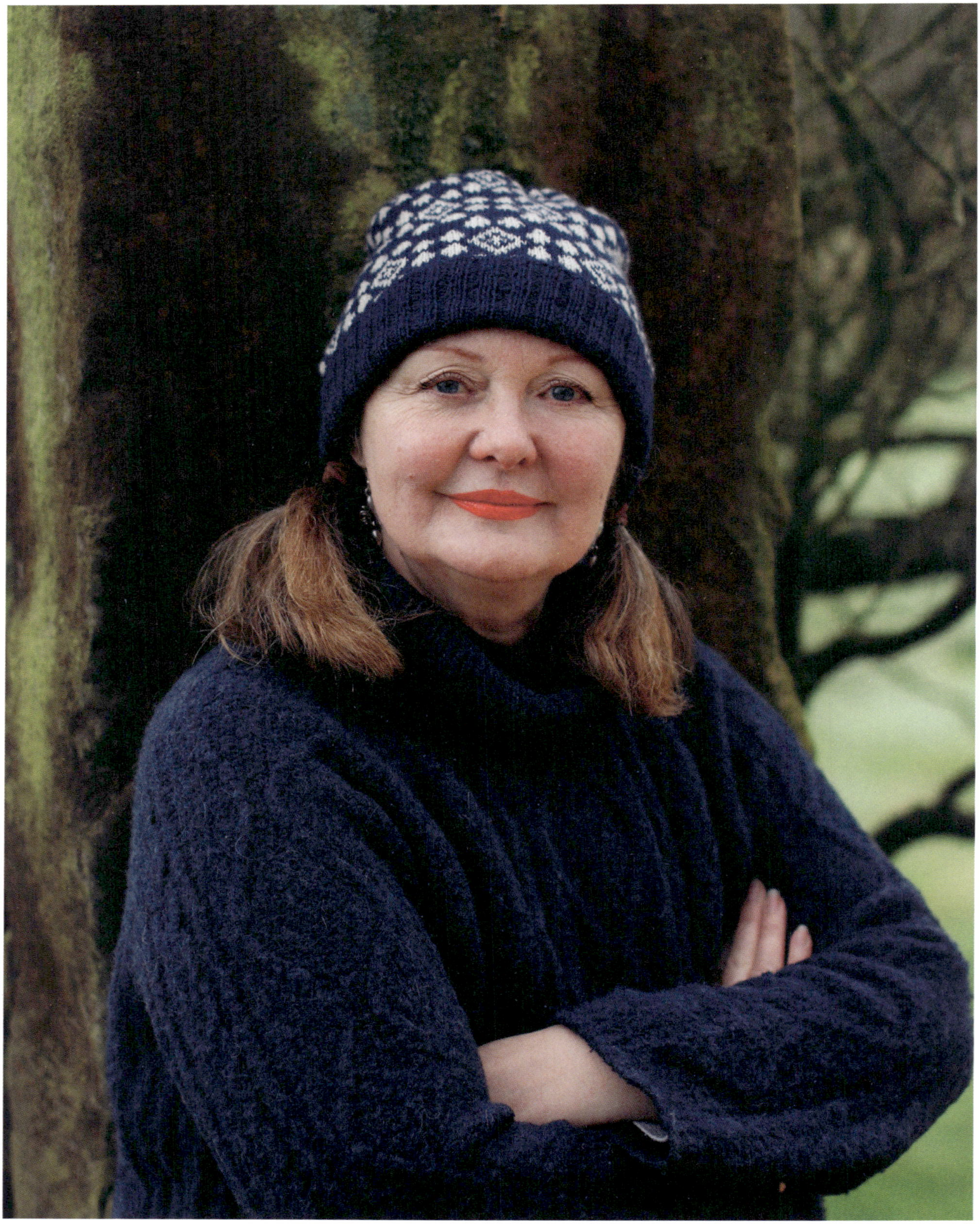

DENBY

Meine Inspiration zu »Denby« stammt ursprünglich vom Modell »Twageos« aus dem »The Vintage Shetland Project«, einer effektvollen oversized Mütze aus vier Farben und zahlreichen kleinen Motiven. Mein Ziel war es, eine gekürzte einfachere Mütze für jeden Tag zu entwerfen, die ein wenig an Twageos erinnert, aber doch ein ganz eigenständiges Modell ist.

Eines der Motive von »Twageos« fand ich besonders inspirierend – eine abstrakte 8-blättrige Blüte, die entfernt an das Dekor von Denby-Geschirr erinnert, vor allem an die handgemalten Blumen von Tafelservices der 1970er-Jahre. Ich beschloss, dieses hübsche Motiv zu betonen, indem ich es einzeln stellte. Durch die Verwendung von nur zwei Farben wird es noch markanter.

Die Konstruktion der Mütze ist ganz einfach: Sie beginnt mit einem gerippten Bündchen, das umgeschlagen wird, um das Gesicht schön einzurahmen und zugleich Ohren und Nacken besonders warm zu halten. Der Hauptteil der Mütze wird in einem zweifarbigen Einstrickmuster gestrickt – das Modell eignet sich gut zum Erlernen dieser Technik, macht jedoch auch fortgeschrittenen Fair-Isle-Fans Spaß. Ich stricke nach der beidhändigen Methode, bei der in jeder Hand eine Farbe gehalten wird: Bei der Farbe der linken Hand wird der Faden mit der Nadel geholt, bei der Farbe der rechten Hand wird der Faden um die Nadel herumgeführt.

Zu diesem einfachen Modell gibt es zahlreiche Varianten. Zum einen zeige ich zwei Farbkombinationen: Die Kombination A besteht aus zwei Keramik-Farbtönen der Excelana-4-Ply-Wolle, Himalayan Blue als Musterfarbe vor dem neutralen Hintergrund in der Farbe Limestone. Bei der Farbkombination B ist dieser neutrale Limestone-Farbton die Musterfarbe vor einem dunklen Hintergrund im Farbton Dark as Night. Mithilfe dieser beiden Strickschriften können Sie beliebige weitere Farbkombinationen ausprobieren. Darüber hinaus umfasst die Anleitung zwei Mützenarten: eine enger anliegende Beanie und eine längere Version. Wählen Sie einfach die zur gewünschten Länge und Farbkombination passende Strickschrift aus. Bei den Strickschriften wird jede Reihe von rechts nach links gelesen und bis zum Rundenende rings um die Mütze herum wiederholt.

Denby

GARN

Susan Crawford Excelana 4 Ply, 100 % britische Schurwolle (LL 159 m/50 g)

FARBKOMBINATION A

Farbe A: Limestone, 1 50-g-Strang
Farbe B: Himalayan Blue, 1 50-g-Strang

FARBKOMBINATION B

Farbe A: Dark as Night, 1 Strang
Farbe B: Limestone, 1 Strang
Garnpackungen erhältlich bei susancrawfordvintage.com

MASCHENPROBE

29 M x 32 Rd = 10 x 10 cm (im Einstrickmuster rundgestrickt und gespannt). Hier verwendete Nadelstärke: 3,25 mm.

Zum Erreichen der korrekten Maschenprobe nach Bedarf eine andere Nadelstärke verwenden.

EMPFOHLENE STRICKNADELN

Dünne Nadeln:	2,75 mm Rundnadel (Länge 40 cm)
Dicke Nadeln:	3,25 mm Rundnadel (Länge 40 cm)
	3,25 mm Nadelspiel

Sonstiges Material

Maschenmarkierer
Pompon-Maker (Pomponschablone, optional)

Abgebildetes Modell

Susan trägt hier den Beanie in Größe 2 und die längere Mütze in Größe 3. Susans Kopfumfang beträgt 50 cm.

GRÖSSENÜBERSICHT UND HINWEISE ZUM SPANNEN

Die angegebenen Maße beziehen sich auf das fertige und laut Anleitung gespannte Modell. Richten Sie sich beim Spannen nach dem Schema und den Maßen, damit Ihr Modell die korrekte Größe bekommt. Alle Angaben sind cm-Angaben.

	Größe 1	Größe 2	Größe 3
Passend für Kopfumfang von:	45–50	50–55	55–60

Fertige Maße

Beanie

	Größe 1	Größe 2	Größe 3
u Höhe ohne Bündchen	16,5	16,5	16,5
w Höhe mit Bündchen (umgeschlagen)	20,5	20,5	20,5
x Umfang an der weitesten Stelle	43,5	49,5	56

Längere Mütze

	Größe 1	Größe 2	Größe 3
u Höhe ohne Bündchen	21,5	21,5	21,5
w Höhe mit Bündchen (umgeschlagen)	25,5	25,5	25,5
x Umfang an der weitesten Stelle	43,5	49,5	56

SCHEMA

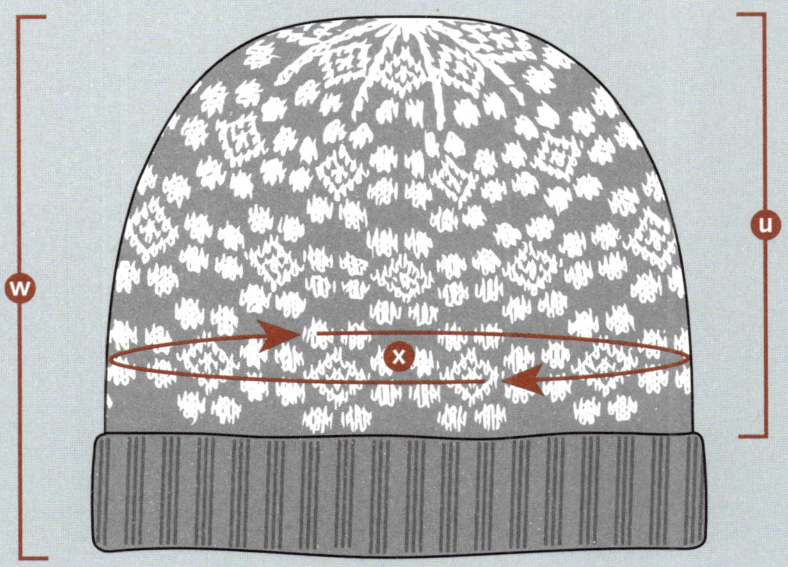

FARBKOMBINATION A

BÜNDCHEN

Mit der dünneren Rundnadel und Farbe B 124 (144, 152) M anschl. Die M zur Runde schließen, dabei aufpassen, dass die M sich nicht verdrehen; MMs für das Rd-Ende.

RIPPENMUSTER

1. Rd: *2 M re, 2 M li; ab * fortl wdh.
Diese Runde wdh, bis das Bündchen ab dem Maschenanschlag 4 cm misst.
Nächste Rd: Am Beginn dieser Rd einen abnehmbaren MM setzen, um die Position des Umschlags zu markieren. Im Muster weiterstricken, bis das Bündchen ab dem Maschenanschlag 8 cm misst.

Zur dickeren Rundnadel und Farbe A wechseln.

FARBKOMBINATION B

BÜNDCHEN

Mit der dünneren Rundnadel und Farbe A 124 (144, 152) M anschl. Die M zur Runde schließen, dabei aufpassen, dass die M sich nicht verdrehen; MMs für das Rd-Ende.

RIPPENMUSTER

1. Rd: *2 M re, 2 M li; ab * fortl wdh.
Diese Runde wdh, bis das Bündchen ab dem Maschenanschlag 4 cm misst.
Nächste Rd: Am Beginn dieser Rd einen abnehmbaren MM setzen, um die Position des Umschlags zu markieren. Im Muster weiterstricken, bis das Bündchen ab dem Maschenanschlag 8 cm hoch ist.

Zur dickeren Rundnadel wechseln.

BEIDE FARBKOMBINATIONEN

NUR GRÖSSE 1

Nächste Rd (Zun): In Farbe A 1 M re, 1 re gen Zun, re M bis 1 M vor Ende, 1 re gen Zun, 1 M re; 126 M

NUR GRÖSSE 2

Nächste Rd (Zun): In Farbe A fortl re str.

NUR GRÖSSE 3

Nächste Rd (Zun): In Farbe A 1 M re, *1 re gen Zun, 15 M re; ab * bis 1 M vor Ende wdh, 1 M re; 162 M.

ALLE GRÖSSEN

Einteilung der Strickschrift

Alle Runden im Einstrickmuster rechts stricken wie folgt:
Nächste Rd: Mit der 1. R der für die gewählte Farbkombination und Mützenform passenden Strickschrift beginnend die Strickschrift bis zum Rd-Ende 7 (8, 9)-mal arb.
Im Muster fortfahren, bis die 51. (58.) Runde der Strickschrift Beanie-Mütze (Längere Mütze) fertig ist; dabei die Abnahmen arbeiten wie angegeben und nach Bedarf zum Nadelspiel wechseln; 14 (16, 18) M.

Das Garn abschneiden und den Faden durch die verbleibenden Maschen ziehen. Fest anziehen und den Faden in der Mitte des Maschenrings auf die Innenseite durchziehen.

AUSARBEITUNG

Die Mütze in lauwarmem Wasser mit etwas Wollwaschmittel einweichen und bei Bedarf auswaschen. Das Bündchen an der markierten Stelle nach außen umschlagen und den MM entf, dann die Mütze zum Spannen auf einen Ballon oder Styroporkopf ziehen und trocknen lassen. Alle verbleibenden Fadenenden vernähen.

Anfertigung einer Bommel (optional)

Für eine 7 cm große Bommel einen Pompon-Maker (6,5 cm Durchmesser) oder zwei aus Pappe ausgeschnittene Ringe derselben Größe verwenden. Garn in Farbe B oder in beliebig vielen Farben dicht um die Schablone wickeln, bis die Mitte fast ausgefüllt ist. Das Garn abschneiden; dabei lange Fadenenden hängen lassen. Eine Schere zwischen die beiden Pappringe oder in den Schlitz außen am Pompon-Maker schieben und das Garn ringsum aufschneiden. Mithilfe der langen Fadenenden die Bommel fest zusammenbinden (gut verknoten, damit es hält). Die Schablone entfernen und die Bommel mithilfe der Fadenenden oben in der Mitte an die Mütze nähen.

Farbkombination A

Beanie

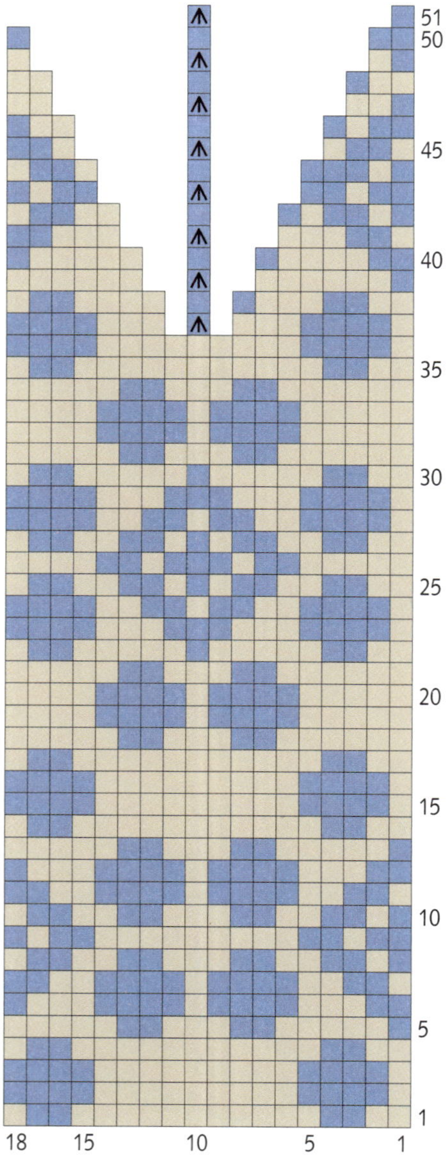

Längere Mütze

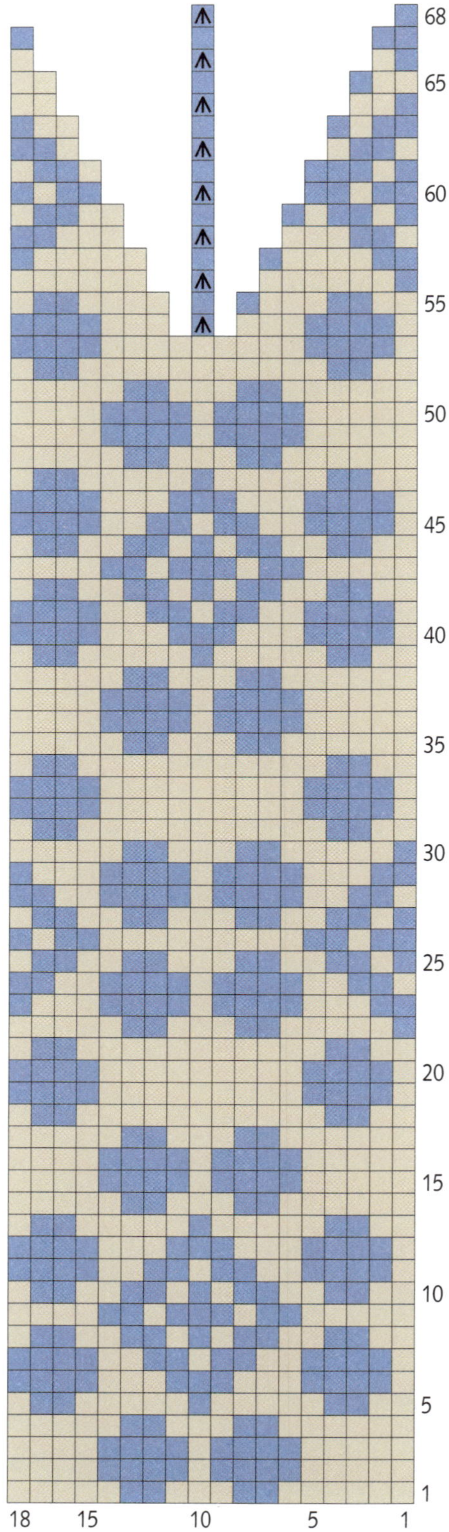

Symbole

- Farbe A (Limestone)
- Farbe B (Himalayan Blue)
- ZDA

Farbkombination B

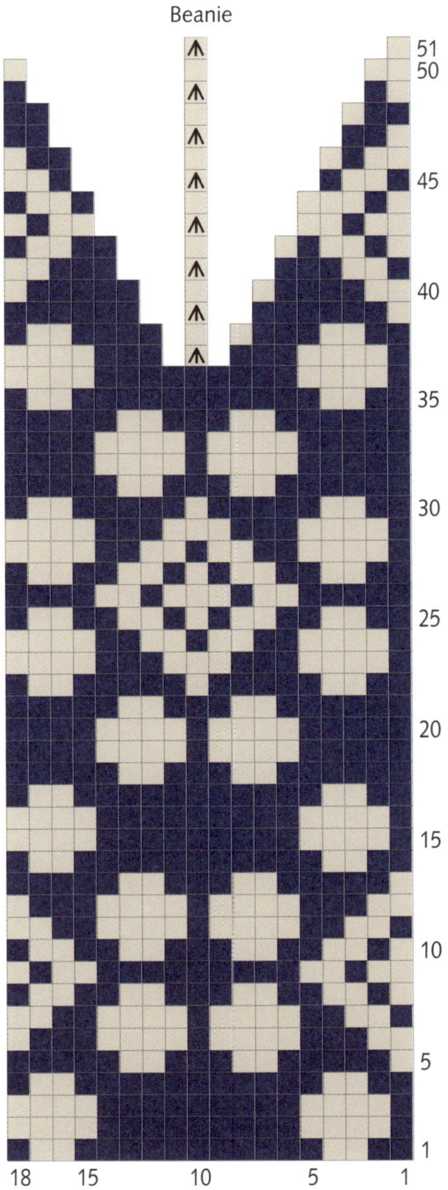

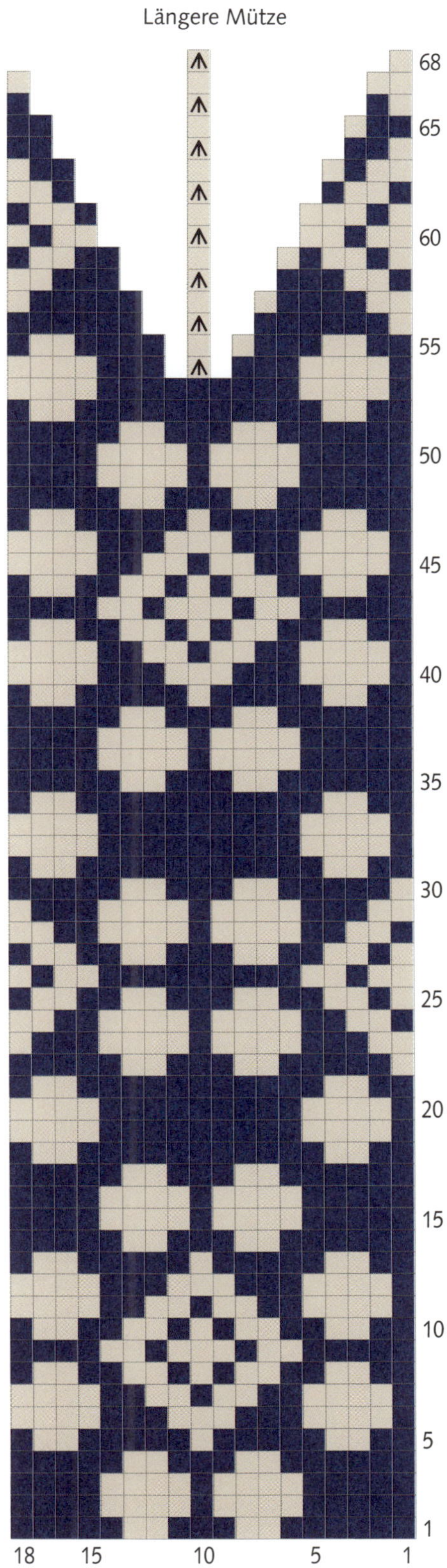

Symbole

- Farbe A (Dark as Night)
- Farbe B (Limestone)
- ZDA

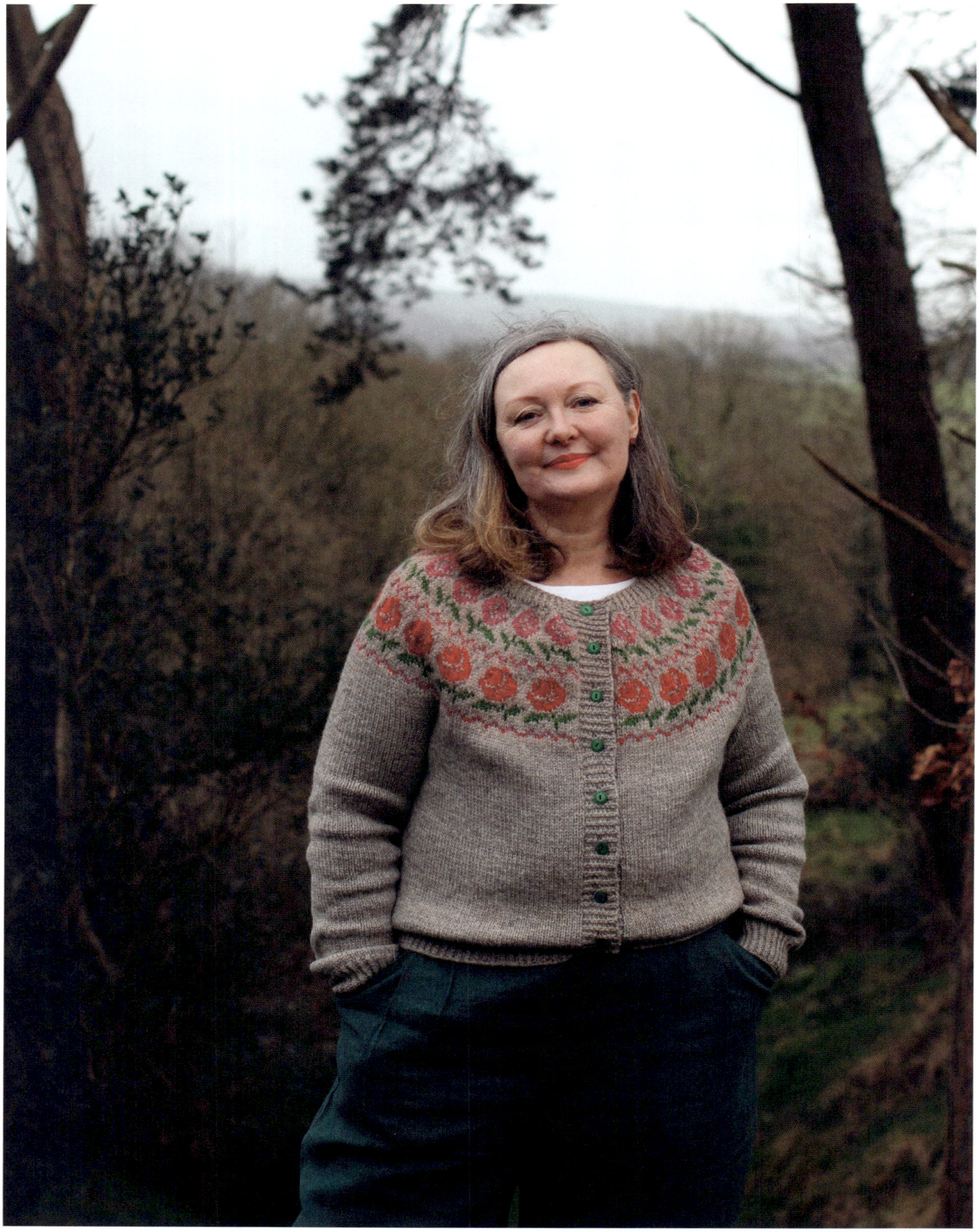

FLORIBUNDA

Vorbild für »Floribunda« war die Strickjacke »Rose« aus dem »The Vintage Shetland Project«: Dort verlaufen rings um Rumpf und Ärmel breite Streifen mit Rosenblüten in Rot oder Rosa. In manchen Runden musste für dieses schöne Muster mit drei Farben gleichzeitig gestrickt werden. Für »Floribunda« habe ich das Muster etwas vereinfacht, sodass in einer Runde höchstens zwei Farben gleichzeitig verwendet werden. Die Motive habe ich in eine klassische Rundpasse eingearbeitet und die nötigen Abnahmen zwischen den Motiven platziert.

Für »Floribunda« habe ich das Garn Barn verwendet, ein mitteldickes Garn (Stärke DK) aus reiner Schurwolle von Shetland- und Jakobschafen in einem hellen natürlichen Grauton. Die Jacke wird von unten nach oben gearbeitet. Nach dem Bündchen im verschränkten Rippenmuster werden an der vorderen Mitte Steek-Maschen eingefügt; bis zu den Achseln wird die Jacke dann einfach glatt rechts gestrickt. Danach werden die Ärmel in Runden gestrickt und alle drei Teile für die Passe verbunden. An dieser Stelle erfolgen formgebende Abnahmen für eine optimale Passform. An der Rückenpartie werden verkürzte Reihen gearbeitet, damit der rückwärtige Halsausschnitt gut sitzt; dann wird die Rundpasse in drei wunderschönen handgefärbten Rosen-Farbtönen des Barn-Garns gestrickt.

Die Jacke hat eine legere und bequeme Passform, doch dank der Formgebung unter den Achseln liegt die Rundpasse an den Schultern schön an. Die empfohlene Mehrweite für dieses Modell beträgt 13–19 cm.

In den Strickschriften werden alle Runden von rechts nach links gelesen.

Floribunda

GARN

Susan Crawford Barn, 100 % britische Schurwolle, eine exklusive Mischung aus Wolle von Jakobschafen, weißen und schwarzen Shetlandschafen (Garnstärke DK, LL etwa 225 m/100 g)
Farbe A: Dry Stone Wall, 4 (4, 5, 5, 6, 7, 7, 8, 8) 100-g-Stränge
Farbe B: Rosehip, 2 (2, 2, 2, 2, 3, 3, 3, 3) 10-g-Stränge
Farbe C: Cottage Rose, 2 (2, 2, 3, 3, 3, 3, 3, 4) 10-g-Stränge
Farbe D: Folius, 1 (2, 2, 2, 2, 2, 2, 2, 3) 10-g-Stränge
Garnpackungen erhältlich bei susancrawfordvintage.com

MASCHENPROBE

20 M x 26 Rd = 10 x 10 cm (glatt rechts und im Einstrickmuster rundgestrickt).
Hier verwendete Nadelstärke: 4,5 mm.

Zum Erreichen der korrekten Maschenprobe nach Bedarf eine andere Nadelstärke verwenden.

EMPFOHLENE STRICKNADELN

Dünne Nadeln:	3,75 mm Rundnadel (Länge 80–100 cm) 3,75 mm Nadelspiel
Dicke Nadeln:	4,5 mm Rundnadel (Länge 40 cm) 4,5 mm Rundnadel (Länge 80–100 cm) 4,5 mm Nadelspiel

SONSTIGES MATERIAL

Hilfsfaden (Garnrest) oder Maschenhalter
Maschenmarkierer
9 Knöpfe (Durchmesser etwa 15 mm)
Nähnadel und passendes Garn
1,5 m farblich passendes Band (etwa 15 mm breit, optional)

ABGEBILDETES MODELL

Susan trägt hier Größe 4 mit 19 cm Mehrweite.

GRÖSSENÜBERSICHT UND HINWEISE ZUM SPANNEN

Wählen Sie die »Passend für BU«-Größe, die Ihrem tatsächlichen Brustumfang am besten entspricht. Bedenken Sie dabei auch die gewünschte Passform (enger oder lockerer). Verwenden Sie zur Größenbestimmung die Tabelle in Verbindung mit dem Schema.

Die angegebenen Maße beziehen sich auf das fertige und laut Anleitung gespannte Modell. Die Angaben helfen Ihnen bei der Auswahl der passenden Größe und können zur Orientierung bei eventuellen Abänderungen der fertigen Maße dienen. Richten Sie sich beim Spannen nach dem Schema und den Maßen, damit Ihr Modell die korrekte Größe bekommt. Alle Angaben sind cm-Angaben.

	Größe 1	Größe 2	Größe 3	Größe 4	Größe 5	Größe 6	Größe 7	Größe 8	Größe 9
Passend für BU von:	71–76	81–86	91–97	102–107	112–117	122–127	132–137	142–147	152–157
Fertige Maße									
a Brustumfang (zugeknöpft)	89	99	109	119	129	139	149	159	169
b Länge bis zur Achsel	27,5	29	29	29,5	30,5	30,5	31,5	31,5	32,5
c Höhe der Rundpasse	19	19,5	21	21,5	24	26	27,5	28	30
d Gesamtlänge	46,5	48,5	50	51	54,5	56,5	59	59,5	62,5
g Halsumfang	58	58	63	68	73	73	78	83	83
h Ärmellänge	43	43	44	44	45	45	46	46	47
m Oberarmumfang	30	32	35	37	40	43	46	49	52

SCHEMA

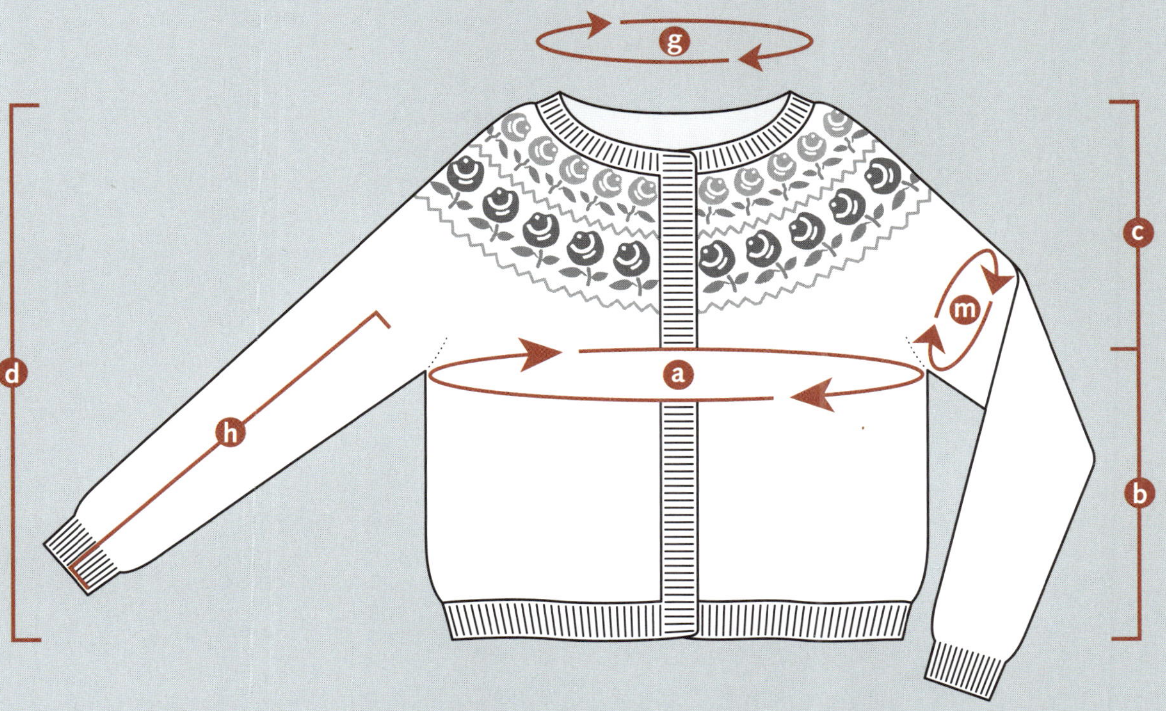

ANLEITUNG

RUMPF

Mit der dünneren Rundnadel (80–100 cm) und Farbe A im Kreuzanschlag 173 (193, 213, 233, 253, 273, 293, 313, 333) M anschl.

BÜNDCHEN

In Reihen gestrickt.
Nächste R (HinR): *1 M re verschr, 1 M li; ab * bis 1 M vor Ende wdh, 1 M re verschr.
Nächste R (RückR): *1 M li, 1 M re; ab * bis 1 M vor Ende wdh, 1 M re.
Diese 2 Reihen wdh, bis das Bündchen 5 cm hoch ist.

UNTERE RUMPFPARTIE (RUNDGESTRICKT)

Zur dickeren Rundnadel (80–100 cm) wechseln.
Glatt rechts gerade hoch stricken (alle Rd re str), dabei Steek-Maschen einfügen wie folgt.
Nächste Rd: 8 M aufschlingen, diese 8 M re str, dabei nach 4 M MMs für das Rd-Ende, 1 M re, 1 re gen Zun, dann re M bis Rd-Ende; 182 (202, 222, 242, 262, 282, 302, 322, 342) M.
Nächste Rd: 47 (52, 57, 62, 67, 72, 77, 82, 87) M re, MMs für die 1. Seitennaht, 88 (98, 108, 118, 128, 138, 148, 158, 168) M re, MMs für die 2. Seitennaht, re M bis Rd-Ende.
Nächste Rd: Re M.
Im Muster weiterstr, bis die Arbeit ab dem Maschenanschlag 27,5 (29, 29, 29,5, 30,5, 30,5, 31,5, 31,5, 32,5) cm hoch ist oder bis zur gewünschten Höhe.

Aufteilen für die Armausschnitte

Nächste Rd: *Re M bis 3 (4, 4, 5, 5, 6, 6, 7, 7) M nach dem nächsten MM, zuletzt gestrickte 6 (8, 8, 10, 10, 12, 12, 14, 14) M auf Hilfsfaden legen, dabei MM entf; ab * noch 1-mal wdh, re M bis Rd-Ende; 12 (16, 16, 20, 20, 24, 24, 28, 28) M stillgelegt, 170 (186, 206, 222, 242, 258, 278, 294, 314) M.
Aufteilung der M: 44 (48, 53, 57, 62, 66, 71, 75, 80) M je VT (einschl. 4 Steek-M), 82 (90, 100, 108, 118, 126, 136, 144, 154) M für das RT.

ÄRMEL

Mit dem dünneren Nadelspiel und Farbe A im Kreuzanschlag 44 (44, 48, 48, 52, 52, 56, 56, 60) M anschl. Die M zur Runde schließen, dabei aufpassen, dass die M sich nicht verdrehen; MMs für den Rd-Anf.

Ärmelbündchen

Nächste Rd: *1 M re verschr, 1 M li; ab * fortl wdh.
Diese Runde wdh, bis das Ärmelbündchen ab dem Maschenanschlag etwa 5 cm misst.
Zum dickeren Nadelspiel wechseln.

Nächste Rd (Zun): 1 M re, 1 re gen Zun, re M bis 1 M vor MM, 1 re gen Zun, 1 M re; 2 M zugen, 46 (46, 50, 50, 54, 54, 58, 58, 62) M.
12 (9, 8, 7, 6, 5, 5, 4, 4) Rd re str.
Nächste Rd (Zun): 1 M re, 1 re gen Zun, re M bis 1 M vor MM, 1 re gen Zun, 1 M re; 2 M zugen.

Die letzten 13 (10, 9, 8, 7, 6, 6, 5, 5) Rd noch 6 (8, 9, 11, 12, 15, 16, 19, 20)-mal wdh; 60 (64, 70, 74, 80, 86, 92, 98, 104) M. Bei ausreichender M-Zahl nach Bedarf zur dickeren Rundnadel (40 cm) wechseln.

Ohne weitere Zun weiterstr, bis der Ärmel ab dem Maschenanschlag 43 (43, 44, 44, 45, 45, 46, 46, 47) cm misst.

Aufteilen für die Armausschnitte

Ohne zu stricken, die M auf den Nadeln verschieben: die letzten 3 (4, 4, 5, 5, 6, 6, 7, 7) M vor dem MM und die ersten 3 (4, 4, 5, 5, 6, 6, 7, 7) M nach dem MM auf einen Hilfsfaden legen; dabei den MM entf. Garn abschneiden; 54 (56, 62, 64, 70, 74, 80, 84, 90) M.

VERBINDEN FÜR DIE RUNDPASSE

Mit der dickeren Rundnadel (80–100 cm) und Farbe A am Rd-Ende beginnen, die 44 (48, 53, 57, 62, 66, 71, 75, 80) M des rechten VT re str, MMs, die 54 (56, 62, 64, 70, 74, 80, 84, 90) M des ersten Ärmels re str, MMs, die 82 (90, 100, 108, 118, 126, 136, 144, 154) M des RT re str, MMs, die 54 (56, 62, 64, 70, 74, 80, 84, 90) M des zweiten Ärmels re str, MMs, dann die 44 (48, 53, 57, 62, 66, 71, 75, 80) M des linken VT re str; 278 (298, 330, 350, 382, 406, 438, 462, 494) M.
Nächste Rd: Re M.
Nächste Rd (Abn): *Re M bis 3 M vor MM, 2 M re überz zus, 1 M re, MMa, 1 M re, 2 M re zus; ab * noch 3-mal wdh, re M bis Rd-Ende. 8 M abgen.
Diese Rd noch 6 (5, 9, 9, 9, 9, 10, 13, 14)-mal wdh; 222 (250, 250, 270, 302, 326, 350, 350, 374) M.
Aufteilung der M: 37 (42, 43, 47, 52, 56, 60, 61, 65) M je VT (einschl. 4 Steek-M), 40 (44, 42, 44, 50, 54, 58, 56, 60) M je Ärmel, 68 (78, 80, 88, 98, 106, 114, 116, 124) M für das RT.

NUR GRÖSSEN 1 UND 6

Nächste Rd (Abn): Re M bis zum 2. MM (rechts am RT), MMa, 1 M re, 2 M re zus, 29 (48) M re, 2 M re überz zus, 2 M re zus, re M bis 3 M vor MM, 2 M re überz zus, 1 M re, MMa, re M bis Rd-Ende. 4 M abgen; 218 (322) M.

NUR GRÖSSEN 2, 3 UND 5

Nächste Rd (Abn): Re M bis 3 M vor 2. MM (rechts am RT), 2 M re überz zus, 1 M re, MMa, 1 M re, 2 M re zus, 34 (35, 44) M re, 2 M re überz zus, 2 M re zus, re M bis 3 M vor MM, 2 M re überz zus, 1 M re, MMa, 1 M re, 2 M re zus, re M bis Rd-Ende; 6 M abgen, 244 (244, 296) M.

NUR GRÖSSEN 7 UND 8

Nächste Rd (Abn): Re M bis zum 2. MM (rechts am RT), MMa, 1 M re, 2 M re zus, re M bis 3 M vor nächste MM, 2 M re zus, 1 M re, MMa, re M bis Rd-Ende. 2 M abgen; 348 (348) M.

ALLE GRÖSSEN

0 (2, 2, 4, 10, 14, 17, 16, 21) Rd ohne weitere Abn re str; 218 (244, 244, 270, 296, 322, 348, 348, 374) M.

Verkürzte Reihen

Nächste R (HinR): Re M bis 8 M nach dem 4. MM (links am VT), W&w.
Nächste R (RückR): Li M bis 8 M nach MM (rechts am VT), W&w.
Nächste R: Re M bis 6 (6, 6, 6, 7, 7, 8, 8, 9) M vor letzter Wendung, W&w.
Nächste R: Li M bis 6 (6, 6, 6, 7, 7, 8, 8, 9) M vor letzter Wendung, W&w.
Die letzten 2 R noch 2-mal wdh; nach dem letzten Wenden zurück bis zum MM am Rd-Anf str, dabei die Wickel-M und Wickel zusammen abstricken.
Nächste Rd: Fortl re M, dabei die Wickel-M und Wickel zusammen abstricken und die zusätzlichen MM entf (der MM am Rd-Anf bleibt).

Einteilung der Strickschriften

Mit der 1. R der Strickschriften beginnend die 1.–4. M der Strickschrift Steek str, die 1. M der Strickschrift Rundpasse str, dann den Rapport bis zum Rd-Ende 16 (18, 18, 20, 22, 24, 26, 26, 28)-mal str, die 15. M der Strickschrift Rundpasse str, dann die 5.–8. M der Strickschrift Steek str. Bis einschließlich der 40. R der Strickschrift so fortfahren.

In der Passe werden Maschen abgenommen: in der 24. Rd auf gesamt 186 (208, 208, 230, 252, 274, 296, 296, 318) M und in der 40. Rd auf gesamt 122 (136, 136, 150, 164, 178, 192, 192, 206) M.
Damit sind die Strickschriften von Steeks und Rundpasse fertig gestrickt.

NUR GRÖSSE 1

Nächste Rd (Abn): In Farbe A 59 M re, 2 M re überz zus, 2 M re zus, re M bis Rd-Ende; 2 M abgen, 120 M.

NUR GRÖSSEN 2, 4, 5, 6 UND 9

Nächste Rd (Abn): In Farbe A 10 (5, 8, 9, 16) M re, *2 M re überz zus, 6 (15, 10, 4, 3) M re; ab * noch 6 (3, 5, 12, 16)-mal wdh, dann 2 M re überz zus, 2 M re zus, **6 (15, 10, 4, 3) M re, 2 M re zus; ab ** bis 10 (5, 8, 9, 16) M vor Ende wdh, re M bis Rd-Ende; 16 (10, 14, 28, 36) M abgen, 120 (140, 150, 150, 170) M.

NUR GRÖSSEN 3, 7 UND 8

Nächste Rd (Abn): In Farbe A 4 M re, *2 M re überz zus, 29 (4, 7) M re; ab * noch 1 (14, 9)-mal wdh, dann 2 M re überz zus, 2 M re zus, **29 (4, 7) M re, 2 M re zus; ab ** bis 4 M vor Ende wdh, re M bis Rd-Ende; 6 (32, 22) M abgen, 130 (160, 170) M.

Alle Größen

Halsbündchen (in Reihen gestrickt)
Zur dünneren Rundnadel wechseln.
Nächste R (HinR, Abn): Nur in Farbe A 4 Steek-M abk, dabei MM entf (1 M auf der rechten Nadel), 2 M li zus, 1 M re verschr, *1 M li, 1 M re verschr; ab * bis 4 M vor Ende wdh, 4 übrige Steek-M abk; 9 M abgen, 111 (111, 121, 131, 141, 141, 151, 161, 161) M.
Nächste R (RückR): Auf links Farbe A neu anschließen. *1 M li, 1 M re; ab * bis 1 M vor Ende wdh, 1 M li.
Nächste R (HinR): *1 M re verschr, 1 M li; ab * bis 1 M vor Ende wdh, 1 M re verschr.
Die letzten 2 R wdh, bis das Halsbündchen 2 cm hoch ist; mit einer RückR enden.
Nächste R (HinR): Im Rippenmuster (1 M re, 1 M li) abk.

KNOPFLEISTEN

Vor dem Aufschneiden die Steeks befestigen, z. B. mit der Nähmaschine je eine Reihe im Zickzackstich neben dem Steek nähen. Dann die Steekmaschen aufschneiden.

Linke Knopfleiste

Mit der dünneren Nadel und Farbe A auf rechts am oberen Ende des Halsbündchens beginnend 97 (99, 105, 105, 113, 117, 123, 125, 131) M gleichmäßig verteilt aus der Kante des VT aufn und re str (etwa 4 M auf 5 R).
Nächste R (RückR): *1 M li, 1 M re; ab * bis 1 M vor Ende wdh, 1 M li.
Nächste R (HinR): *1 M re verschr, 1 M li; ab * bis 1 M vor Ende wdh, 1 M re verschr.
Diese 2 R wdh, bis die Knopfleiste ab den aufgenommenen M 3 cm breit ist; mit einer RückR enden. Im Rippenmuster (1 M re, 1 M li) abk.

Rechte Knopfleiste

Mit der dünneren Nadel und Farbe A auf rechts am unteren Ende des unteren Bündchens beginnend 97 (99, 105, 105, 113, 117, 123, 125, 131) M gleichmäßig verteilt aus der Kante des VT aufn und re str (etwa 4 M auf 5 R).
Nächste R (RückR): *1 M li, 1 M re; ab * bis 1 M vor Ende wdh, 1 M li.
Nächste R (HinR): *1 M re verschr, 1 M li; ab * bis 1 M vor Ende wdh, 1 M re verschr.
Diese 2 R noch 1-mal wdh, dann noch 1-mal die RückR wdh.

1. Knopfloch-R (HinR): 4 (5, 4, 4, 4, 6, 5, 6, 5) M im Muster str, *nächste 2 M abk (1 M auf re Ndl übrig), 8 (8, 9, 9, 10, 10, 11, 11, 12) M im Muster str; ab * noch 7-mal wdh, nächste 2 M abk (1 M auf re Ndl übrig), 2 (3, 2, 2, 2, 4, 3, 4, 3) M im Muster str.
2. Knopfloch-R (RückR): 3 (4, 3, 3, 3, 5, 4, 5, 4) M im Muster str, *wenden und 2 M aufstricken; dabei den Faden nach vorn legen, bevor die 2. aufgestrickte M auf die li Ndl gelegt wird, wenden, im Muster bis zu den nächsten abgeketteten M str; ab * noch 7-mal wdh, wenden und 2 M aufstricken; dabei den Faden nach vorn legen, bevor die 2. aufgestrickte M auf die li Ndl gelegt wird, 4 (5, 4, 4, 4, 6, 5, 6, 5) M im Muster str.
Weiter im verschränkten Rippenmuster str, bis die Knopfleiste 3 cm breit ist; mit einer RückR enden. Mit der dickeren Nadel im Rippenmuster abketten.

AUSARBEITUNG

Die jeweils 2 Partien der stillgelegten 6 (8, 8, 10, 10, 12, 12, 14, 14) Maschen unter den Achseln im Maschenstich zusammennähen.

Die Jacke in lauwarmem Wasser mit etwas Wollwaschmittel einweichen, bei Bedarf auswaschen, dann flach auf Maß spannen und trocknen lassen. Die offene Steek-Kante auf eine Breite von 2 M zurückschneiden. Alle Fadenenden vernähen.

Nach Wunsch das Band unterhalb des gerippten Halsbündchens beginnend so entlang der Knopfleiste feststecken, dass es die offene Steek-Kante und die Reihe der aus der Vorderkante aufgenommenen Maschen bedeckt. Das Band mit passendem Nähgarn im Saumstich annähen.

Die Knöpfe jeweils gegenüber den Knopflöchern annähen.

Steek

Strickschrift Rundpasse

Steek

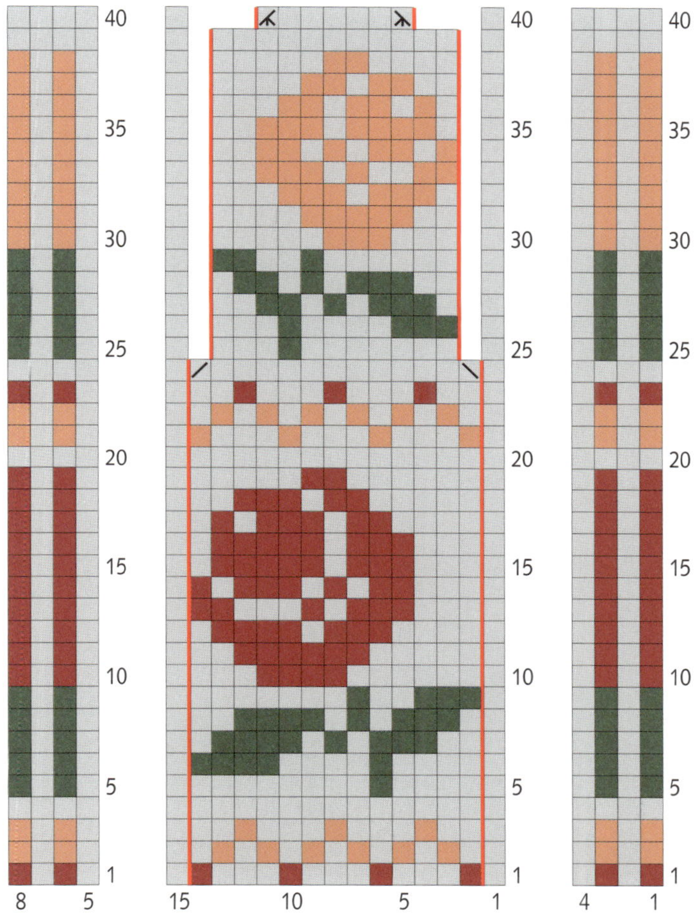

Symbole

- Farbe A (Dry Stone Wall)
- Farbe B (Rosehip)
- Farbe C (Cottage Rose)
- Farbe D (Folius)
- / 2 M re zus
- \ 2 M re überz zus
- 3 M re zus
- 3 M re überz zus
- Rapport

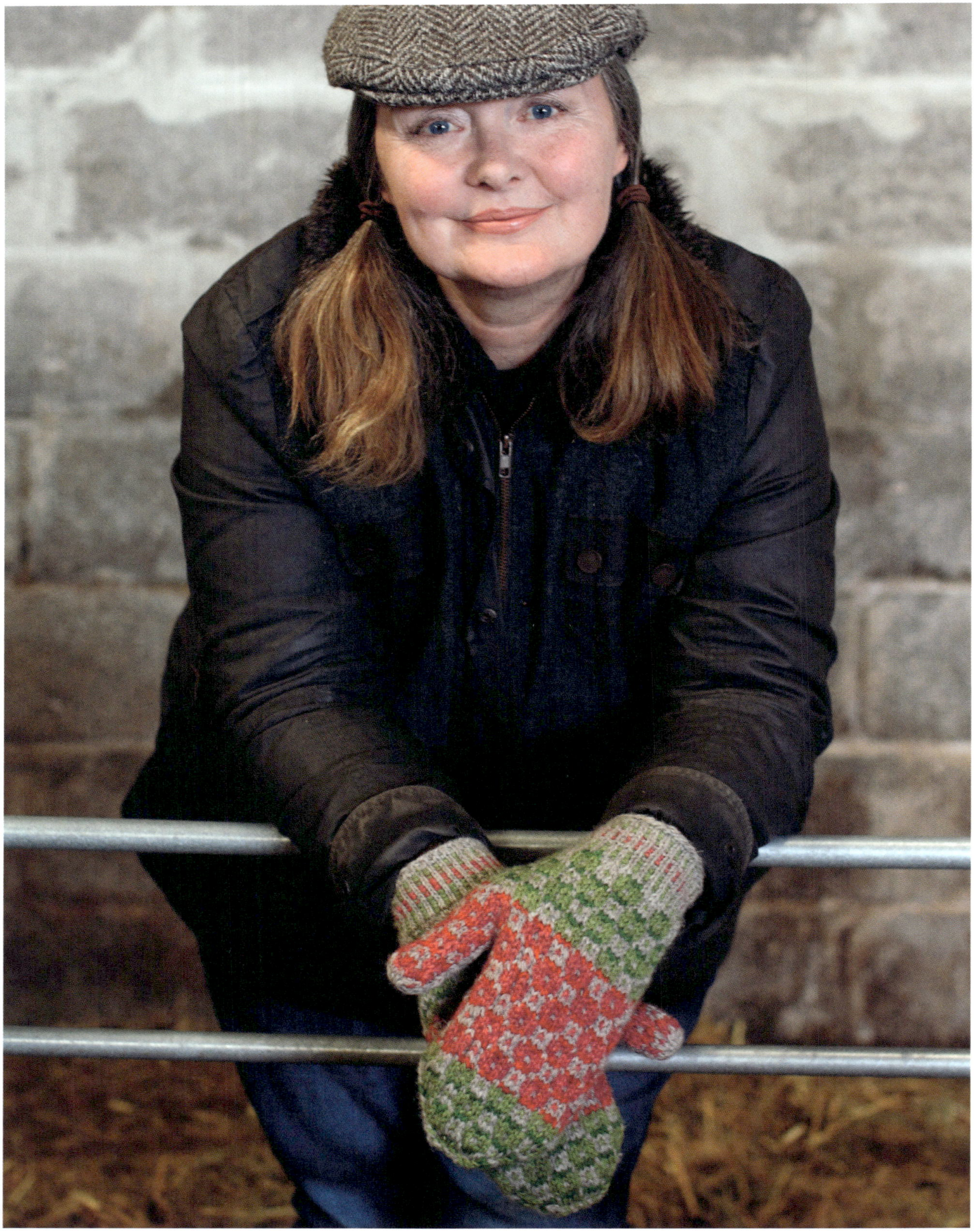

GALLICA

Zum Design dieser Fäustlinge wurde ich durch alles Mögliche inspiriert – wie zu meinen meisten Entwürfen. Als Vorbild für »Gallica« dienten zum einen die hübschen Fäustlinge »Harriet« aus dem »The Vintage Shetland Project«, zum anderen die Blumenmuster, die in den späten 1940er- und frühen 1950er-Jahren beliebt waren und die ich auch in den Strickjacken »Rose« und »Floribunda« verwende. Auf die Idee, die gesamten Fäustlinge mit einem einzigen Allover-Motiv zu gestalten, kam ich durch die fantastischen Kniestrümpfe »Stromfirth« aus dem »The Vintage Shetland Project«. Auch diese ziert an Bein und Fuß ein florales Allover-Motiv, hier in nur zwei Farben. Das Motiv habe ich etwas abstrakter, kubistischer abgewandelt, dafür jedoch fünf statt nur zwei Farben verwendet.

Vorbild für die Farbauswahl war offensichtlich das Modell »Floribunda«. Beim Handfärben der Wolle stellte ich fest, dass ich durch mehrfache Verwendung desselben Farbbads ohne Hinzufügen weiterer Farbe den wunderschönen leuchtend rosa Farbton Gallica und das kräftige Apfelgrün Frond erhielt. Für mehr Tiefe und Abwechslung kombinierte ich diese mit den verwandten Nuancen Rosehip und Folius, um das Muster harmonisch Ton in Ton zu gestalten. Zusammen mit der naturgrauen Grundfarbe der Barn-Wolle erhalten die Fäustlinge so einen Vintage-Touch – sie sind wie ein Paar Lieblingshandschuhe, die man in der Schublade eines alten Holzschranks findet.

Die Fäustlinge werden auf einem Nadelspiel oder nach Wunsch mit der Magic-Loop-Technik rundgestrickt. Man beginnt am Bündchen im gestreiften Rippenmuster, wie es für viele Shetland-Strickereien typisch ist. Die Hand der Fäustlinge wird im mehrfarbigen Einstrickmuster gearbeitet; dabei werden in jeder Runde höchstens zwei Farben verwendet und pro Farbe höchstens 5 Maschen in Folge gestrickt. Der Daumenzwickel wird seitlich an den Fäustling angestrickt. Um dafür zusätzliche Maschen zu erhalten, werden aus mehreren Maschen zwei Maschen herausgestrickt wie in der Strickschrift dargestellt. Um das Muster nicht zu unterbrechen, muss beim Herausstricken aus einer Masche eventuell mit zwei verschiedenen Farben gearbeitet werden. Die Strickschrift zeigt exakt, welche Farbe für welche Partie einer Masche verwendet wird. Beide Fäustlinge werden identisch gestrickt.

Es gibt drei verschiedene Größen und zu jeder Größe eine eigene Strickschrift. In allen Strickschriften wird jede Runde von rechts nach links gelesen. Außer den Strickschriften für die Hand gibt es drei Strickschriften für den Daumen.

Gallica

GARN

Susan Crawford Barn, 100 % britische Schurwolle, eine exklusive Mischung aus Wolle von Jakobschafen, weißen und schwarzen Shetlandschafen (Garnstärke DK, LL etwa 225 m/100 g)

Farbe A: Dry Stone Wall, 1 (1, 1) 100-g-Strang
Farbe B: Frond, 3 (3, 3) 10-g-Stränge
Farbe C: Folius, 1 (1, 1) 10-g-Strang
Farbe D: Gallica, 2 (3, 3) 10-g-Stränge
Farbe E: Rosehip, 1 (2, 2) 10-g-Stränge
Garnpackungen erhältlich bei susancrawfordvintage.com

MASCHENPROBE

26 M x 28 Rd = 10 x 10 cm (im Einstrickmuster rundgestrickt). Hier verwendete Nadelstärke: 3,5 mm.

Zum Erreichen der korrekten Maschenprobe nach Bedarf eine andere Nadelstärke verwenden.

EMPFOHLENE STRICKNADELN

Dünne Nadeln: 2,75 mm Nadelspiel

Dicke Nadeln: 3,5 mm Nadelspiel

SONSTIGES MATERIAL

Hilfsfaden (Garnrest) oder Maschenhalter
Maschenmarkierer

ABGEBILDETES MODELL

Susan trägt hier Fäustlinge der Größe 2.

GRÖSSENÜBERSICHT UND HINWEISE ZUM SPANNEN

Die angegebenen Maße beziehen sich auf das fertige und laut Anleitung gespannte Modell. Richten Sie sich beim Spannen nach dem Schema und den Maßen, damit Ihr Modell die korrekte Größe bekommt. Alle Angaben sind cm-Angaben.

	Größe 1	Größe 2	Größe 3
Passend für	16,5–17,5	18–19,5	20–22

Fertige Maße

	Größe 1	Größe 2	Größe 3
k Länge Bündchen	7	7	7
l Länge Fäustling (mit Bündchen)	25,5	27	28,5
m Umfang Fäustling	21,5	21,5	24,5
u Länge Fäustling bis Spitze (ohne Bündchen)	18,5	20	21,5
v Daumenlänge bis Spitze	6	7	7,5

SCHEMA

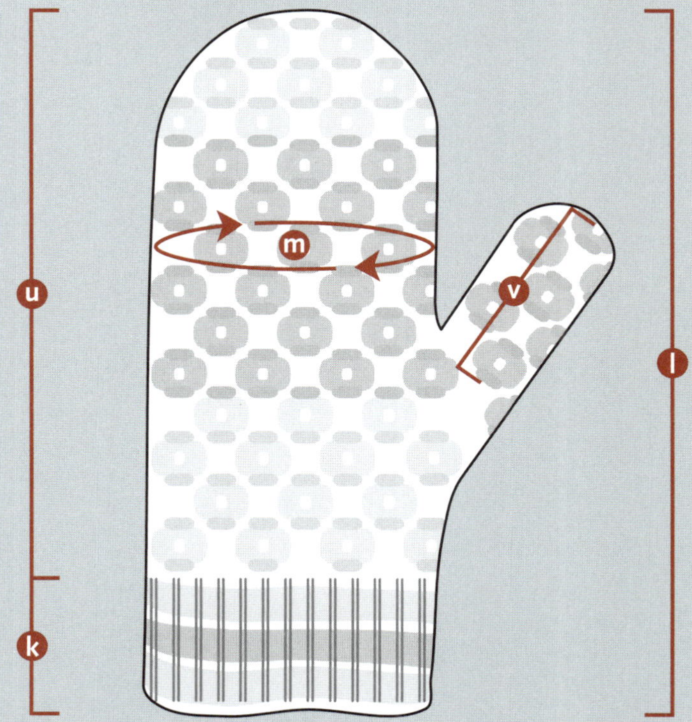

LINKER FÄUSTLING

Bündchen

Mit dem dünneren Nadelspiel und Farbe A im Kreuzanschlag 58 (58, 66) M anschl. Die M zur Runde schließen, dabei aufpassen, dass die M sich nicht verdrehen; MMs für das Rd-Ende.

1.–4. Rd: *1 M re A, 1 M li B; ab * fortl wdh.
5.–8. Rd: *1 M re A, 1 M li D; ab * fortl wdh.
9.–12. Rd: *1 M re A, 1 M li B; ab * fortl wdh.

Hand

Zum dickeren Nadelspiel wechseln.
Nächste Rd: In Fb A re str.

NUR GRÖSSE 3

Nächste 2 Rd: In Fb A re str.

ALLE GRÖSSEN

Einteilung der Strickschrift

Mit der 1. R der Strickschrift für die gewählte Größe beginnend im Muster bis Rd-Ende str. Bis einschl. der 8. (8., 8.) Rd gemäß der Strickschrift arb.

Einfügen des Daumenzwickels

Nächste Rd (Zun): Im Muster 28 (28, 32) M re, MMs, 2-mal (2 M re aus 1 M herausstr), MMs, im Muster 28 (28, 32) M re; 2 M zugen.
Bis einschl. der 22. (22., 22.) Rd weiter im Muster der Strickschrift Fäustling str; dabei Maschen zun wie angegeben. Zwischen den MM liegen nun 16 (16, 16) M.

Nächste Rd (Abn): Die 23. (23., 23.) R der Strickschrift Fäustling bis zum 1. MM arb, MM entf und 16 (16, 16) Daumen-M auf Hilfsfaden legen, MMa, im Muster bis Rd-Ende str; 56 (56, 64) M.

Die 24. (24., 24.) bis einschl. 42. (46., 50.) R der Strickschrift Fäustling im Muster str.

Spitze

Nächste Rd (Abn): Weiter im Muster der Strickschrift Fäustling *2 M re überz zus, im Muster bis 2 M vor MM str, 2 M re zus, MMa; ab * noch 1-mal wdh; 4 M abgen.
Diese Rd bis einschl. der 52. (56., 60.) R der Strickschrift Fäustling wdh; 16 (16, 24) M.

Schließen der Spitze

Von Handrücken und Handfläche jeweils 8 (8, 12) M auf 2 Nadeln des Ndlsp legen und auf rechts mithilfe einer 3. Nadel durch Abketten mit 3 Nadeln wie folgt abk:
Nächste R: 2 M re zus A, 2 M re zus B = 2 M auf re Ndl, zum Abketten die zuerst gestr M über die zuletzt gestr M ziehen, *2 M re zus A = 2 M auf re Ndl, zum Abketten die zuerst gestr M über die zuletzt gestr M ziehen, 2 M re zus B = 2 M auf re Ndl, zum Abketten die zuerst gestr M über die zuletzt gestr M ziehen; ab * fortl wdh, beide Fäden abschneiden und die Fadenenden durch die letzte Schlaufe ziehen.
Die Fadenenden jeweils in eine Wollnadel einfädeln, auf die Innenseite des Fäustlings durchziehen und vernähen.

DAUMEN

NUR GRÖSSEN 1 UND 2

Mit dem dickeren Ndlsp die 16 (16) stillgelegten M gemäß der 1. R der passenden Strickschrift Daumen arb, in Fb A 2 M aus dem Daumenansatz aufn, MMs; 18 (18) M.

NUR GRÖSSE 3

Mit dem dickeren Ndlsp die 16 stillgelegten M gemäß der 1. R der Strickschrift Daumen Größe 3 arb, 1 re gen Zun in Fb D, in Fb A 2 M aus dem Daumenansatz aufn, in Fb A 1 re gen Zun, MMs; 20 M.

ALLE GRÖSSEN

Ab der 2. R bis einschl. der 16. (18., 20.) R der Strickschrift Daumen in Rd str.

Daumenspitze

Nächste Rd (Abn): In Fb A *2 M re zus; ab * fortl wdh; 9 (9, 10) M.

Garn abschneiden, dabei langen Faden hängen lassen. Faden durch übrige 9 (9, 10) M ziehen, fest anziehen, auf die Innenseite durchziehen und vernähen.

RECHTER FÄUSTLING

Genau wie den linken Fäustling stricken.

AUSARBEITUNG

Die Fäustlinge auf links wenden, alle Fäden vernähen. In lauwarmem Wasser mit etwas Wollwaschmittel einweichen, bei Bedarf auswaschen, dann am besten auf einen Handschuhspanner ziehen oder liegend trocknen lassen.

Größe 1

Strickschrift Fäustlinge

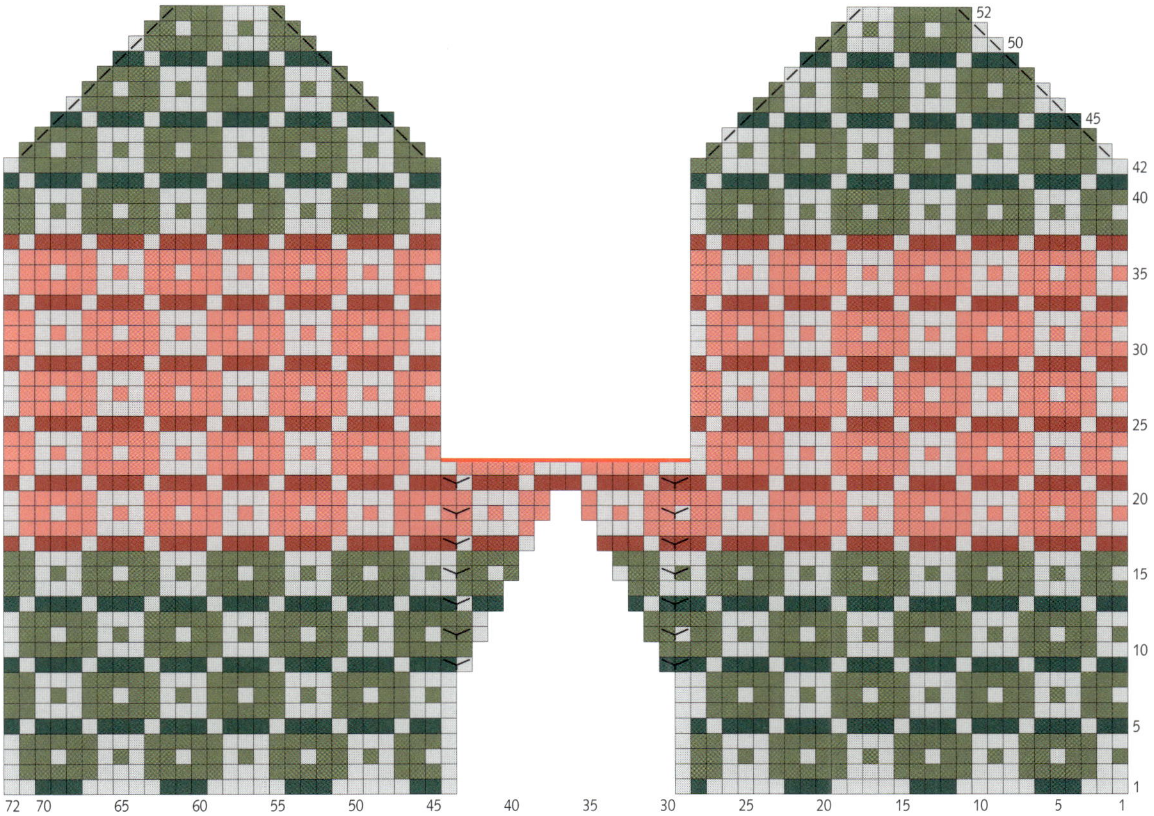

Strickschrift Daumen

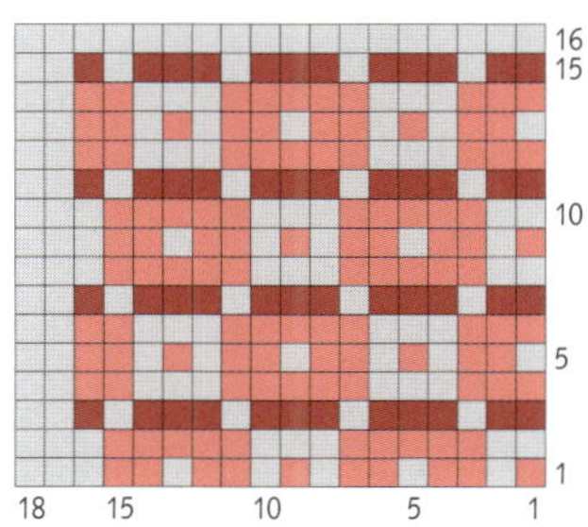

Symbole

- Farbe A (Dry Stone Wall)
- Farbe B (Frond)
- Farbe C (Folius)
- Farbe D (Gallica)
- Farbe E (Rosehip)
- 2 M re aus 1 M herausstr
- 2 M re überz zus
- 2 M re zus
- Daumenmaschen

Größe 2

Strickschrift Fäustlinge

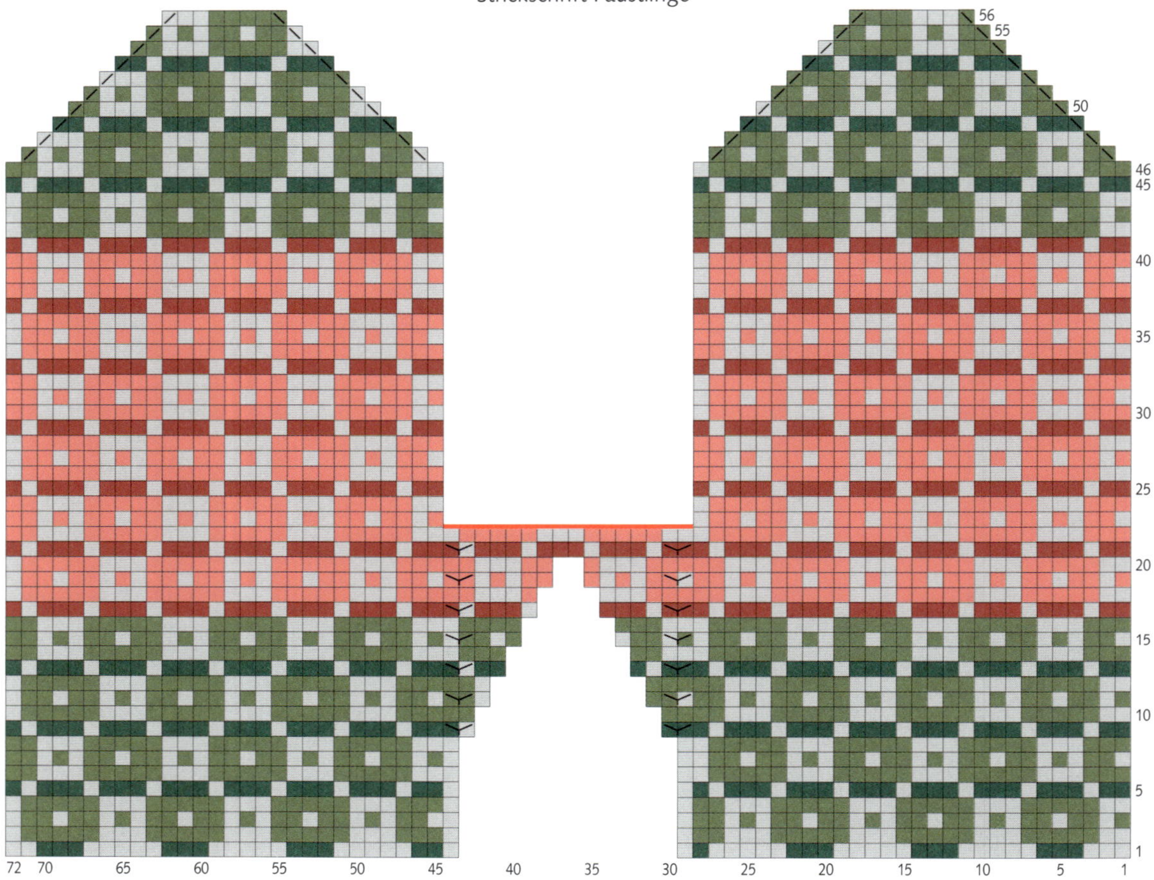

Strickschrift Daumen

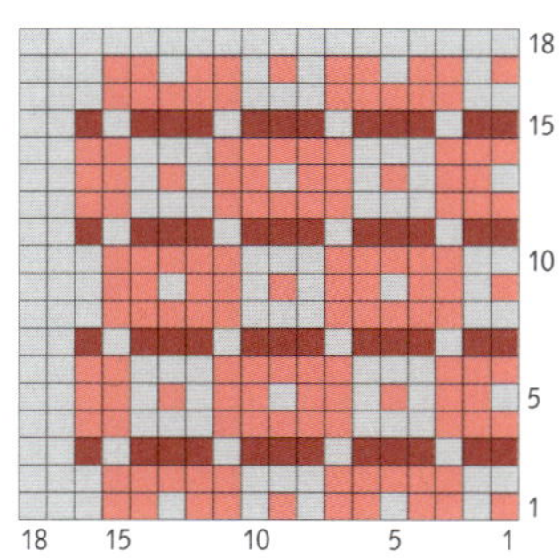

Symbole

- Farbe A (Dry Stone Wall)
- Farbe B (Frond)
- Farbe C (Folius)
- Farbe D (Gallica)
- Farbe E (Rosehip)
- 2 M re aus 1 M herausstr
- 2 M re überz zus
- 2 M re zus
- Daumenmaschen

Größe 3

Strickschrift Fäustlinge

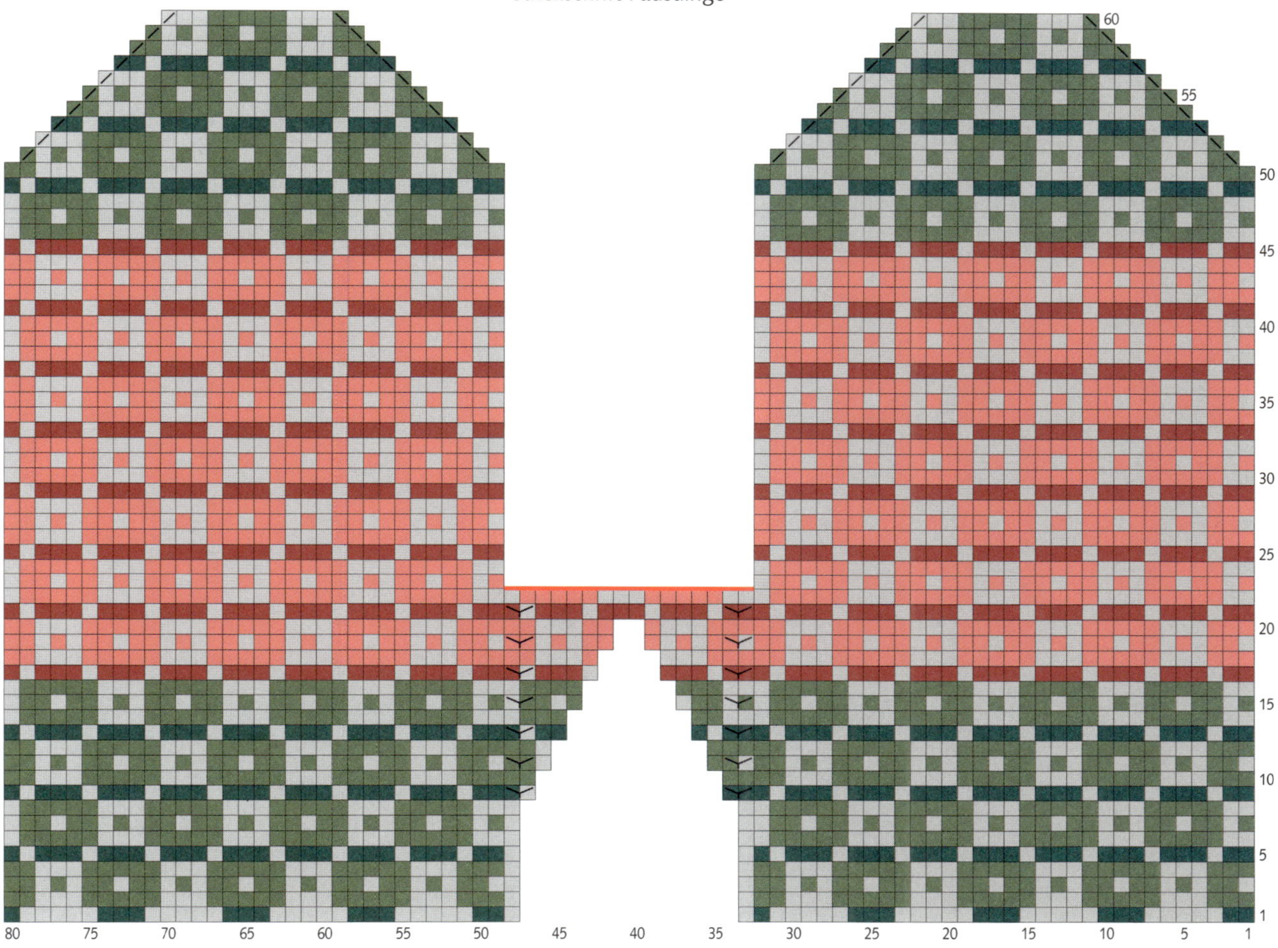

Strickschrift Daumen

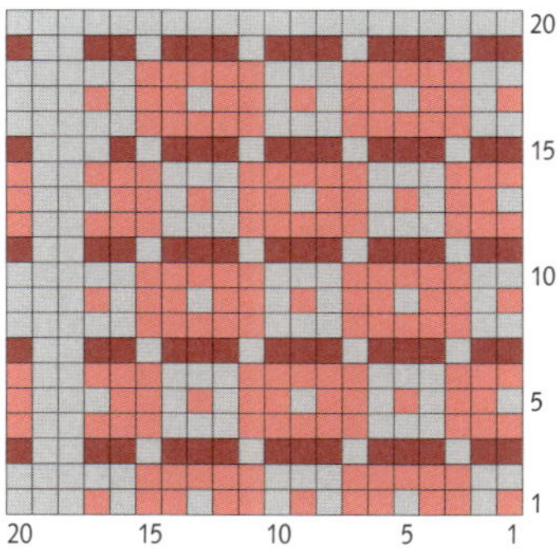

Symbole

- Farbe A (Dry Stone Wall)
- Farbe B (Frond)
- Farbe C (Folius)
- Farbe D (Gallica)
- Farbe E (Rosehip)
- 2 M re aus 1 M herausstr
- 2 M re überz zus
- 2 M re zus
- Daumenmaschen

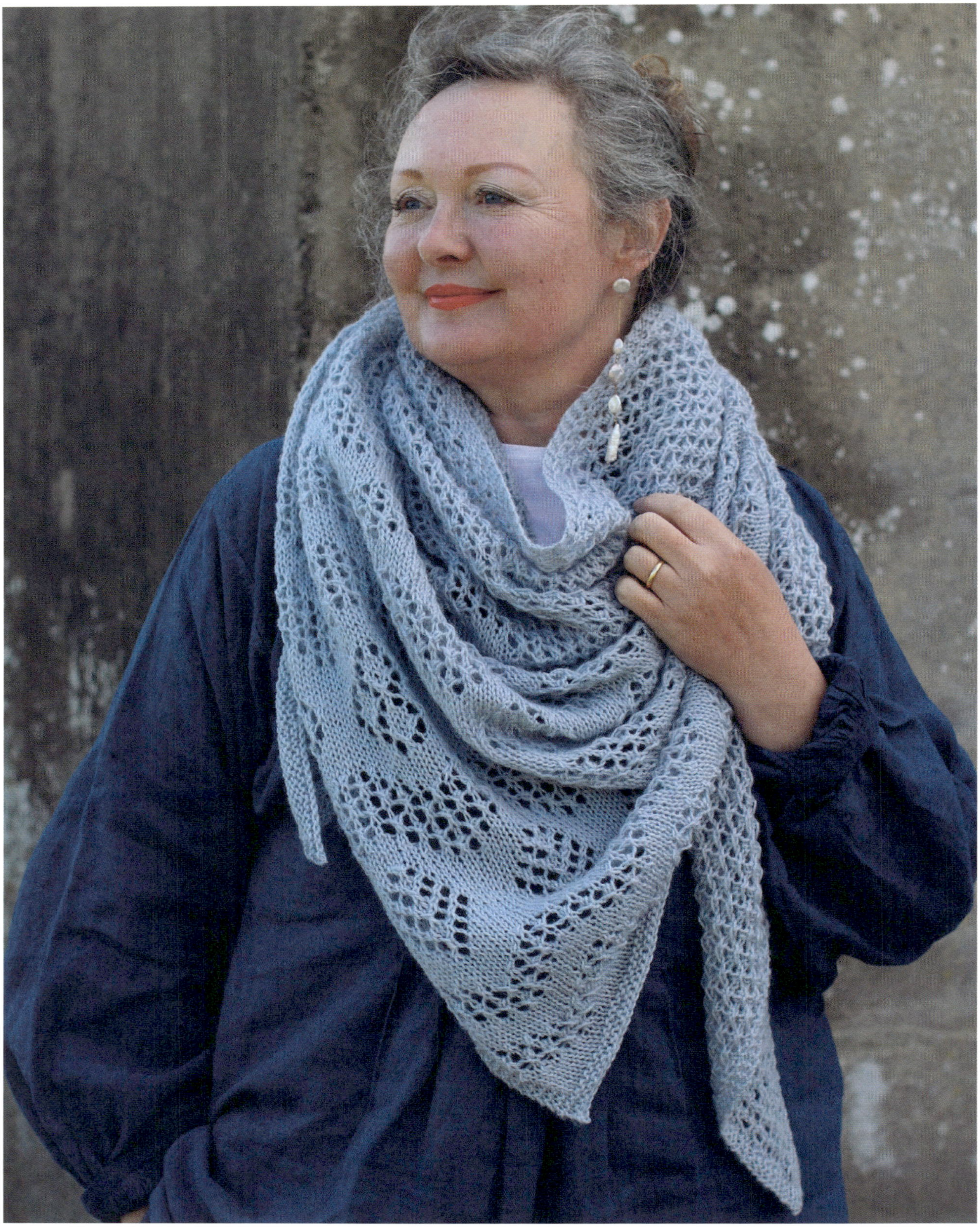

BLÜTENDOLDEN

In diesem fantastischen Modell werden eine Reihe traditioneller Shetland-Lace-Muster zu einem modernen, eleganten Tuch kombiniert. Man beginnt an der schmalsten Stelle mit nur drei Maschen und strickt von dort aus ein asymmetrisches Dreieck, indem man in jeder Hinreihe nur an einer Seite Maschen zunimmt. Gleichzeitig wird auf beiden Seiten eine kraus-rechte Kante gearbeitet, sodass zum Schluss kein zusätzlicher Rand angestrickt werden muss. Wenn die erforderliche Maschenzahl erreicht ist, wird die dekorative Lace-Partie gearbeitet. Das Ergebnis ist ein Tuch, das die Blicke auf sich zieht, sich jedoch erstaunlich einfach stricken lässt und sich wunderbar trägt. Zu jeder einzelnen Partie des Tuchs gibt es eine Strickschrift und eine Textanleitung, die sämtliche Rapporte enthalten. Alle Rückreihen werden links gestrickt, und dank der 5-mm-Nadeln ist das Tuch schnell fertig.

Durch die Excelana-4-Ply-Wolle wird das Tuch schön weich und erhält doch ein klares Maschenbild; es fällt schön, verliert aber wie alle Shetland-Tücher nicht die Form, sondern behält die Größe bei, auf die es gespannt wurde. Um auffällige Übergänge zu vermeiden, habe ich jeden neuen Garnstrang mit der Spleiß-Technik angeschlossen, sodass zum Schluss nur zwei Fadenenden übrig bleiben, eines ganz am Anfang und eines am Ende. Falls Sie diese Technik nicht anwenden möchten, reichen die empfohlenen fünf Stränge Garn auch aus, um jeden neuen Strang am Beginn einer neuen Reihe anzusetzen.

Alternativ zu den Strickschriften gibt es eine Textanleitung. Bei allen Strickschriften werden die Hinreihen von rechts nach links gelesen, die Rückreihen von links nach rechts.

Blütendolden

GARN

Susan Crawford Excelana 4 Ply, 100 % britische Schurwolle (LL 159 m/50 g)

Farbe Agapanthus, 5 50-g-Stränge

Garnpackungen erhältlich bei susancrawfordvintage.com

MASCHENPROBE

36 M x 40 R = 10 x 10 cm (im Haupt-Lacemuster/Strickschrift A, gespannt). Hier verwendete Nadelstärke: 5 mm.

18 M x 20 R = 10 x 10 cm (im dekorativen Lacemuster, Strickschrift F oder H, gespannt). Hier verwendete Nadelstärke: 5 mm.

Zum Erreichen der korrekten Maschenprobe nach Bedarf eine andere Nadelstärke verwenden.

EMPFOHLENE STRICKNADELN

5 mm Rundnadel (Länge 80–100 cm)

SONSTIGES MATERIAL

Maschenmarkierer

GRÖSSENÜBERSICHT UND HINWEISE ZUM SPANNEN

Die angegebenen Maße beziehen sich auf das fertige und laut Anleitung gespannte Modell. Richten Sie sich beim Spannen nach dem Schema und den Maßen, damit Ihr Modell die korrekte Größe bekommt. Alle Angaben sind cm-Angaben.

Fertige Maße

d	Länge	180
w	Breite	120
F	Spannweite	220

SCHEMA

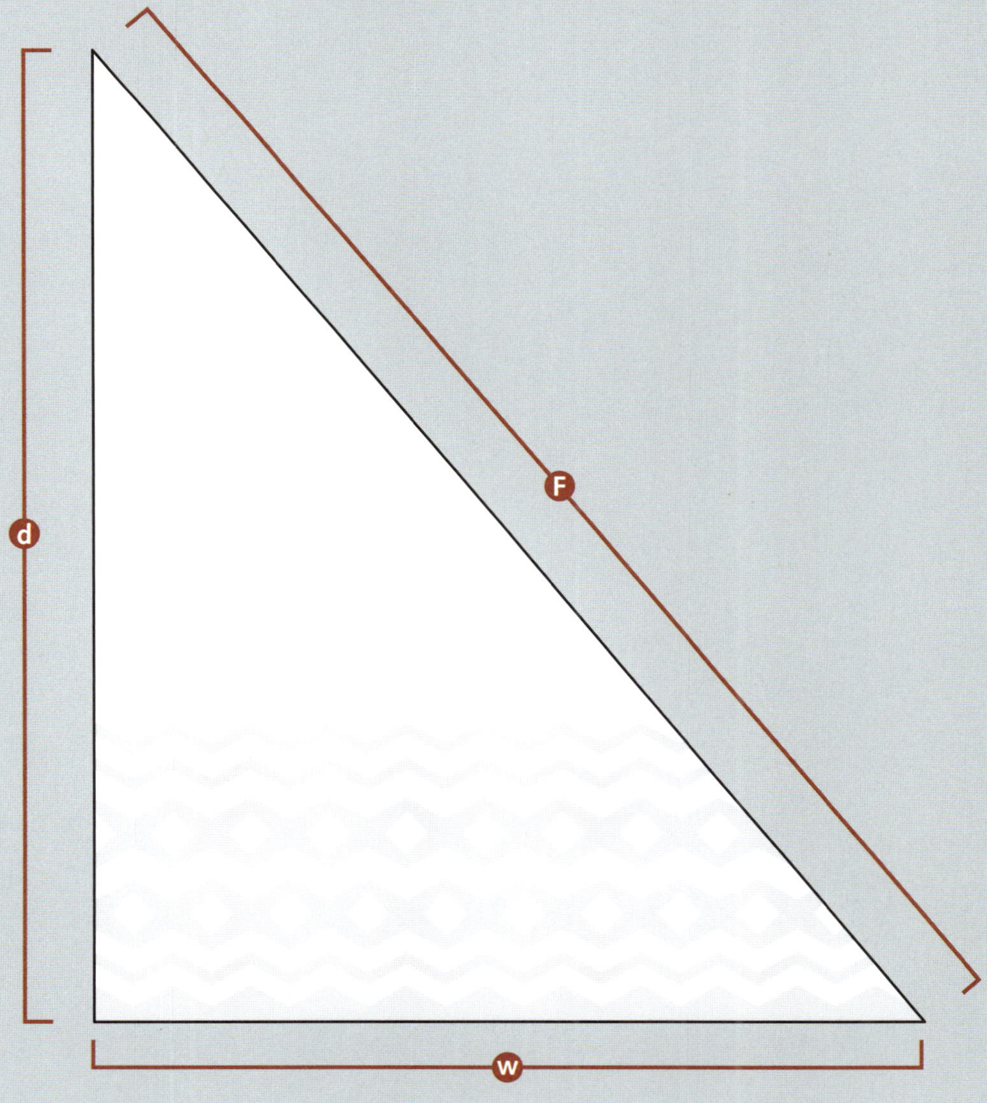

ANLEITUNG

MASCHENANSCHLAG

Mit der für die Maschenprobe passenden Nadelstärke im Kreuzanschlag 3 Maschen anschlagen.
Nächste R (RückR): 3 M re.

Einteilung kraus-rechte Kante

1. R (HinR, Zun): 1 M re, 1 li gen Zun, 1 M re, 1 li gen Zun, 1 M re; 2 M zugen, 5 M.
2. R (RückR): 2 M re, 1 M li, 2 M re.
3. R (Zun): 2 M re, 1 li gen Zun, 1 M re, 1 li gen Zun, 2 M re; 2 M zugen, 7 M.
4. R: 3 M re, MMs, 1 M li, MMs 3 M re.
5. R (Zun): 3 M re, MMa, 1 M re, 1 li gen Zun, MMa, 3 M re; 1 M zugen, 8 M.
6. R: 3 M re, MMa, 2 M li, MMa, 3 M re.
7. R (Zun): 3 M re, MMa, 2 M re, 1 li gen Zun, MMa, 3 M re; 1 M zugen, 9 M.
8. R: 3 M re, MMa, 3 M li, MMa, 3 M re.
9. R (Zun): 3 M re, MMa, 3 M re, 1 li gen Zun, MMa, 3 M re; 1 M zugen, 10 M.
10. R: 3 M re, MMa, 4 M li, MMa, 3 M re.
11. R (Zun): 3 M re, MMa, 4 M re, 1 li gen Zun, MMa, 3 M re; 1 M zugen, 11 M.
12. R: 3 M re, MMa, 5 M li, MMa, 3 M re.

BEGINN HAUPT-LACEMUSTER

Das Haupt-Lacemuster nach der folgenden Anleitung beginnen; entweder nach den Strickschriften oder nach der Textanleitung arbeiten. Die Maschenmarkierer zwischen den Kraus-rechten Kanten und dem Mittelteil weiterhin stets abheben.

Strickschrift A

Mit der 1. R beginnend über alle Maschen Strickschrift A arb; dabei in jeder HinR 1 M zun. Bis einschl. der 12. R fortfahren; 6 M zugen, 17 M.
Noch 29-mal nur die 5.–12. R wdh (gesamt 133 M einschl. kraus-rechte Kante), dann noch 1-mal nur die 5.–8. R wdh; 135 M. Aufteilung der M: 3 kraus-rechte Maschen (Kante), 129 Muster-Maschen, 3 kraus-rechte Maschen (Kante).

Strickschrift B

Mit der 1. R beginnend über alle Maschen Strickschrift B arb. Bis einschl. der 2. R fortfahren.

Strickschrift C

Mit der 1. R beginnend über alle Maschen Strickschrift C arb; dabei in jeder HinR 1 M zun. Bis einschl. der 12. R fortfahren; 6 M zugen, 141 M. Aufteilung der M: 3 kraus-rechte Maschen (Kante), 135 Muster-Maschen, 3 kraus-rechte Maschen (Kante).

Strickschrift D

Mit der 1. R beginnend über alle Maschen Strickschrift D arb; dabei in jeder HinR 1 M zun. Bis einschl. der 4. R fortfahren; 2 M zugen, 143 M. Aufteilung der M: 3 kraus-rechte Maschen (Kante), 137 Muster-Maschen, 3 kraus-rechte Maschen (Kante).

Strickschrift E

Mit der 1. R beginnend über alle Maschen Strickschrift E arb; dabei in jeder HinR 1 M zun. Bis einschl. der 12. R fortfahren; 6 M zugen, 149 M. Aufteilung der M: 3 kraus-rechte Maschen (Kante), 143 Muster-Maschen, 3 kraus-rechte Maschen (Kante).

Strickschrift D

Mit der 1. R beginnend über alle Maschen Strickschrift D arb; dabei in jeder HinR 1 M zun. Bis einschl. der 4. R fortfahren; 2 M zugen, 151 M. Aufteilung der M: 3 kraus-rechte Maschen (Kante), 145 Muster-Maschen, 3 kraus-rechte Maschen (Kante).

BEGINN DEKORATIVES LACEMUSTER

Nach der folgenden Anleitung das dekorative Lacemuster stricken; entweder nach den Strickschriften oder nach der Textanleitung arbeiten.

Strickschrift F

Mit der 1. R beginnend über alle Maschen Strickschrift F arb; dabei in jeder HinR 1 M zun. Bis einschl. der 22. R fortfahren; 11 M zugen, 162 M. Aufteilung der M: 3 kraus-rechte Maschen (Kante), 156 Muster-Maschen, 3 kraus-rechte Maschen (Kante).

Strickschrift G

Mit der 1. R beginnend über alle Maschen Strickschrift G arb; dabei in jeder HinR 1 M zun. Bis einschl. der 6. R fortfahren; 3 M zugen, 165 M. Aufteilung der M: 3 kraus-rechte Maschen (Kante), 159 Muster-Maschen, 3 kraus-rechte Maschen (Kante).

Strickschrift D

Mit der 1. R beginnend über alle Maschen Strickschrift D arb; dabei in jeder HinR 1 M zun. Bis einschl. der 4. R fortfahren; 2 M zugen, 167 M. Aufteilung der M: 3 kraus-rechte Maschen (Kante), 161 Muster-Maschen, 3 kraus-rechte Maschen (Kante).

Strickschrift H

Mit der 1. R beginnend über alle Maschen Strickschrift H arb; dabei in der 1. R 2 M zun, dann in jeder nächste HinR 1 M zun. Bis einschl. der 22. R fortfahren; 12 M zugen, 179 M. Aufteilung der M: 3 kraus-rechte Maschen (Kante), 173 Muster-Maschen, 3 kraus-rechte Maschen (Kante).

Strickschrift J

Mit der 1. R beginnend über alle Maschen Strickschrift J arb; dabei in jeder HinR 1 M zun. Bis einschl. der 12. R fortfahren; 6 M zugen, 185 M. Aufteilung der M: 3 kraus-rechte Maschen (Kante), 179 Muster-Maschen, 3 kraus-rechte Maschen (Kante).

Strickschrift K

Mit der 1. R beginnend über alle Maschen Strickschrift K arb; dabei in jeder HinR 1 M zun. Bis einschl. der 12. R fortfahren; 6 M zugen, 191 M. Aufteilung der M: 3 kraus-rechte Maschen (Kante), 185 Muster-Maschen, 3 kraus-rechte Maschen (Kante).

Nächste R (HinR, Zun): Re M bis 3 M vor Ende, 1 li gen Zun, 3 M re; 192 M.
Nächste R (RückR): 3 M re, li M bis 3 M vor Ende, 3 M re.
Nächste R (Zun): Re M bis 3 M vor Ende, 1 li gen Zun, 3 M re; 193 M.

Kraus-rechte Kante

Nächste R (RückR): Fortl re M.
Nächste R (HinR): Fortl re M.
Nächste R: Fortl re M.
Alle Maschen locker abketten.

AUSARBEITUNG

Das Tuch in lauwarmem Wasser mit etwas Wollwaschmittel einweichen, bei Bedarf auswaschen, dann auf einer flachen, saugfähigen Unterlage auf die angegebenen Maße spannen und feststecken. Darauf achten, dass die Kanten gerade sind und alle Lace-Partien schön »geöffnet« werden. Vollständig trocknen lassen. Fäden vernähen.

TEXTANLEITUNG ZU DEN STRICKSCHRIFTEN

STRICKSCHRIFT A

1. R (HinR, Zun): 4 M re, U, 3 M re überz zus, U, 1 M re, 1 li gen Zun, 3 M re; 1 M zugen, 12 M.

2. R und alle weiteren RückR: 3 M re, li M bis 3 M vor Ende, 3 M re.

3. R (Zun): 3 M re, 2 M re zus, U, 1 M re, U, 2 M re zus, 1 M re, 1 li gen Zun, 3 M re; 1 M zugen, 13 M.

5. R (Zun): 4 M re, *U, 3 M re überz zus, U, 1 M re; ab * bis 5 M vor Ende wdh, U, 2 M re zus, 1 li gen Zun, 3 M re; 1 M zugen.

7. R (Zun): 3 M re, 2 M re zus, U, 1 M re, *U, 3 M re überz zus, U, 1 M re; ab * bis 4 M vor Ende wdh, 1 M re, 1 li gen Zun, 3 M re; 1 M zugen.

9. R (Zun): 4 M re, *U, 3 M re überz zus, U, 1 M re; ab * bis 3 M vor Ende wdh, 1 li gen Zun, 3 M re; 1 M zugen.

11. R (Zun): 3 M re, 2 M re zus, U, 1 M re, *U, 3 M re überz zus, U, 1 M re; ab * bis 6 M vor Ende wdh, U, 2 M re zus, 1 M re, 1 li gen Zun, 3 M re; 1 M zugen.

12. R: 3 M re, li M bis 3 M vor Ende, 3 M re.

STRICKSCHRIFT B

1. R (HinR): 4 M re, *U, 3 M re überz zus, U, 1 M re; ab * bis 3 M vor Ende wdh, 3 M re.

2. R (RückR): 3 M re, li M bis 3 M vor Ende, 3 M re.

STRICKSCHRIFT C

1. R (HinR, Zun): 2 M re, *4 M re, 3-mal (U, 3 M re überz zus, U, 1 M re); ab * bis 5 M vor Ende wdh, 2 M re, 1 li gen Zun, 3 M re; 1 M zugen, 136 M.

2. R und alle weiteren RückR: 3 M re, li M bis 3 M vor Ende, 3 M re.

3. R (Zun): *8 M re, 2-mal (U, 3 M re überz zus, U, 1 M re); ab * bis 8 M vor Ende wdh, 5 M re, 1 li gen Zun, 3 M re; 1 M zugen, 137 M.

5. R (Zun): *10 M re, U, 3 M re überz zus, U, 3 M re; ab * bis 9 M vor Ende wdh, 6 M re, 1 li gen Zun, 3 M re; 1 M zugen, 138 M.

7. R (Zun): 4 M re, U, 2 M re zus, *11 M re, 2 M re zus, U, 1 M re, U, 2 M re zus; ab * bis 4 M vor Ende wdh, 1 M re, 1 li gen Zun, 3 M re; 1 M zugen, 139 M.

9. R (Zun): 3 M re, 2 M re zus, U, 1 M re, U, 2 M re zus, *7 M re, 2 M re zus, U, 1 M re, U, 3 M re überz zus, U, 1 M re, U, 2 M re zus; ab * bis 3 M vor Ende wdh, 1 li gen Zun, 3 M re; 1 M zugen, 140 M.

11. R (Zun): 4 M re, U, 3 M re überz zus, U, *1 M re, U, 2 M re zus, 3 M re, 2 M re zus, U, 2-mal (1 M re, U, 3 M re überz zus, U); ab * bis 5 M vor Ende wdh, 2 M re, 1 li gen Zun, 3 M re; 1 M zugen, 141 M.

12. R: 3 M re, li M bis 3 M vor Ende, 3 M re.

STRICKSCHRIFT D

1. R (HinR, Zun): 3 M re, 2 M re zus, U, *1 M re, U, 3 M re überz zus, U; ab * bis 4 M vor Ende wdh, 1 M re, 1 li gen Zun, 3 M re; 1 M zugen.

2. R (RückR): 3 M re, li M bis 3 M vor Ende, 3 M re.

3. R (Zun): 4 M re, *U, 3 M re überz zus, U, 1 M re; ab * wdh bis 6 M vor Ende, U, 3 M re überz zus, U, 1 li gen Zun, 3 M re.

4. R: 3 M re, li M bis 3 M vor Ende, 3 M re.

STRICKSCHRIFT E

1. R (HinR, Zun): 6 M re, *3-mal (U, 3 M re überz zus, U, 1 M re), 4 M re; ab * bis 9 M vor Ende wdh, U, 3 M re überz zus, U, 3 M re, 1 li gen Zun, 3 M re; 1 M zugen, 144 M.

2. R und alle weiteren RückR: 3 M re, li M bis 3 M vor Ende, 3 M re.

3. R (Zun): 8 M re, *2-mal (U, 3 M re überz zus, U, 1 M re), 8 M re; ab * bis 8 M vor Ende wdh, U, 3 M re überz zus, U, 2 M re, 1 li gen Zun, 3 M re; 1 M zugen, 145 M.

5. R (Zun): 10 M re, *U, 3 M re überz zus, U, 13 M re; ab * bis 7 M vor Ende wdh, U, 3 M re überz zus, U, 1 M re, 1 li gen Zun, 3 M re; 1 M zugen, 146 M.

7. R (Zun): 4 M re, U, 2 M re zus, *11 M re, 2 M re zus, U, 1 M re, U, 2 M re zus; ab * bis 12 M vor Ende wdh, 9 M re, 1 li gen Zun, 3 M re; 1 M zugen, 147 M.

9. R (Zun): 3 M re, 2 M re zus, U, 1 M re, U, 2 M re zus, *7 M re, 2 M re zus, U, 1 M re, U, 3 M re überz zus, U, 1 M re, U, 2 M re zus; ab * bis 11 M vor Ende wdh, 8 M re, 1 li gen Zun, 3 M re; 1 M zugen, 148 M.

11. R (Zun): 4 M re, U, 3 M re überz zus, U, 1 M re, U, 2 M re zus, *3 M re, 2 M re zus, U, 2-mal (1 M re, U, 3 M re überz zus, U), 1 M re, U, 2 M re zus; ab * bis 10 M vor Ende wdh, 3 M re, 2 M re zus, U, 2 M re, 1 li gen Zun, 3 M re; 1 M zugen, 149 M.

12. R: 3 M re, li M bis 3 M vor Ende, 3 M re.

STRICKSCHRIFT F

1. R (HinR, Zun): 2 M re, *4 M re, 3-mal (U, 3 M re überz zus, U, 1 M re); ab * bis 5 M vor Ende wdh, 2 M re, 1 li gen Zun, 3 M re; 1 M zugen, 152 M.

2. R und alle weiteren RückR: 3 M re, li M bis 3 M vor Ende, 3 M re.

3. R (Zun): *8 M re, 2-mal (U, 3 M re überz zus, U, 1 M re); ab * bis 8 M vor Ende wdh, 5 M re, 1 li gen Zun, 3 M re; 1 M zugen, 153 M.

5. R (Zun): 6 M re, *4 M re, U, 3 M re überz zus, U, 9 M re; ab * bis 3 M vor Ende wdh, 1 li gen Zun, 3 M re; 1 M zugen, 154 M.

7. R (Zun): 4 M re, U, 2 M re zus, *11 M re, 2 M re zus, U, 1 M re, U, 2 M re zus; ab * bis 4 M vor Ende wdh, 1 M re, 1 li gen Zun, 3 M re; 1 M zugen, 155 M.

9. R (Zun): 5 M re, U, 2 M re zus, *9 M re, 2 M re zus, U, 3 M re, U, 2 M re zus; ab * bis 4 M vor Ende wdh, 1 M re, 1 li gen Zun, 3 M re; 1 M zugen, 156 M.

11. R (Zun): 4 M re, 2 M re zus, U, 1 M re, U, 2 M re zus, *4 M re, 2-mal (1 M re, 2 M re zus, U, 1 M re, U, 2 M re zus); ab * bis 3 M vor Ende wdh, 1 li gen Zun, 3 M re; 1 M zugen, 157 M.

13. R (Zun): 3 M re, 2 M re zus, U, 3 M re, U, 2 M re zus, *3 M re, 2 M re zus, U, 3 M re, U, 3 M re überz zus, U, 3 M re, U, 2 M re zus; ab * bis 3 M vor Ende wdh, 1 li gen Zun, 3 M re; 1 M zugen, 158 M.

15. R (Zun): 4 M re, U, 2 M re zus, 1 M re, 2 M re zus, U, 1 M re, *4 M re, 2-mal (U, 2 M re zus, 1 M re, 2 M re zus, U, 1 M re); ab * bis 4 M vor Ende wdh, 1 M re, 1 li gen Zun, 3 M re; 1 M zugen, 159 M.

17. R (Zun): 5 M re, U, 3 M re überz zus, U, 4 M re, *2-mal (3 M re, U, 3 M re überz zus, U), 4 M re; ab * bis 3 M vor Ende wdh, 1 li gen Zun, 3 M re; 1 M zugen, 160 M.

19. R (Zun): 4 M re, 2 M re zus, U, *11 M re, U, 2 M re zus, 1 M re, 2 M re zus, U; ab * bis 10 M vor Ende wdh, 7 M re, 1 li gen Zun, 3 M re; 1 M zugen, 161 M.

21. R (Zun): 3 M re, 2 M re zus, U, *13 M re, U, 3 M re überz zus, U; ab * bis 12 M vor Ende wdh, 9 M re, 1 li gen Zun, 3 M re; 1 M zugen, 162 M.

22. R: 3 M re, li M bis 3 M vor Ende, 3 M re.

STRICKSCHRIFT G

1. R (HinR, Zun): 9 M re, 2 M re zus, U, 1 M re, U, 2 M re zus, *11 M re, 2 M re zus, U, 1 M re, U, 2 M re zus; ab * bis 4 M vor Ende wdh, 1 M re, 1 li gen Zun, 3 M re; 1 M zugen, 163 M.

2. R und alle weiteren RückR: 3 M re, li M bis 3 M vor Ende, 3 M re.

3. R (Zun): *7 M re, 2 M re zus, U, 1 M re, U, 3 M re überz zus, U, 1 M re, U, 2 M re zus; ab * bis 3 M vor Ende wdh, 1 li gen Zun, 3 M re; 1 M zugen, 164 M.

5. R (Zun): 5 M re, *2 M re zus, U, 2-mal (1 M re, U, 3 M re überz zus, U), 1 M re, U, 2 M re zus, 3 M re; ab * bis 15 M vor Ende wdh, 2 M re zus, U, 2-mal (1 M re, U, 3 M re überz zus, U), 2 M re, 1 li gen Zun, 3 M re; 1 M zugen, 165 M.

6. R: 3 M re, li M bis 3 M vor Ende, 3 M re.

STRICKSCHRIFT H

1. R (HinR, Zun): 3 M re, 2 M re zus, U, 1 M re, U, 3 M re überz zus, U, 5 M re, *3-mal (U, 3 M re überz zus, U, 1 M re), 4 M re; ab * bis 9 M vor Ende wdh, U, 3 M re überz zus, U, 1 M re, U, 2 M re, 1 li gen Zun, 3 M re; 2 M zugen, 169 M.

2. R und alle weiteren RückR: 3 M re, li M bis 3 M vor Ende, 3 M re.

3. R (Zun): 5 M re, 2 M re zus, U, 9 M re, * 2-mal (U, 3 M re überz zus, U, 1 M re), 8 M re; ab * bis 9 M vor Ende wdh, U, 3 M re überz zus, U, 1 M re, U, 2 M re zus, 1 li gen Zun, 3 M re; 1 M zugen, 170 M.

5. R (Zun): 5 M re, *13 M re, U, 3 M re überz zus, U; ab * bis 5 M vor Ende wdh, 2 M re, 1 li gen Zun, 3 M re; 1 M zugen, 171 M.

7. R (Zun): *10 M re, U, 3 M re überz zus, U, 3 M re; ab * bis 11 M vor Ende wdh, 8 M re, 1 li gen Zun, 3 M re; 1 M zugen, 172 M.

9. R (Zun): 9 M re, *U, 2 M re zus, 1 M re, 2 M re zus, U, 11 M re; ab * bis 3 M vor Ende wdh, 1 li gen Zun, 3 M re; 1 M zugen, 173 M.

11. R (Zun): 8 M re, *U, 2 M re zus, U, 3 M re überz zus, U, 2 M re zus, U, 9 M re; ab * bis 5 M vor Ende wdh, U, 2 M re zus, 1 li gen Zun, 3 M re; 1 M zugen, 174 M.

13. R (Zun): 7 M re, *2-mal (U, 2 M re zus), 1 M re, 2-mal (2 M re zus, U), 7 M re; ab * bis 7 M vor Ende wdh, 2-mal (U, 2 M re zus), 1 li gen Zun, 3 M re; 1 M zugen, 175 M.

15. R (Zun): 8 M re, *U, 2 M re zus, U, 3 M re überz zus, U, 2 M re zus, U, 9 M re; ab * bis 7 M vor Ende wdh, 2-mal (U, 2 M re zus), 1 li gen Zun, 3 M re; 1 M zugen, 176 M.

17. R (Zun): 9 M re, *U, 2 M re zus, 1 M re, 2 M re zus, U, 11 M re; ab * bis 7 M vor Ende wdh, U, 2 M re zus, 2 M re, 1 li gen Zun, 3 M re; 1 M zugen, 177 M.

19. R (Zun): 10 M re, *U, 3 M re überz zus, U, 13 M re; ab * bis 7 M vor Ende wdh, U, 3 M re überz zus, U, 1 M re, 1 li gen Zun, 3 M re; 1 M zugen, 178 M.

21. R (Zun): 10 M re, *2 M re zus, U, 14 M re; ab * bis 8 M vor Ende wdh, 2 M re zus, U, 3 M re, 1 li gen Zun, 3 M re; 1 M zugen, 179 M.

22 R: 3 M re, li M bis 3 M vor Ende, 3 M re.

STRICKSCHRIFT J

1. R (HinR, Zun): 4 M re, U, 2 M re zus, *11 M re, 2 M re zus, U, 1 M re, U, 2 M re zus; ab * bis 13 M vor Ende wdh, 10 M re, 1 li gen Zun, 3 M re; 1 M zugen, 180 M.

2. R und alle weiteren RückR: 3 M re, li M bis 3 M vor Ende, 3 M re.

3. R (Zun): 3 M re, 2 M re zus, U, 1 M re, U, 2 M re zus, *7 M re, 2 M re zus, U, 1 M re, U, 3 M re überz zus, U, 1 M re, U, 2 M re zus; ab * bis 12 M vor Ende wdh, 9 M re, 1 li gen Zun, 3 M re; 1 M zugen, 181 M.

5. R (Zun): 4 M re, U, 3 M re überz zus, U, 1 M re, U, 2 M re zus, 3 M re, *2 M re zus, U, 2-mal (1 M re, U, 3 M re überz zus, U), 1 M re, U, 2 M re zus, 3 M re; ab * bis 8 M vor Ende wdh, 2 M re zus, U, 1 M re, U, 2 M re zus, 1 li gen Zun, 3 M re; 1 M zugen, 182 M.

7. R (Zun): 2 M re, *4 M re, 3-mal (U, 3 M re überz zus, U, 1 M re); ab * bis 4 M vor Ende wdh, 1 M re, 1 li gen Zun, 3 M re; 1 M zugen, 183 M.

9. R (Zun): *8 M re, 2-mal (U, 3 M re überz zus, U, 1 M re); ab * bis 7 M vor Ende wdh, 4 M re, 1 li gen Zun, 3 M re; 1 M zugen, 184 M.

11. R (Zun): *10 M re, U, 3 M re überz zus, U, 3 M re; ab * bis 8 M vor Ende wdh, 5 M re, 1 li gen Zun, 3 M re; 1 M zugen, 185 M.

12. R: 3 M re, li M bis 3 M vor Ende, 3 M re.

STRICKSCHRIFT K

1. R (HinR, Zun): 4 M re, U, 2 M re zus, * 11 M re, 2 M re zus, U, 1 M re, U, 2 M re zus; ab * bis 3 M vor Ende wdh, 1 li gen Zun, 3 M re; 1 M zugen, 186 M.

2. R und alle weiteren RückR: 3 M re, li M bis 3 M vor Ende, 3 M re.

3. R (Zun): 3 M re, 2 M re zus, U, 1 M re, *U, 2 M re zus, 7 M re,

2 M re zus, U, 1 M re, U, 3 M re überz zus, U, 1 M re; ab * bis 4 M vor Ende wdh, 1 M re, 1 li gen Zun, 3 M re; 1 M zugen, 187 M.

5. R (Zun): 4 M re, U, 3 M re überz zus, U, 1 M re, *U, 2 M re zus, 3 M re, 2 M re zus, U, 1 M re, 2-mal (U, 3 M re überz zus, U, 1 M re); ab * bis 3 M vor Ende wdh, 1 li gen Zun, 3 M re; 1 M zugen, 188 M.

7. R (Zun): 6 M re, *3-mal (U, 3 M re überz zus, U, 1 M re), 4 M re; ab * bis 6 M vor Ende wdh, U, 3 M re überz zus, U, 1 li gen Zun, 3 M re; 1 M zugen, 189 M.

9. R (Zun): 8 M re, *2-mal (U, 3 M re überz zus, U, 1 M re), 8 M re; ab * bis 5 M vor Ende wdh, U, 2 M re zus, 1 li gen Zun, 3 M re; 1 M zugen, 190 M.

11. R (Zun): 10 M re, *U, 3 M re überz zus, U, 13 M re; ab * bis 4 M vor Ende wdh, 1 M re, 1 li gen Zun, 3 M re; 1 M zugen, 191 M.

12. R: 3 M re, li M bis 3 M vor Ende, 3 M re.

Strickschrift A

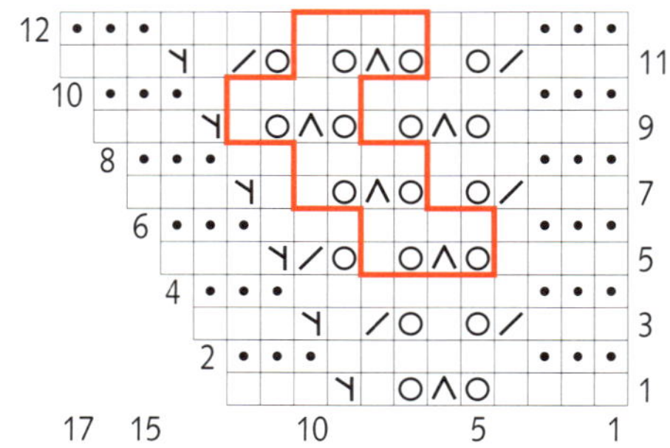

Strickschrift B

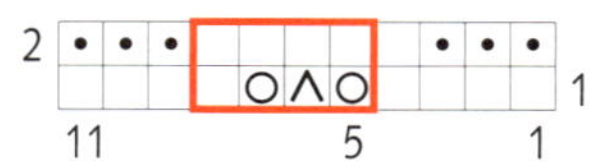

Strickschrift C

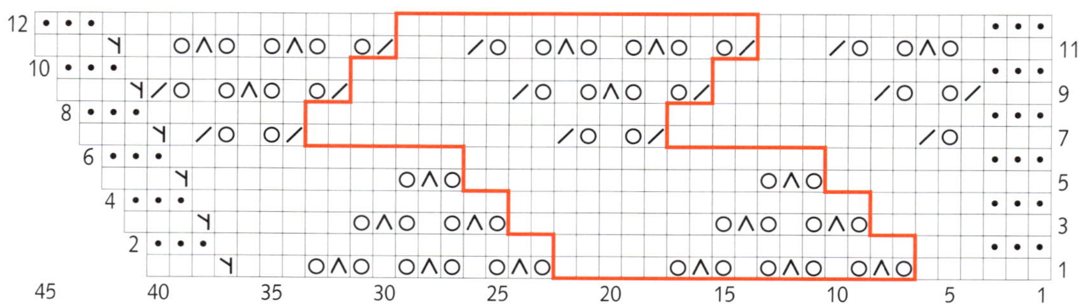

Strickschrift D

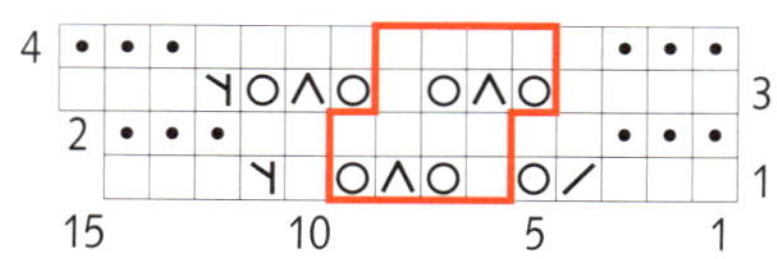

Strickschrift E

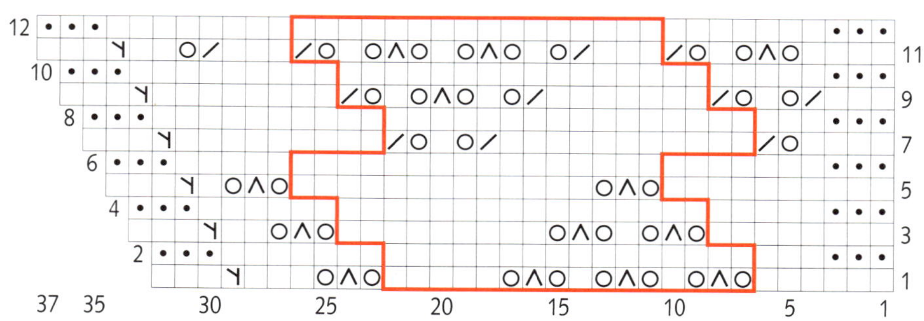

Symbole

□ in HinR re M, in RückR li M

• in HinR li M, in RückR re M (kraus-rechte Kante)

O U

Λ 3 M re überz zus

/ 2 M re zus

1 li gen Zun

Rapport

Strickschrift F

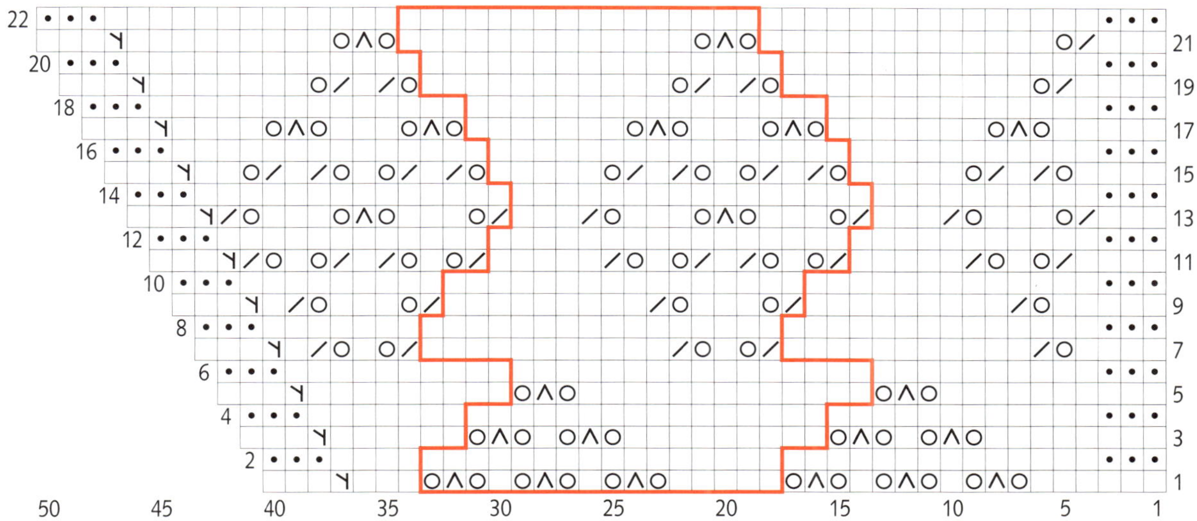

Strickschrift G

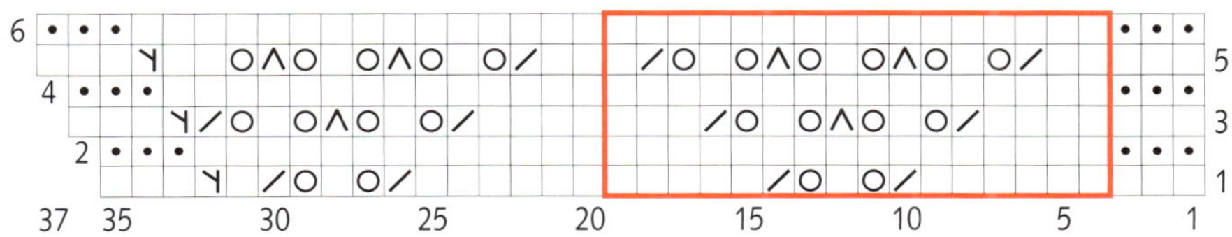

Strickschrift H

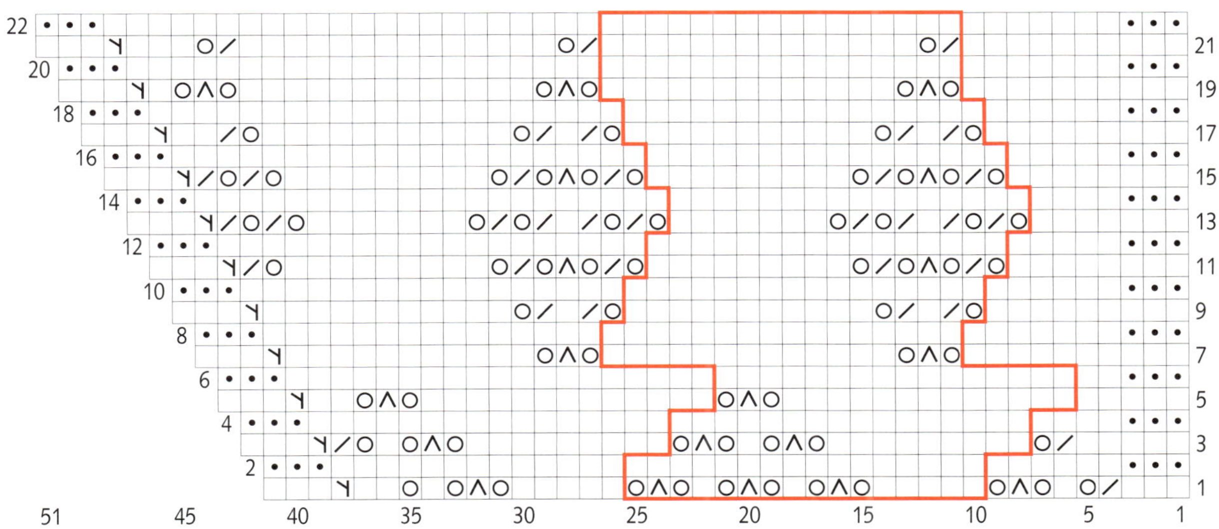

Symbole

- in HinR re M, in RückR li M
- in HinR li M, in RückR re M (kraus-rechte Kante)
- U
- 3 M re überz zus
- 2 M re zus
- 1 li gen Zun
- Rapport

Strickschrift J

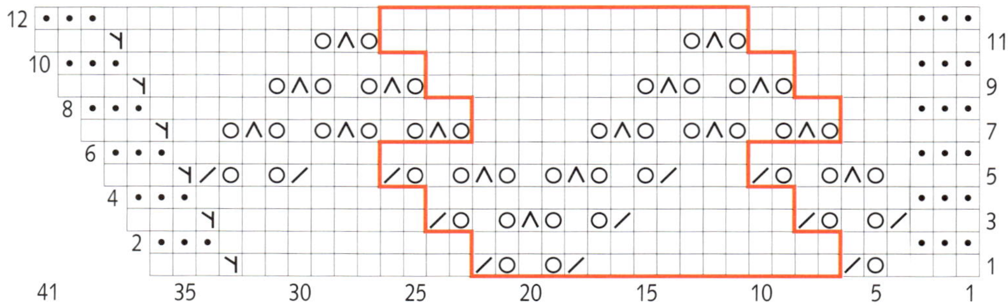

Strickschrift K

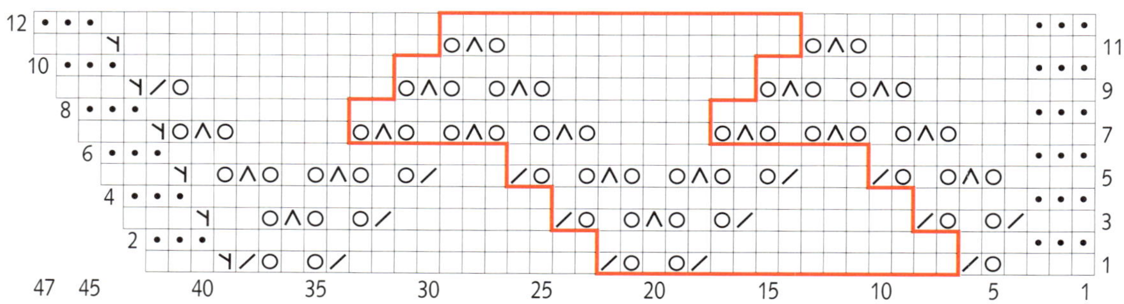

Symbole

- ☐ in HinR re M, in RückR li M
- • in HinR li M, in RückR re M (kraus-rechte Kante)
- O U
- Λ 3 M re überz zus
- / 2 M re zus
- 1 li gen Zun
- Rapport

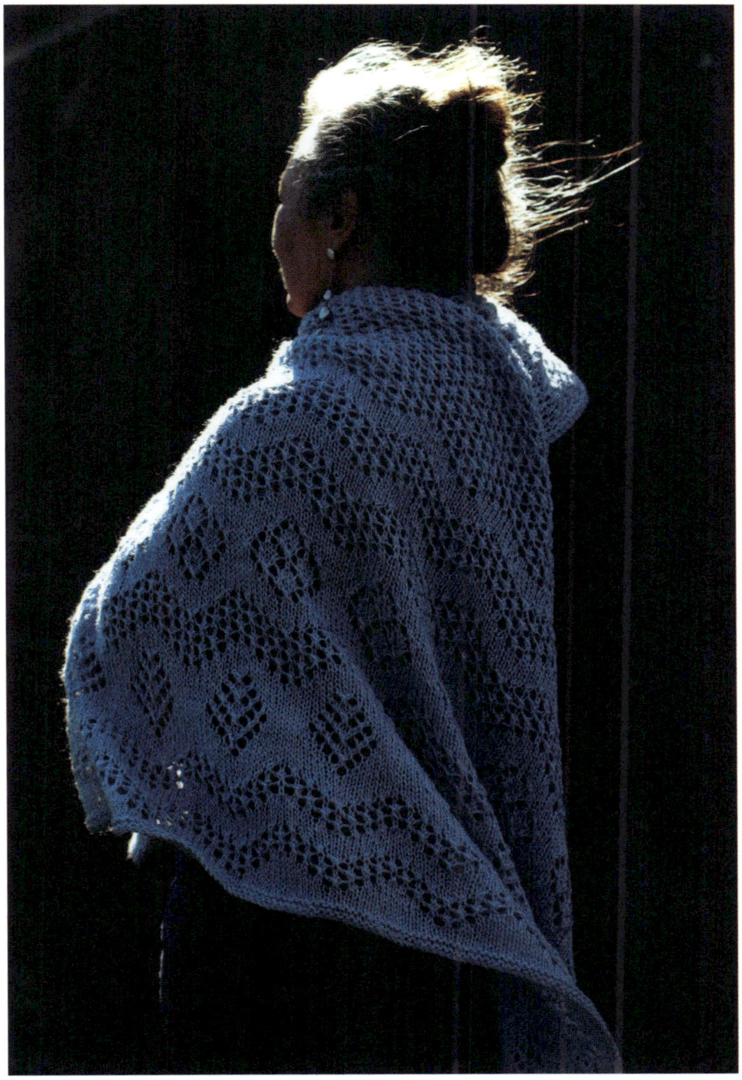

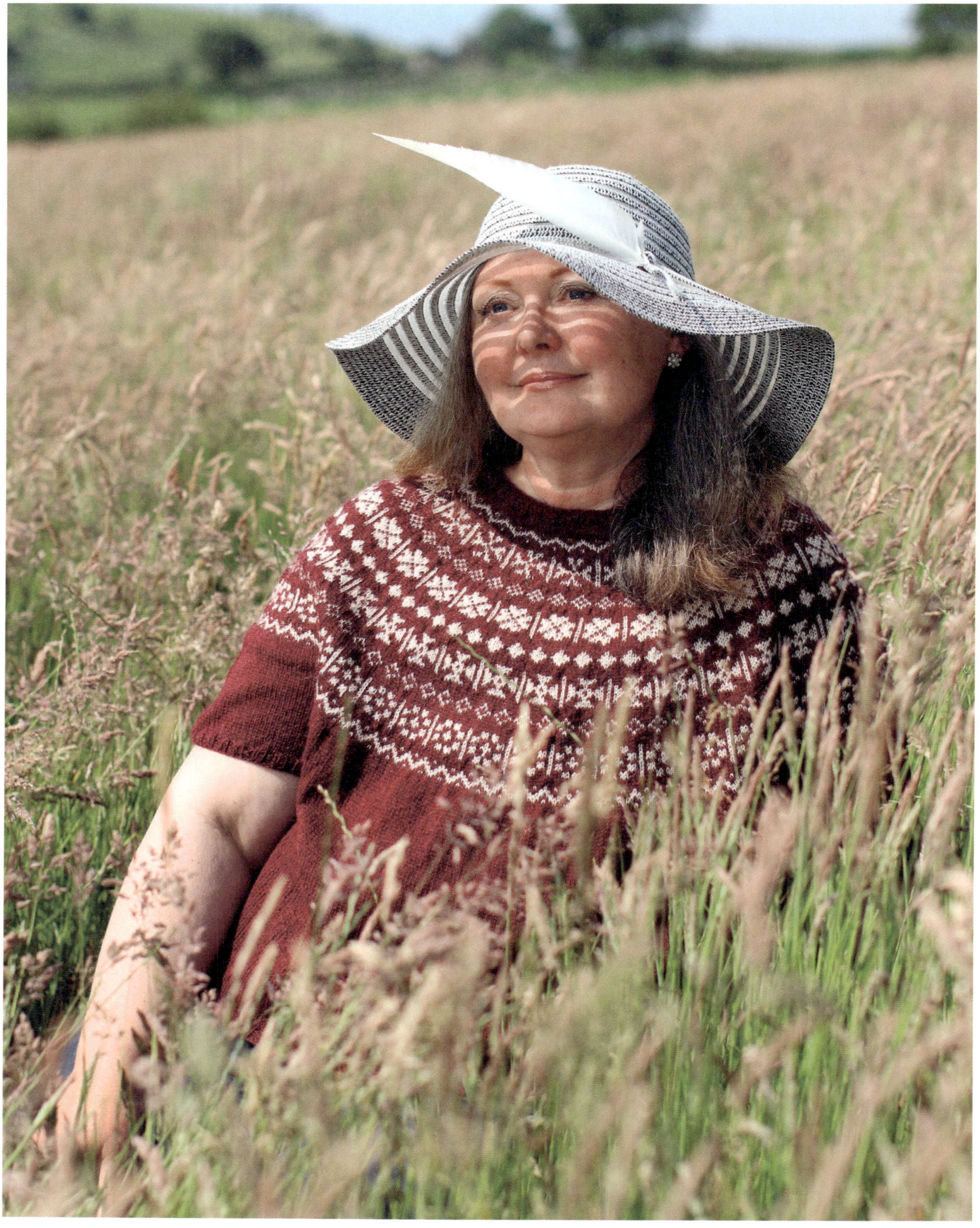

LANATUS

Bei Fair-Isle-Stricken denkt man meist an dicke Pullover und Jacken für kalte Temperaturen. Die Modelle, die ich im Shetland-Museum studiert habe, waren jedoch häufig dünner und für jede Jahreszeit geeignet. Mit »Lanatus« wollte ich ein ähnlich leichtes Modell entwerfen – einen Fair-Isle-Pullover, den man sowohl bei warmen als auch bei kühleren Temperaturen tragen kann. Dazu wählte ich das Garn Fenella aus, eine dünne 2-Ply-Wolle, die sich aufgrund ihrer Eigenschaften gut zum Stricken von Einstrickmustern eignet. Bei den Motiven ließ ich mich vom Modell »Paterson« aus dem »The Vintage Shetland Project« inspirieren, entschied mich jedoch dafür, nur eine Musterfarbe zu verwenden. Für eine moderne Silhouette wird das Modell von oben nach unten gestrickt, und damit der vordere Ausschnitt tiefer sitzt, werden am Rückenteil verkürzte Reihen eingefügt. Das Muster sitzt an der Rundpasse; die für die Passe erforderlichen Zunahmen erfolgen jedoch in einfarbig glatt rechts gestrickten Runden. Ab der Achsel werden die Ärmel abgeteilt. Damit der Pullover etwas lockerer sitzt, wird der Rumpf ab den Achseln mit einer größeren Nadelstärke gestrickt.

Ab diesem Punkt werden zwei verschiedene Varianten beschrieben, entweder mit einem Allover-Fair-Isle-Muster oder mit einfarbigem Rumpf und Ärmeln. Bei beiden Versionen wird an einem bestimmten Punkt erneut die Nadelstärke gewechselt, um eine ganz leichte A-Linie zu erhalten. Da das Modell von oben nach unten gestrickt wird, kann die Gesamtlänge sehr leicht nach Wunsch angepasst werden. Zwei verschiedene Längen sind in der Anleitung enthalten, eine hüftlange und eine kürzere Version. Nach dem Rumpf werden auch die Ärmel von oben nach unten gestrickt, ebenfalls entweder mit Fair-Isle-Muster oder uni. Die Ärmel enden oberhalb des Ellbogens und sitzen aufgrund der auch hier verwendeten dickeren Nadeln etwas lockerer, sodass sie sich am Bündchen nicht zusammenziehen.

Zu den Musterpartien gibt es Strickschriften, bei denen sämtliche Runden von rechts nach links gelesen werden.

Das Modell Lanatus wird am besten mit 10–20 cm Mehrweite getragen.

Lanatus

GARN

Susan Crawford Fenella 2 Ply, 100 % britische Schurwolle (LL 125 m/25 g)

Variante 1: Allover-Fair-Isle-Muster

Kürzere Version
Farbe A: Sloe Gin, 5 (6, 6, 7, 7, 7, 7, 8, 9, 9) 25-g-Stränge
Farbe B: Chalk, 4 (5, 5, 5, 6, 6, 6, 7, 8, 8) 25-g-Stränge

Längere Version
Farbe A: Sloe Gin, 5 (6, 6, 7, 7, 7, 8, 9, 9, 10) 25-g-Stränge
Farbe B: Chalk, 4 (5, 5, 6, 6, 6, 7, 8, 8, 9) 25-g-Stränge

Variante 2: Einfarbiger Rumpf

Kürzere Version
Farbe A: Sloe Gin, 6 (7, 7, 8, 9, 10, 10, 11, 12, 13) 25-g-Stränge
Farbe B: Balado, 2 (2, 2, 2, 2, 2, 2, 2, 3, 3) 25-g-Stränge

Längere Version
Farbe A: Sloe Gin, 6 (7, 8, 9, 10, 10, 11, 12, 13, 14) 25-g-Stränge
Farbe B: Balado, 2 (2, 2, 2, 2, 2, 2, 3, 3, 3) 25-g-Stränge

Garnpackungen erhältlich bei susancrawfordvintage.com

MASCHENPROBE

32 M x 36 Rd = 10 x 10 cm (glatt rechts oder im Fair-Isle-Muster mit Nadelstärke A rundgestrickt).
Hier verwendete Nadelstärke: 3 mm.

30 M x 34 Rd = 10 x 10 cm (glatt rechts oder im Fair-Isle-Muster mit Nadelstärke B rundgestrickt).
Hier verwendete Nadelstärke: 3,25 mm.

28 M x 32 Rd = 10 x 10 cm (glatt rechts und im Fair-Isle-Muster mit Nadelstärke C rundgestrickt).
Hier verwendete Nadelstärke: 3,5 mm.

Zum Erreichen der korrekten Maschenprobe nach Bedarf eine andere Nadelstärke verwenden.

EMPFOHLENE STRICKNADELN

Dünne Nadeln: 2,75 mm Rundnadel (Länge 40 cm) oder Nadelspiel
2,75 mm Rundnadel (Länge 80–100 cm)

Dicke Nadeln:
Stärke A: 3 mm Rundnadel (Länge 60 cm)
3 mm Rundnadel (Länge 80–100 cm)

Stärke B: 3,25 mm Rundnadel (Länge 40 cm) oder Nadelspiel
3,25 mm Rundnadel (Länge 80–100 cm)

Stärke C: 3,5 mm Rundnadel (Länge 80–100 cm)

In der Anleitung werden 4 Nadelstärken in zunehmender Stärke verwendet.

SONSTIGES MATERIAL

Hilfsfaden (Garnrest) oder Maschenhalter, Maschenmarkierer

ABGEBILDETES MODELL

Susan trägt Variante 2 in Größe 4 und der kürzeren Länge mit etwa 10 cm Mehrweite sowie Variante 1 in den Farben Verdigris und Chalk, ebenfalls in Größe 4 und der kürzeren Länge.

GRÖSSENÜBERSICHT UND HINWEISE ZUM SPANNEN

Wählen Sie die »Passend für BU«-Größe, die Ihrem tatsächlichen Brustumfang am besten entspricht. Bedenken Sie dabei auch die gewünschte Passform (enger oder lockerer). Verwenden Sie zur Größenbestimmung die Tabelle in Verbindung mit dem Schema.

Die angegebenen Maße beziehen sich auf das fertige und laut Anleitung gespannte Modell. Die Angaben helfen bei der Wahl der passenden Größe und können zur Orientierung bei eventuellen Abänderungen der fertigen Maße dienen. Richten Sie sich beim Spannen nach dem Schema und den Maßen, damit Ihr Modell die korrekte Größe bekommt. Alle Angaben sind cm-Angaben.

	Größe 1	Größe 2	Größe 3	Größe 4	Größe 5	Größe 6	Größe 7	Größe 8	Größe 9	Größe 10
Passend für BU von:	71–76	81–86	91–97	102–107	112–117	122–127	132–137	142–147	152–157	162–167
Fertige Maße										
a Brustumfang	92	104	112	124	136	144	156	168	176	188
b Länge bis zur Achsel (längere Version)	30,5	30,5	30,5	30,5	30,5	30,5	30,5	30,5	30,5	30,5
b Länge bis zur Achsel (kürzere Version)	25	25	25	25	25	25	25	25	25	25
c Höhe der Rundpasse	23	23,5	24	26,5	27,5	27,5	28,5	29	32,5	32,5
d Gesamtlänge (längere Version)	53,5	54	54,5	57	58	58	59	59,5	63	63
d Gesamtlänge (kürzere Version)	48	48,5	49	51,5	52,5	52,5	53,5	54	57,5	57,5
g Halsumfang	45	49	52,5	52,5	52,5	54	54	56,5	56,5	56,5
h Ärmellänge	12,5	12,5	12,5	12,5	12,5	12,5	12,5	12,5	12,5	12,5
m Oberarmumfang	28	28	32	32	32	36	36	40	44	52

SCHEMA

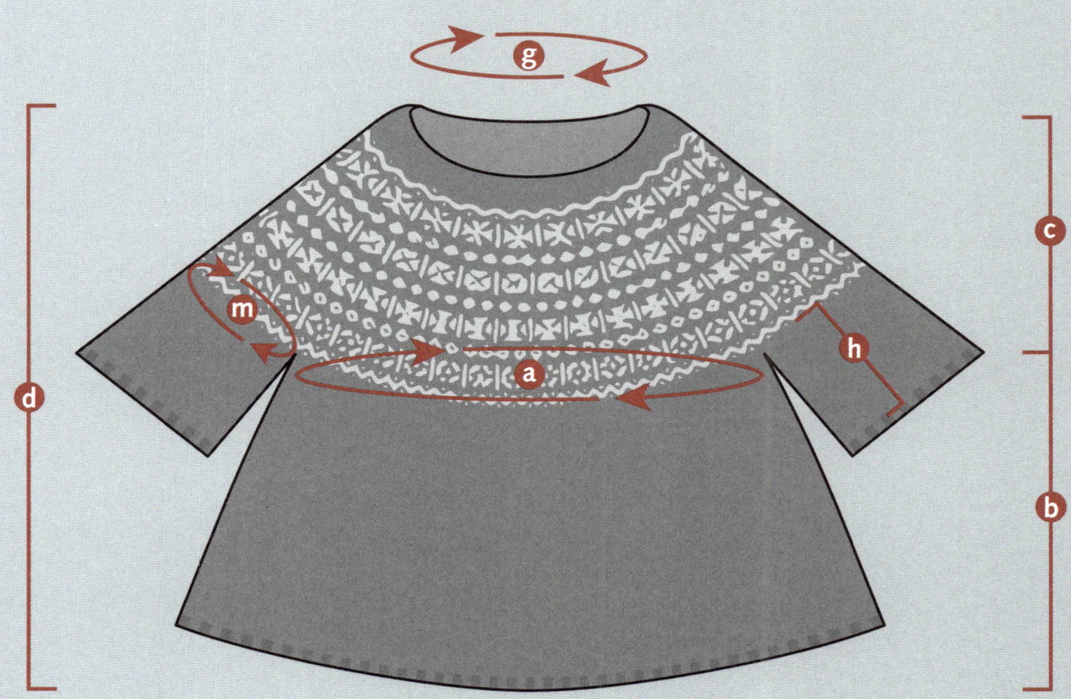

BEIDE VARIANTEN

HALSAUSSCHNITT

Mit der dünneren Rundnadel (40 cm) und Farbe A im Kreuzanschlag 144 (156, 168, 168, 168, 172, 172, 180, 180, 180) M anschl. Die M zur Runde schließen, dabei aufpassen, dass die M sich nicht verdrehen; MMs für den Rd-Anf.

1. Rd: *2 M re, 2 M li; ab * fortl wdh.
Diese Runde wdh, bis das Bündchen etwa 1 cm hoch ist.
Nächste Rd: Fortl re M.

Zur Rundnadel Stärke A (Länge 60 cm) wechseln; nach Bedarf zur längeren Nadel wechseln.

NUR GRÖSSEN 4 UND 5

Nächste Rd (Zun): *14 (7) M re, 1 re gen Zun; ab * fortl wdh; 12 (24) M zugen, 180 (192) M.
Nächste Rd: Fortl re M.

NUR GRÖSSEN 6, 7, 8, 9 UND 10

Nächste Rd (Zun): 8 (8, 13, 13, 13) M re, 1 re gen Zun, *5 M re, 1 re gen Zun; ab * bis 9 (9, 12, 12, 12) M vor Ende wdh, re M bis Rd-Ende; 32 M zugen, 204 (204, 212, 212, 212) M.
Nächste Rd: Fortl re M.

NUR GRÖSSEN 7, 8, 9, UND 10

Nächste Rd (Zun): 11 (14, 14, 14) M re, 1 re gen Zun, *14 (8, 8, 8) M re, 1 re gen Zun; ab * bis 11 (14, 14, 14) M vor Ende wdh, re M bis Rd-Ende; 14 (24, 24, 24) M zugen, 218 (236, 236, 236) M.

ALLE GRÖSSEN

Hinterer Halsausschnitt (verkürzte Reihen)

Weiter in Farbe A verkürzte Reihen arbeiten wie folgt:
1. R (HinR): 42 (45, 48, 51, 54, 57, 61, 65, 65, 65) M re, W&w.
2. R (RückR): Li M bis MM, 42 (45, 48, 51, 54, 57, 61, 65, 65, 65) M li, W&w.
3. R: Re M bis 6 M vor der Wickel-M der vorigen HinR, W&w.
4. R: Li M bis 6 M vor der Wickel-M der vorigen RückR, W&w.
Die letzten 2 R teilen das Muster der verkürzten Reihen ein.
Die 3.–4. R noch 3 (4, 4, 4, 6, 6, 6, 7, 7, 7)-mal wdh.

Nächste Rd (HinR, teilweise gestrickt): Re M bis MM.

Nächste Rd: Re M bis Rd-Ende, dabei die Wickel-M und Wickel zusammen abstricken.

NUR GRÖSSEN 3, 4, 5 UND 6

Nächste Rd: Fortl re M.

NUR GRÖSSEN 7, 8, 9 UND 10

Nächste Rd: Fortl re M.
Nächste Rd (Zun): 4 (0, 0, 16) M re, *21 (59, 14, 5) M re, 1 re gen Zun; ab * bis 4 (0, 12, 20) M vor Ende wdh, re M bis Rd-Ende; 10 (4, 16, 40) M zugen, 228 (240, 252, 276) M.
Nächste Rd: Fortl re M.

ALLE GRÖSSEN

Einteilung der Strickschrift Rundpasse

Mit der 1. R von Strickschrift A beginnend alle M re str; den Rapport bis zum Rd-Ende 12 (13, 14, 15, 16, 17, 19, 20, 21, 23)-mal str. Bis einschl. der 7. R der Strickschrift str.

Erste Zunahmerunde in der Strickschrift

NUR GRÖSSEN 1 UND 4

Nächste Rd (Zun): In Farbe A *3 M re, 1 re gen Zun; ab * fortl wdh; 48 (60) M zugen, 192 (240) M.

NUR GRÖSSEN 2, 3, 5, 6, 7, 8, 9 UND 10

Nächste Rd (Zun): In Farbe A 20 (26, 9, 32, 9, 15, 21, 33) M re, 1 re gen Zun, *2 (2, 3, 2, 3, 3, 3, 3) M re, 1 re gen Zun; ab * bis 18 (24, 6, 30, 6, 12, 18, 30) M vor Ende wdh, re M bis Rd-Ende; 60 (60, 60, 72, 72, 72, 72, 72) M zugen, 216 (228, 252, 276, 300, 312, 324, 348) M.

ALLE GRÖSSEN

Mit der 8. R von Strickschrift A beginnend den Rapport bis zum Rd-Ende 16 (18, 19, 20, 21, 23, 25, 26, 27, 29)-mal str. Bis einschl. der 18. R der Strickschrift str.

Zweite Zunahmerunde in der Strickschrift

NUR GRÖSSEN 1, 4 UND 7

Nächste Rd (Zun): In Farbe A *4 (5, 5) M re, 1 re gen Zun; ab * fortl wdh; 48 (48, 60) M zugen, 240 (288, 360) M.

NUR GRÖSSEN 2, 3, 5, 6, 8, 9 UND 10

Nächste Rd (Zun): In Farbe A 16 (22, 10, 33, 16, 22, 34) M re, 1 re gen Zun, *4 (4, 4, 3, 4, 4, 4) M re, 1 re gen Zun; ab * bis 12 (18, 6, 30, 12, 18, 30) M vor Ende wdh, re M bis Rd-Ende; 48 (48, 60, 72, 72, 72, 72) M zugen, 264 (276, 312, 348, 384, 396, 420) M.

ALLE GRÖSSEN

Mit der 19. R von Strickschrift A beginnend den Rapport bis zum Rd-Ende 20 (22, 23, 24, 26, 29, 30, 32, 33, 35)-mal str. Bis einschl. der 25. R der Strickschrift str.

Dritte Zunahmerunde in der Strickschrift

NUR GRÖSSE 4

Nächste Rd (Zun): In Farbe A *6 M re, 1 re gen Zun; ab * fortl wdh; 48 M zugen, 336 M.

NUR GRÖSSEN 1, 2, 3, 5, 6, 7, 8, 9 UND 10

Nächste Rd (Zun): In Farbe A 18 (17, 23, 18, 13, 19, 17, 23, 35) M re, 1 re gen Zun, *6 (5, 5, 6, 7, 7, 5, 5, 5) M re, 1 re gen Zun; ab * bis 12 (12, 18, 12, 6, 12, 12, 18, 30) M vor Ende wdh, re M bis Rd-Ende; 36 (48, 48, 48, 48, 48, 72, 72, 72) M zugen, 276 (312, 324, 360, 396, 408, 456, 468, 492) M.

ALLE GRÖSSEN

Mit der 26. R von Strickschrift A beginnend den Rapport bis zum Rd-Ende 23 (26, 27, 28, 30, 33, 34, 38, 39, 41)-mal str. Bis einschl. der 36. R der Strickschrift str.

Vierte Zunahmerunde in der Strickschrift

Nächste Rd (Zun): In Farbe A 19 (20, 24, 15, 19, 14, 20, 25, 24, 36) M re, 1 re gen Zun, *7 (8, 6, 9, 7, 8, 8, 7, 6, 6) M re, 1 re gen Zun; ab * bis 12 (12, 18, 6, 12, 6, 12, 18, 18, 30) M vor Ende wdh, re M bis Rd-Ende; 36 (36, 48, 36, 48, 48, 48, 60, 72, 72) M zugen, 312 (348, 372, 372, 408, 444, 456, 516, 540, 564) M.

Mit der 37. R von Strickschrift A beginnend den Rapport bis zum Rd-Ende 26 (29, 31, 31, 34, 37, 38, 43, 45, 47)-mal str. Bis einschl. der 43. R der Strickschrift str.

Fünfte Zunahmerunde in der Strickschrift

Nächste Rd (Zun): In Farbe A 20 (21, 16, 16, 20, 15, 21, 28, 25, 37) M re, 1 re gen Zun, *8 (9, 10, 10, 8, 9, 9, 10, 7, 7) M re, 1 re gen Zun; ab * bis 12 (12, 6, 6, 12, 6, 12, 18, 18, 30) M vor Ende wdh, re M bis Rd-Ende; 36 (36, 36, 36, 48, 48, 48, 48, 72, 72) M zugen, 348 (384, 408, 456, 492, 504, 564, 612, 636) M.

Mit der 44. R von Strickschrift A beginnend den Rapport bis zum Rd-Ende 29 (32, 34, 34, 38, 41, 42, 47, 51, 53)-mal str. Bis einschl. der 54. R der Strickschrift str.

Sechste Zunahmerunde in der Strickschrift

Nächste Rd (Zun): In Farbe A 21 (22, 17, 17, 24, 16, 22, 29, 30, 28) M re, 1 re gen Zun, *9 (10, 11, 11, 12, 10, 10, 11, 12, 10) M re, 1 re gen Zun; ab * bis 12 (12, 6, 6, 12, 6, 12, 18, 18, 18) M vor Ende wdh, re M bis Rd-Ende; 36 (36, 36, 36, 36, 48, 48, 48, 48, 60) M zugen, 384 (420, 444, 444, 492, 540, 552, 612, 660, 696) M.

Mit der 55. R von Strickschrift A beginnend den Rapport bis zum Rd-Ende 32 (35, 37, 37, 41, 45, 46, 51, 55, 58)-mal str. Bis einschl. der 61. R der Strickschrift str.

Siebte Zunahmerunde in der Strickschrift

NUR GRÖSSEN 1 UND 6

Nächste Rd (Zun): In Farbe A *16 (15) M re, 1 re gen Zun; ab * fortl wdh; 24 (36) M zugen, 408 (576) M.

NUR GRÖSSEN 2, 3, 4, 5, 7, 8, 9 UND 10

Nächste Rd (Zun): In Farbe A 23 (18, 18, 25, 23, 30, 31, 26) M re, 1 re gen Zun; *11 (12, 12, 13, 11, 12, 13, 14) M re, 1 re gen Zun; ab * bis 12 (6, 6, 12, 12, 18, 18, 12) M vor Ende wdh, re M bis Rd-Ende; 36 (36, 36, 36, 48, 48, 48, 48) M zugen, 456 (480, 480, 528, 600, 660, 708, 744) M.

ALLE GRÖSSEN

Mit der 62. R von Strickschrift A beginnend den Rapport bis zum Rd-Ende 34 (38, 40, 40, 44, 48, 50, 55, 59, 62)-mal str. Bis einschl. der 72. R der Strickschrift str.

Achte Zunahmerunde in der Strickschrift

NUR GRÖSSEN 1, 2, 3, 5 UND 6

Nächste Rd (Zun): In Farbe A *17 (38, 40, 22, 24) M re, 1 re gen Zun; ab * fortl wdh; 24 (12, 12, 24, 24) M zugen, 432 (468, 492, 552, 600) M.

NUR GRÖSSEN 4, 7, 8, 9 UND 10

Nächste Rd (Zun): In Farbe A 19 (28, 24, 31, 27) M re, 1 re gen Zun, *13 (16, 18, 19, 15) M re, 1 re gen Zun; ab * bis 6 (12, 6, 12, 12) M vor Ende wdh, re M bis Rd-Ende; 36 (36, 36, 36, 48) M zugen, 516 (636, 696, 744, 792) M.

VARIANTE 1 – ALLOVER-FAIR-ISLE-MUSTER

NUR GRÖSSEN 4, 5, 6, 7 UND 8

Mit der 73. R von Strickschrift A beginnend den Rapport bis zum Rd-Ende 43 (46, 50, 53, 58)-mal str. Bis einschl. der 79. R der Strickschrift str.

NUR GRÖSSEN 9 UND 10

Mit der 73. R von Strickschrift A beginnend den Rapport bis zum Rd-Ende 62 (66)-mal str. Bis einschl. der 91. R der Strickschrift str.

VARIANTE 2 – EINFARBIGER RUMPF

NUR GRÖSSEN 4, 5, 6, 7 UND 8

Mit der 1. R von Strickschrift B beginnend den Rapport bis zum Rd-Ende 43 (46, 50, 53, 58)-mal str. Bis einschl. der 7. R der Strickschrift str.

NUR GRÖSSEN 9 UND 10

Mit der 73. R von Strickschrift A beginnend den Rapport bis zum Rd-Ende 62 (66)-mal str. Bis einschl. der 91. R der Strickschrift str.

BEIDE VARIANTEN

ALLE GRÖSSEN

Abteilen der Ärmel

Nächste Rd: In Farbe A 66 (75, 81, 87, 96, 102, 111, 120, 126, 132) M des RT re str, nächste 84 (84, 84, 84, 84, 96, 96, 108, 120, 132) M für den li Ärmel auf Hilfsfaden legen, dann 6 (6, 6, 12, 12, 12, 12, 12, 12, 18) Unterarm-M aufschlingen, 132 (150, 162, 174, 192, 204, 222, 240, 252, 264) M des VT re str, nächste 84 (84, 84, 84, 84, 96, 96, 108, 120, 132) M für den re Ärmel auf Hilfsfaden legen, dann 6 (6, 6, 12, 12, 12, 12, 12, 12, 18) Unterarm-M aufschlingen, übrige 66 (75, 81, 87, 96, 102, 111, 120, 126, 132) M des RT re str; gesamt 276 (312, 336, 372, 408, 432, 468, 504, 528, 564) Rumpf-M.

VARIANTE 1 – ALLOVER-FAIR-ISLE-RUMPF

Einteilung der Strickschrift Rumpf

Zur Rundnadel Größe B (Länge 80–100 cm) wechseln.
Mit der 1. R von Strickschrift C beginnend alle M re str; den Rapport bis zum Rd-Ende 23 (26, 28, 31, 34, 36, 39, 42, 44, 47)-mal str. Bis einschl. der 54. R der Strickschrift str.

Längere Version

Zur Rundnadel Stärke C wechseln und ab der 55. R von Strickschrift B im Muster bis einschl. der 98. R str.
In Farbe A 2 Runden re str.

Kürzere Version

Zur Rundnadel Stärke C wechseln und ab der 55. R von Strickschrift B im Muster bis einschl. der 80. R str.
In Farbe A 1 Runde re str.

VARIANTE 2 – EINFARBIGER RUMPF

Zur Rundnadel Stärke B (Länge 80–100 cm) wechseln.
Nächste Rd: In Farbe A fortl re M.
Weitere 53 Runden glatt re str (insgesamt 54 Runden).

Längere Version

Zur Rundnadel Stärke C wechseln und noch 44 Runden glatt re str. Die Anzahl der Runden in diesem Abschnitt je nach gewünschter Gesamtlänge anpassen.

Kürzere Version

Zur Rundnadel Stärke C wechseln und noch 26 Runden glatt re str. Die Anzahl der Runden in diesem Abschnitt je nach gewünschter Gesamtlänge anpassen.

BEIDE VARIANTEN

BÜNDCHEN

Zur dünneren Rundnadel (Länge 80–100 cm) wechseln.
Nächste Rd: *2 M re, 2 M li; ab * fortl wdh.
Diese Rd wdh, bis das Bündchen 1 cm hoch ist.

ÄRMEL

84 (84, 84, 84, 84, 96, 96, 108, 120, 132) stillgelegte Ärmel-M auf die Rundnadel (Länge 40 cm) oder das Nadelspiel Stärke A legen. Farbe A anschließen und die Runde re str, dann die 6 (6, 12, 12, 12, 12, 12, 12, 12, 24) Unterarm-M aufn und re str; dabei in der Mitte der Unterarm-M einen MM für den Rd-Anf setzen; 90 (90, 96, 96, 96, 108, 108, 120, 132, 156) M.

NUR GRÖSSEN 1 UND 2

Nächste Rd (teilweise gestr, Abn): In Farbe A 3 M re, *2 M re zus, 12 M re; ab * bis MM wdh; 6 M abgen, 84 M.

NUR GRÖSSEN 3, 4, 5, 6, 7, 8, 9 UND 10

Nächste Rd (teilweise gestr): In Farbe A re M bis MM.

VARIANTE 1 – ALLOVER-FAIR-ISLE-ÄRMEL

Einteilung der Strickschrift

Zur Rundnadel Stärke B (Länge 40 cm) oder dem Nadelspiel wechseln.
Mit der 1. R von Strickschrift C beginnend alle M re str; den Rapport bis zum Rd-Ende 7 (7, 8, 8, 8, 9, 9, 10, 11, 13)-mal str. Bis einschl. der 36. R der Strickschrift str.
In Farbe A 2 Runden re str.

VARIANTE 2 – EINFARBIGE ÄRMEL

Zur Rundnadel Stärke B (Länge 40 cm) oder dem Nadelspiel wechseln.
Nächste Rd: In Farbe A fortl re M.
Weitere 37 Runden glatt re str (insgesamt 38 Runden).

BEIDE VARIANTEN

ÄRMELBÜNDCHEN

Zur dünneren Rundnadel (Länge 40 cm) oder dem Nadelspiel wechseln.
Nächste Rd: *2 M re, 2 M li; ab * fortl wdh.
Diese Rd wdh, bis das Bündchen 1 cm hoch ist.

AUSARBEITUNG

Den Pullover in lauwarmem Wasser mit etwas Wollwaschmittel einweichen, bei Bedarf auswaschen, dann flach auf Maß spannen und trocknen lassen. Alle Fäden vernähen.

Größen 1, 2 & 3

Strickschrift A

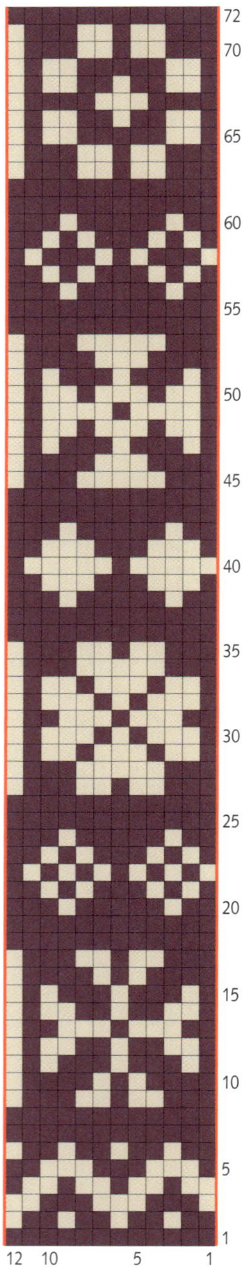

Größen 4, 5, 6, 7 & 8

Strickschrift A

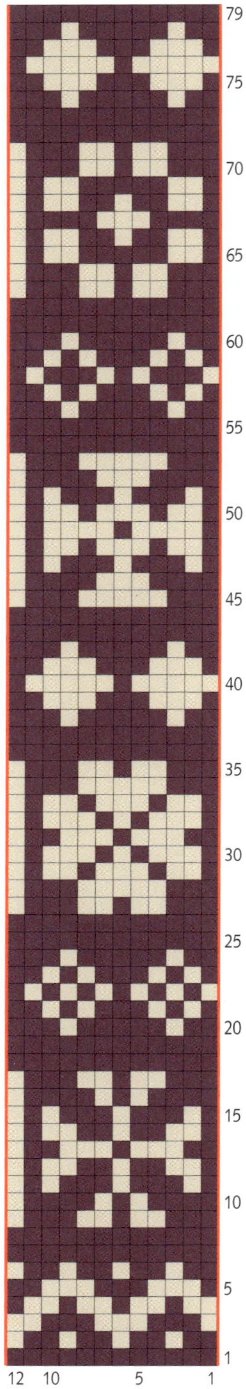

Größen 9 & 10

Strickschrift A

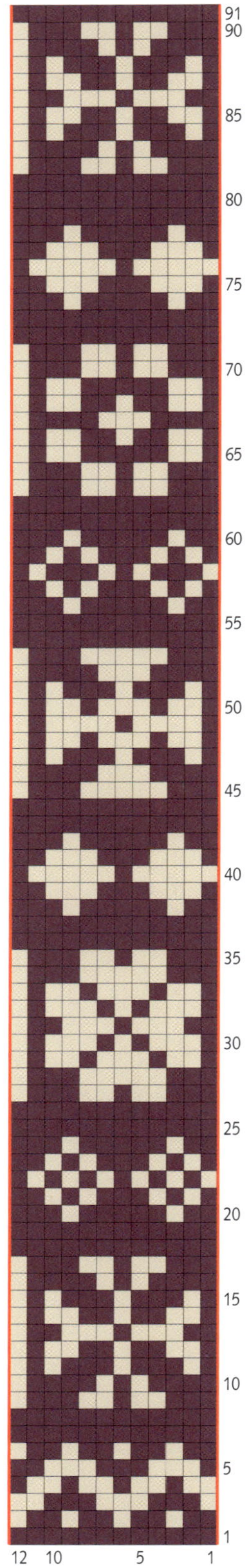

Symbole

Farbe A (Sloe Gin)

Farbe B (Balado)

Rapport

Größen 4, 5, 6, 7 & 8

Strickschrift B

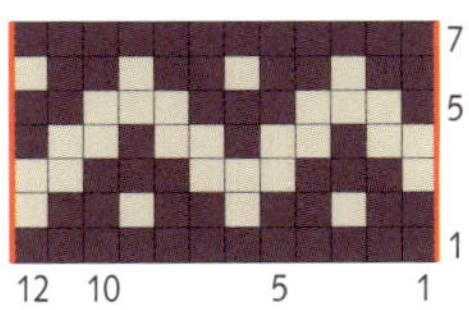

Alle Größen

Strickschrift C

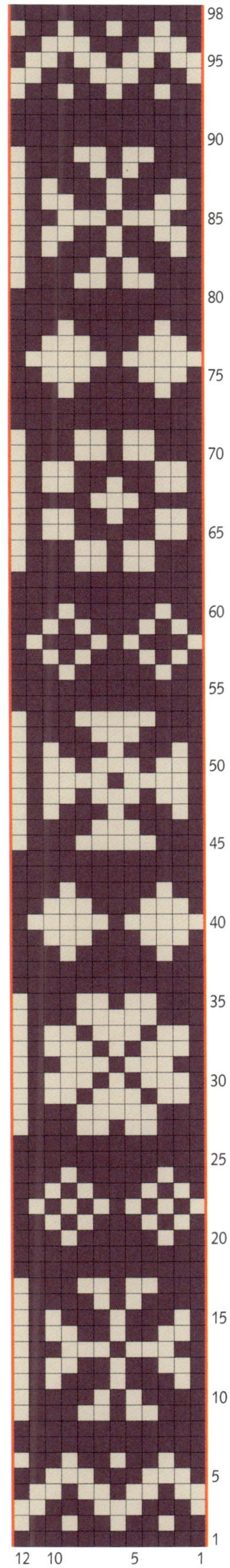

Symbole

- Farbe A (Sloe Gin)
- Farbe B (Balado)
- Rapport

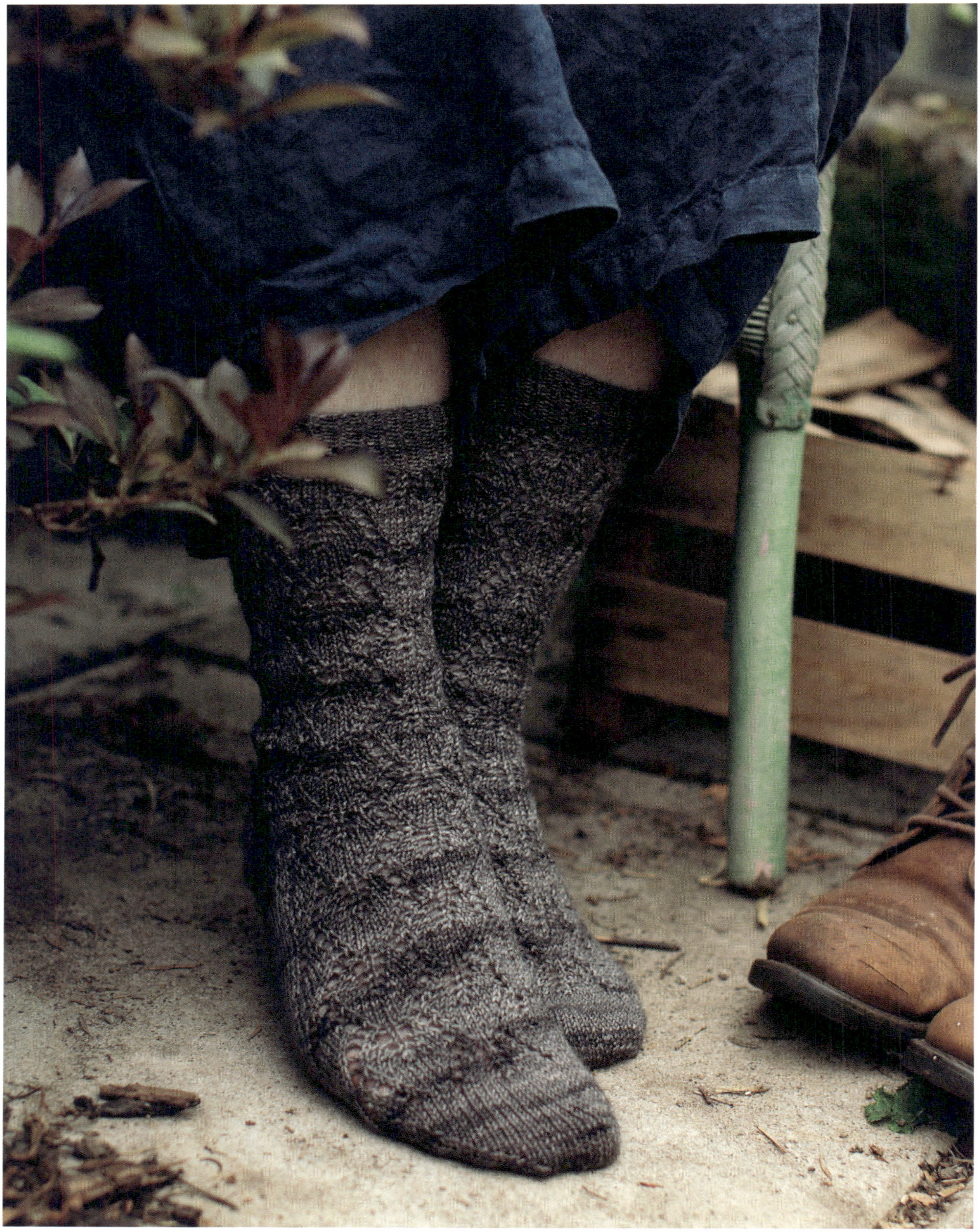

CLOUDIN

Das feine Lacemuster des Modells »Johnson« aus dem »The Vintage Shetland Project« stand Pate für das Design dieser hübschen Socken. Um das Muster an die Größe der Socken anzupassen, habe ich es leicht abgewandelt, ohne es jedoch zu verfremden. Wenn man es mit dünneren Nadeln und etwas fester strickt, entsteht ein dichteres Maschenbild, das sich trotz der Löcher gut für Alltagssocken eignet. Die Socken werden von oben nach unten mit klassischer Ferse, Zwickel und geformter Spitze gearbeitet. Zum Schluss werden die verbleibenden Maschen im Maschenstich verbunden. Das Lacemuster ist sehr dehnbar und sieht zunächst viel schmaler aus als nach dem Spannen.

Hier konnte ich erstmals meine eigene Sockenwolle verwenden: Bluem Sock. Dieses wunderschöne Garn besteht aus Bluefaced-Leicester-Wolle und Nylon und ist fest gedreht – so ist es unglaublich weich und dennoch strapazierfähig. Es ist in verschiedenen handgefärbten Farbtönen erhältlich, zu denen mich die Landschaft um mich herum inspiriert hat. Hier habe ich die Farbe Rolling Mist gewählt, ein dunkles Grau mit Melange-Effekt, das mich daran erinnert, wie der Nebel vom Fluss weit unten im Tal zu unserem Farmhaus aufsteigt.

In der Anleitung wird erläutert, wie Sie die Fußlänge Ihrer Cloudin-Socken für eine perfekte Passform anpassen können. Für das Lacemuster gibt es sowohl eine Textanleitung als auch eine Strickschrift. In den Strickschriften werden alle Runden von rechts nach links gelesen.

Cloudin

GARN

Susan Crawford Bluem Sock, 75 % Schurwolle (Bluefaced Leicester), 25 % Nylon (LL 395 m/100 g)
Farbe Rolling Mist, 1 100-g-Strang
Garnpackungen erhältlich bei susancrawfordvintage.com

MASCHENPROBE

34 M x 48 Rd = 10 x 10 cm (im Lacemuster rundgestrickt und gespannt). Hier verwendete Nadelstärke: 2,25 mm.

Zum Erreichen der korrekten Maschenprobe nach Bedarf eine andere Nadelstärke verwenden.

EMPFOHLENE STRICKNADELN

2,25 mm Nadelspiel (oder nach Wunsch Rundnadel)

SONSTIGES MATERIAL

Maschenmarkierer
Garnrest

ABGEBILDETES MODELL

Susan trägt die Socken in Größe 2; sie hat Schuhgröße 40 (UK 7).

GRÖSSENÜBERSICHT UND HINWEISE ZUM SPANNEN

Die angegebenen Maße beziehen sich auf das fertige und laut Anleitung gespannte Modell. Die Angaben helfen Ihnen bei der Auswahl der passenden Größe und können zur Orientierung bei eventuellen Abänderungen der fertigen Maße dienen. Richten Sie sich beim Spannen nach dem Schema und den Maßen, damit Ihr Modell die korrekte Größe bekommt. Alle Angaben sind cm-Angaben.

	Größe 1	Größe 2	Größe 3
Passend für Fuß- und Beinumfang von:	20	23	25,5
Fertige Maße			
p Beinumfang	16,5	19	21
q Beinlänge vom Bündchen bis zum Beginn der Ferse	13	16,5	15,5
v Fußlänge	nach Bedarf anzupassen.		

SCHEMA

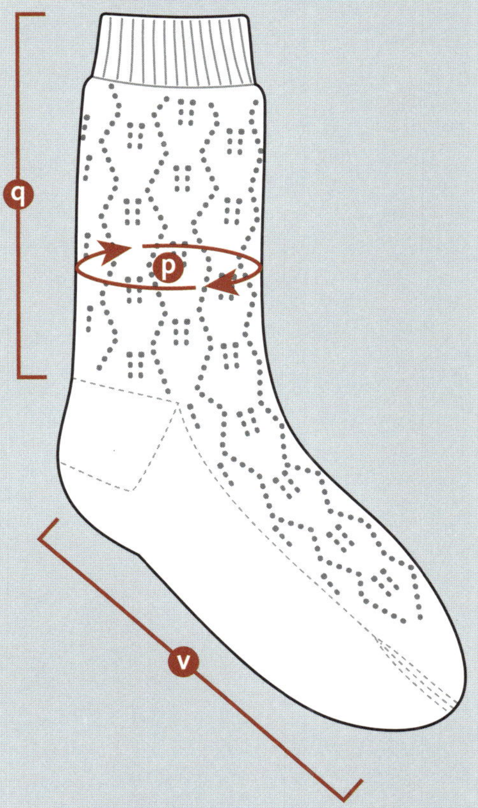

ANLEITUNG

BÜNDCHEN

Im Kreuzanschlag 56 (64, 72) M anschl. Die M zur Runde schließen, dabei aufpassen, dass die M sich nicht verdrehen; MMs für den Rd-Anf.

1. Rd: *1 M re verschr, 1 M li; ab * fortl wdh.
Die 1. Rd noch 15-mal wdh oder bis das Bündchen 3 cm hoch ist.

BEIN

Einteilung der Strickschrift

Die für die gewünschte Größe passende Textanleitung oder Strickschrift auswählen.

Nächste Rd: Mit der 1. R der Strickschrift beginnend den Rapport bis zum Rd-Ende 4-mal str.

Im Muster bis einschl. der 12. (16., 20.) R der Strickschrift stricken.
Die 1.–12. (1.–16., 1.–20.) R der Strickschrift noch 3 (3, 2)-mal wdh. Zum Anpassen der Beinlänge stets mit der 6. (8., 10.) oder 12. (16., 20.) R der Strickschrift enden.

FERSE

Ohne zu stricken, die Maschen auf den Nadeln verteilen: zuletzt gearbeitete 13 (15, 17) M und nächste 14 (16, 18) M auf eine Nadel legen; übrige 29 (33, 37) M stilllegen. Garn abschneiden und auf rechts am Beginn der Ferse neu ansetzen. Die Ferse wird über die 27 (31, 35) M in Reihen gestrickt.

Nächste R (HinR): *1 M abh, 1 M re; ab * bis 1 M vor Ende wdh, 1 M re.
Nächste R (RückR): 1 M abh, 26 (30, 34) M li.
Diese 2 Reihen noch 12 (14, 16)-mal wdh; insgesamt 26 (30, 34) Reihen.

Käppchen

Nächste R (HinR): 1 M abh, 15 (17, 19) M re, 2 M re überz zus, 1 M re, wenden.
Nächste R (RückR): 1 M abh, 6 M li, 2 M li zus, wenden.
Nächste R: 1 M abh, re M bis 1 M vor Lücke, 2 M re überz zus, 1 M re, wenden.
Nächste R: 1 M abh, li M bis 1 M vor Lücke, 2 M li zus, 1 M li, wenden.

Im Muster der letzten 2 R weiterstr, bis alle M gestrickt wurden; 17 (19, 21) M.

ZWICKEL

Ab hier werden die Socken wieder in Rd gestr. Die für die gewünschte Größe passende Strickschrift oder Textanleitung wählen und mit der Rd fortfahren, die auf die zuletzt gestr Rd folgt. Wurde am Bein mit der letzten R der Strickschrift geendet, mit der 1. R fortfahren; wurde die Beinlänge angepasst und mit der 6. (8., 10.) R der Strickschrift geendet, mit der 7. (9., 11.) R fortfahren.

Nächste Rd: 1 M abh, 16 (18, 20) M re, aus der 1. Seitenkante der Ferse 14 (16, 18) M aufn und re str, MMs, über nächste 28 (32, 36) M 2-mal die Strickschrift im Muster str, 1 M re, MMs, aus der 2. Seitenkante der Ferse 14 (16, 18) M aufn und re str, MMs für Rd-Ende; 74 (84, 94) M.

Abnahmen für den Zwickel

Nächste Rd(Abn): Re M bis 2 M vor 1. MM, 2 M re zus, MMa, über nächste 28 (32, 36) M 2-mal die nächste R der Strickschrift arb, 1 M re, MMa, 2 M re überz zus, re M bis Rd-Ende, MMa; 2 M abgen.
Nächste Rd: Re M bis 1. MM, MMa, über nächste 28 (32, 36) M 2-mal die nächste R der Strickschrift arb, 1 M re, MMa, re M bis Rd-Ende, MMa.
Diese 2 Rd noch 8 (9, 10)-mal wdh, bis insgesamt 18 (20, 22) M abgen wurden; 56 (64, 72) M.

FUSS

Nächste Rd: Re M bis 1. MM, MMa, über nächste 28 (32, 36) M 2-mal die nächste R der Strickschrift arb, 1 M re, MMa, re M bis Rd-Ende, MMa.
Im Muster dieser Rd fortfahren; dabei die Strickschrift stets wdh, bis der Fuß etwa 4,5 (4,5, 5) cm kürzer ist als die gewünschte Gesamtlänge. Wichtig: Hier mit der 7. (9. 11.) oder der 12. (16., 20.) R der passenden Strickschrift enden.

SPITZE

Anfangs-Rd: MM am Rd-Anf entf, re M bis nächste MM; dieser MM markiert den neuen Rd-Anf.
Nächste Rd: Fortl re M; dabei die M nach Bedarf neu auf den Nadeln verteilen, MMa.

Abnahmen für die Spitze

Nächste Rd(Abn): *1 M re, 2 M re überz zus, re M bis 3 M vor nächste MM, 2 M re zus, 1 M re, MMa; ab * noch 1-mal wdh; 4 M abgen.
Nächste Rd: Fortl re M, MMa.
Diese 2 Rd noch 9 (10, 11)-mal wdh, bis noch 16 (20, 24) M verbleiben.

Größe 1

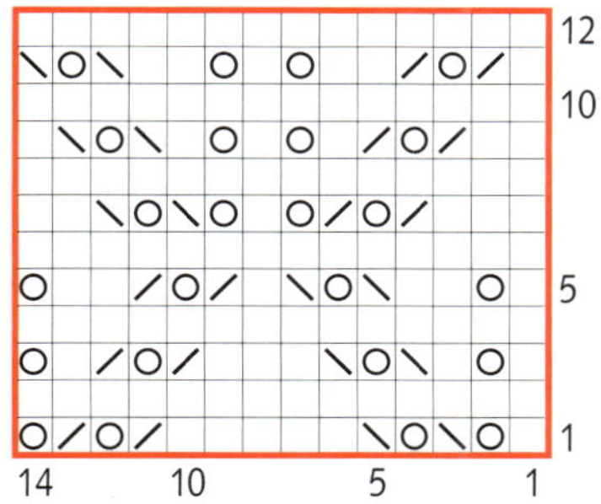

Größe 2

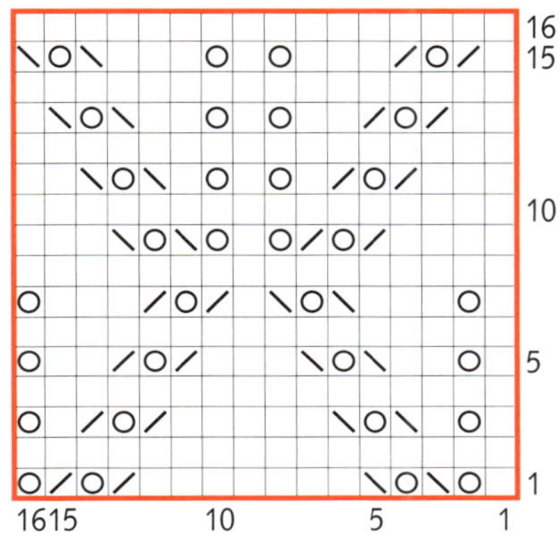

Größe 3

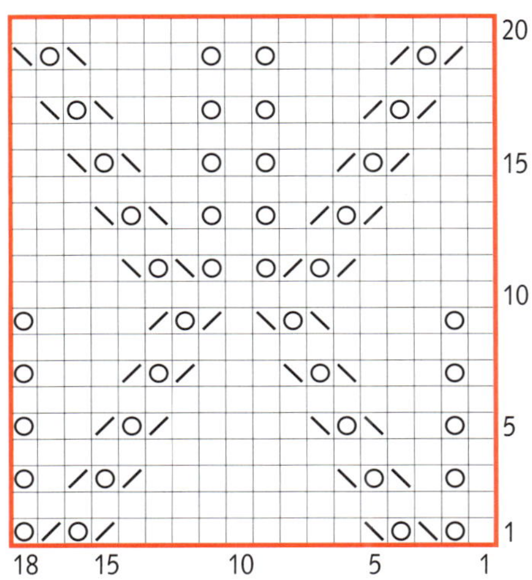

Symbole

- re M
- 2 M re zus
- 2 M re überz zus
- U
- Rapport

AUSARBEITUNG

Garn mit etwa 30 cm Fadenlänge abschneiden. Die Maschen von Sohle und Rist gleichmäßig auf 2 Nadeln verteilen und auf rechts im Maschenstich verbinden. Alle Fäden vernähen.

In lauwarmem Wasser mit etwas Wollwaschmittel einweichen, bei Bedarf auswaschen, dann auf Maß spannen.

TEXTANLEITUNG ZU DEN STRICKSCHRIFTEN

NUR GRÖSSE 1

1. Rd: 1 M re, 2-mal (U, 2 M re überz zus), 5 M re, 2-mal (2 M re zus, U).
2. und alle weiteren geraden Rd: 14 M re.
3. Rd: 1 M re, U, 1 M re, 2 M re überz zus, U, 2 M re überz zus, 3 M re, 2 M re zus, U, 2 M re zus, 1 M re, U.
5. Rd: 1 M re, U, 2 M re, 2 M re überz zus, U, 2 M re überz zus, 1 M re, 2 M re zus, U, 2 M re zus, 2 M re, U.
7. R: 3 M re, 2-mal (2 M re zus, U), 1 M re, 2-mal (U, 2 M re überz zus), 2 M re.
9. Rd: 2 M re, 2 M re zus, U, 2 M re zus, 2-mal (1 M re, U), 1 M re, 2 M re überz zus, U, 2 M re überz zus, 1 M re.
11. Rd: 1 M re, 2 M re zus, U, 2 M re zus, 2 M re, U, 1 M re, U, 2 M re, 2 M re überz zus, U, 2 M re überz zus.
12. Rd: 14 M re.

NUR GRÖSSE 2

1. Rd: 1 M re, 2-mal (U, 2 M re überz zus), 7 M re, 2-mal (2 M re zus, U).
2. und alle weiteren geraden Rd: 16 M re.
3. Rd: 1 M re, U, 1 M re, 2 M re überz zus, U, 2 M re überz zus, 5 M re, 2 M re zus, U, 2 M re zus, 1 M re, U.
5. Rd: 1 M re, U, 2 M re, 2 M re überz zus, U, 2 M re überz zus, 3 M re, 2 M re zus, U, 2 M re zus, 2 M re, U.
7. Rd: 1 M re, U, 3 M re, 2 M re überz zus, U, 2 M re überz zus, 1 M re, 2 M re zus, U, 2 M re zus, 3 M re, U.
9. Rd: 4 M re, 2-mal (2 M re zus, U), 1 M re, 2-mal (U, 2 M re überz zus), 3 M re.
11. Rd: 3 M re, 2 M re zus, U, 2 M re zus, 2-mal (1 M re, U), 1 M re, 2 M re überz zus, U, 2 M re überz zus, 2 M re.
13. Rd: 2 M re, 2 M re zus, U, 2 M re zus, 2 M re, U, 1 M re, U, 2 M re, 2 M re überz zus, U, 2 M re überz zus, 1 M re.
15. Rd: 1 M re, 2 M re zus, U, 2 M re zus, 3 M re, U, 1 M re, U, 3 M re, 2 M re überz zus, U, 2 M re überz zus.
16. Rd: 16 M re.

NUR GRÖSSE 3

1. Rd: 1 M re, 2-mal (U, 2 M re überz zus), 9 M re, 2-mal (2 M re zus, U).
2. und alle weiteren geraden Rd: 18 M re.
3. Rd: 1 M re, U, 1 M re, 2 M re überz zus, U, 2 M re überz zus, 7 M re, 2 M re zus, U, 2 M re zus, 1 M re, U.
5. Rd: 1 M re, U, 2 M re, 2 M re überz zus, U, 2 M re überz zus, 5 M re, 2 M re zus, U, 2 M re zus, 2 M re, U.
7. Rd: 1 M re, U, 3 M re, 2 M re überz zus, U, 2 M re überz zus, 3 M re, 2 M re zus, U, 2 M re zus, 3 M re, U.
9. Rd: 1 M re, U, 4 M re, 2 M re überz zus, U, 2 M re überz zus, 1 M re, 2 M re zus, U, 2 M re zus, 4 M re, U.
11. Rd: 5 M re, 2-mal (2 M re zus, U), 1 M re, 2-mal (U, 2 M re überz zus), 4 M re.
13. Rd: 4 M re, 2 M re zus, U, 2 M re zus, 2-mal (1 M re, U), 1 M re, 2 M re überz zus, U, 2 M re überz zus, 3 M re.
15. Rd: 3 M re, 2 M re zus, U, 2 M re zus, 2 M re, U, 1 M re, U, 2 M re, 2 M re überz zus, U, 2 M re überz zus, 2 M re.
17. Rd: 2 M re, 2 M re zus, U, 2 M re zus, 3 M re, U, 1 M re, U, 3 M re, 2 M re überz zus, U, 2 M re überz zus, 1 M re.
19. Rd: 1 M re, 2 M re zus, U, 2 M re zus, 4 M re, U, 1 M re, U, 4 M re, 2 M re überz zus, U, 2 M re überz zus.
20. Rd: 18 M re.

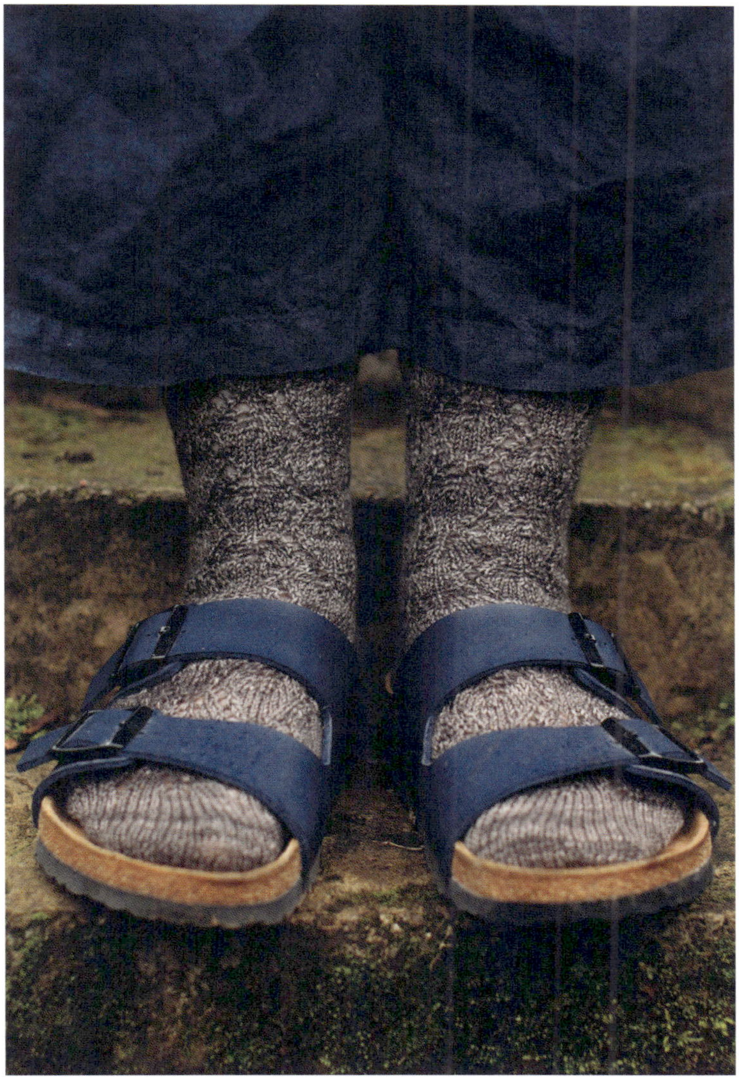

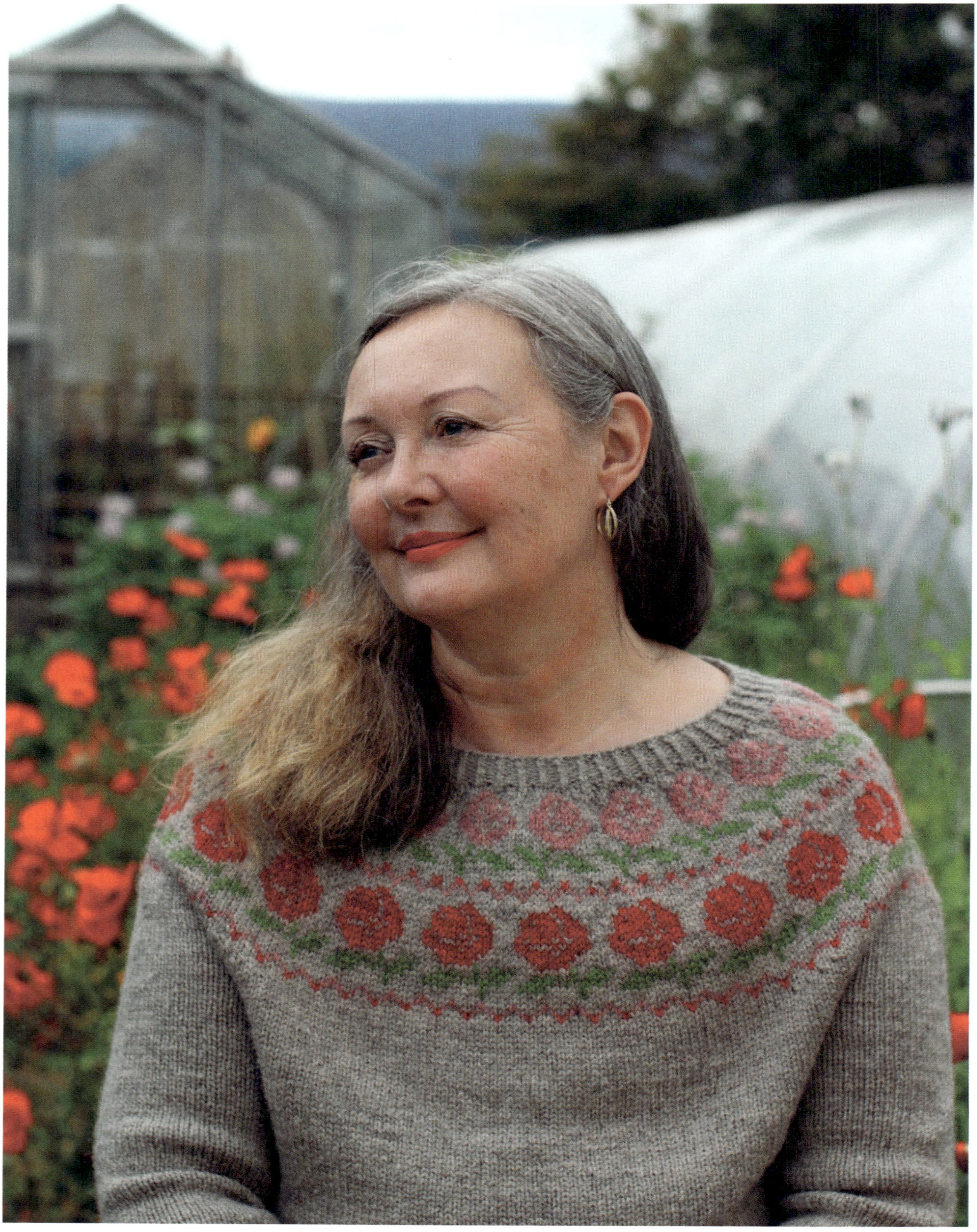

ROSA

»Rosa« ist ein Pullover mit klassischer Rundpasse, zu deren fantastischem Rosenmotiv mich die Strickjacke »Rose« aus dem »The Vintage Shetland Project« inspiriert hat: Dort verlaufen rings um Rumpf und Ärmel breite Streifen mit Rosenblüten in Rot oder Rosa. In manchen Runden musste für dieses schöne Muster mit drei Farben gleichzeitig gestrickt werden. Für »Rosa« habe ich das Muster etwas vereinfacht, sodass in einer Runde höchstens zwei Farben gleichzeitig verwendet werden. Die Motive habe ich in eine klassische Rundpasse eingearbeitet und die nötigen Abnahmen zwischen den Motiven platziert.

Auch die Jacke »Floribunda« aus diesem Buch (Seite 99) war Vorbild für »Rosa«. Nachdem ich »Floribunda« fertiggestellt hatte, musste ich ständig daran denken, wie diese wunderschöne Jacke wohl als Pullover aussehen würde. In Haus und Hof trage ich eigentlich immer Pullover. Sie sind schnell übergezogen und müssen nicht geknöpft werden, sie sind warm und praktisch und passen zu Hose, Rock, Shorts oder über einem Kleid. Sie sind so vielseitig und sehen noch dazu gut aus, vor allem mit einer so dekorativen floralen Rundpasse wie am Modell »Rosa«<.

Für »Rosa« habe ich das Garn Barn verwendet, ein mitteldickes Garn (Stärke DK) aus reiner Schurwolle von Shetland- und Jakobschafen in einem hellen natürlichen Grauton. Der Pullover wird von unten nach oben gearbeitet. Nach dem Bündchen im verschränkten Rippenmuster wird der Rumpf bis zu den Achseln einfach glatt rechts gestrickt. Danach werden die Ärmel in Runden gestrickt und alle drei Teile für die Passe verbunden. An dieser Stelle erfolgen formgebende Abnahmen für eine optimale Passform. An der Rückenpartie werden verkürzte Reihen gearbeitet, damit der rückwärtige Halsausschnitt gut sitzt; dann wird die Rundpasse in drei wunderschönen handgefärbten Rosen-Farbtönen des Barn-Garns gestrickt. Der Pullover hat eine legere und bequeme Passform, doch dank der Formgebung unter den Achseln liegt die Rundpasse an den Schultern schön an.

Die empfohlene Mehrweite für dieses Modell beträgt 10–15 cm. In den Strickschriften werden alle Runden von rechts nach links gelesen.

Rosa

GARN

Susan Crawford Barn, 100 % britische Schurwolle, eine exklusive Mischung aus Wolle von Jakobschafen, weißen und schwarzen Shetlandschafen (Garnstärke DK, LL etwa 225 m/100 g)
Farbe A: Dry Stone Wall, 4 (4, 5, 5, 6, 7, 7, 8, 8) 100-g-Stränge
Farbe B: Rosehip, 2 (2, 2, 2, 2, 3, 3, 3, 3) 10-g-Stränge
Farbe C: Rosa, 2 (2, 3, 3, 3, 3, 3, 4, 4) 10-g-Stränge
Farbe D: Frond, 1 (1, 1, 1, 2, 2, 2, 2, 2) 10-g-Stränge
Garnpackungen erhältlich bei susancrawfordvintage.com

MASCHENPROBE

20 M x 26 Rd = 10 x 10 cm (glatt rechts und im Einstrickmuster rundgestrickt).
Hier verwendete Nadelstärke: 4 mm.

Zum Erreichen der korrekten Maschenprobe nach Bedarf eine andere Nadelstärke verwenden.

Empfohlene Stricknadeln

Dünne Nadeln: 3,5 mm Rundnadel (Länge 80–100 cm)
3,5 mm Nadelspiel

Dicke Nadeln: 4 mm Rundnadel (Länge 40 cm)
4 mm Rundnadel (Länge 80–100 cm)
4 mm Nadelspiel

SONSTIGES MATERIAL

Hilfsfaden (Garnrest) oder Maschenhalter
Maschenmarkierer

ABGEBILDETES MODELL

Susan trägt hier Größe 4 mit 15 cm Mehrweite.

GRÖSSENÜBERSICHT UND HINWEISE ZUM SPANNEN

Wählen Sie die »Passend für BU«-Größe, die Ihrem tatsächlichen Brustumfang am besten entspricht. Bedenken Sie dabei auch die gewünschte Passform (enger oder lockerer). Verwenden Sie zur Größenbestimmung die Tabelle in Verbindung mit dem Schema.

Die angegebenen Maße beziehen sich auf das fertige und laut Anleitung gespannte Modell. Die Angaben helfen bei der Wahl der passenden Größe und können zur Orientierung bei eventuellen Abänderungen der fertigen Maße dienen. Richten Sie sich beim Spannen nach dem Schema und den Maßen, damit Ihr Modell die korrekte Größe bekommt. Alle Angaben sind cm-Angaben.

	Größe 1	Größe 2	Größe 3	Größe 4	Größe 5	Größe 6	Größe 7	Größe 8	Größe 9
Passend für BU von:	71–76	81–86	91–97	102–107	112–117	122–127	132–137	142–147	152–157
Fertige Maße									
a Brustumfang	86	96	106	116	126	136	146	156	166
b Länge bis zur Achsel	27,5	29	29	29,5	30,5	30,5	31,5	31,5	32,5
c Höhe der Rundpasse	19	19,5	21	21,5	24	26	27,5	28	30
d Gesamtlänge	46,5	48,5	50	51	54,5	56,5	59	59,5	62,5
g Halsumfang	55	55	60	65	70	70	75	80	80
h Ärmellänge	43	43	44	44	45	45	46	46	47
m Oberarmumfang	30	32	35	37	40	43	46	49	52

SCHEMA

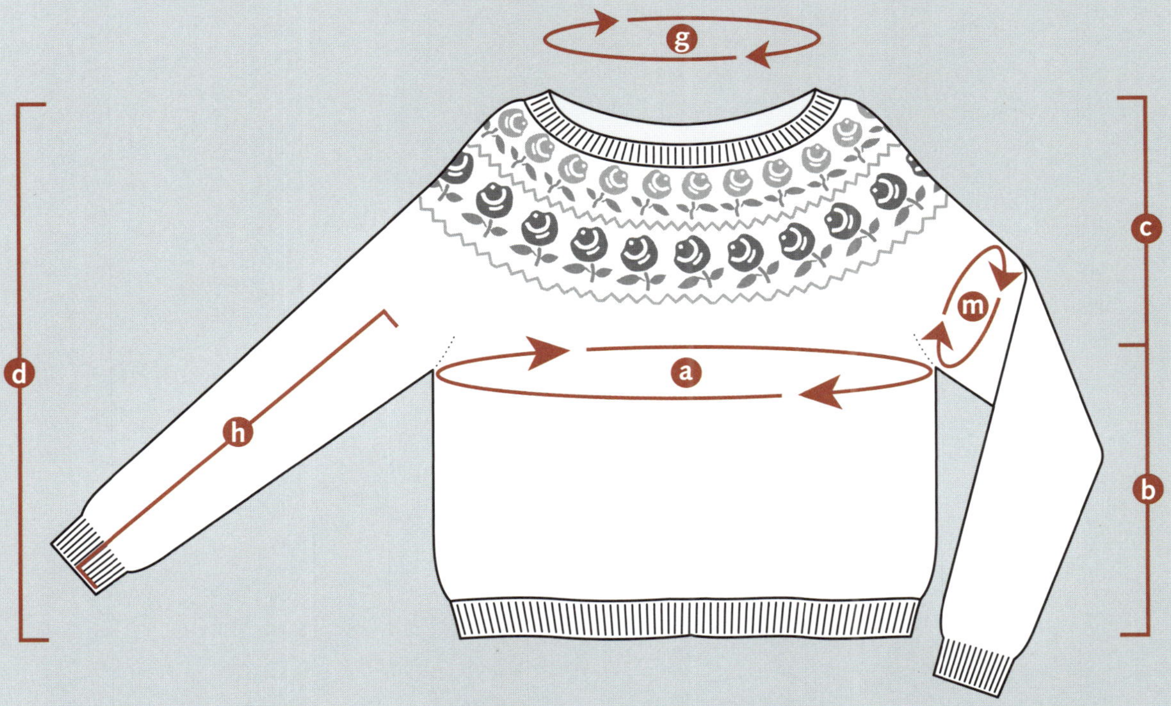

RUMPF

Mit der dünneren Rundnadel (80–100 cm) und Farbe A im Kreuzanschlag 172 (192, 212, 232, 252, 272, 292, 312, 332) M anschl, dabei nach 86 (96, 106, 116, 126, 136, 146, 156, 166) M MMs für die Seite. Die M zur Runde schließen, dabei aufpassen, dass die M sich nicht verdrehen; MMs für den Rd-Anf.

Bündchen

Nächste Rd: *1 M re verschr, 1 M li; ab * fortl wdh.
Diese Runde wdh, bis das Bündchen 3 cm hoch ist.

Untere Rumpfpartie

Zur dickeren Rundnadel (80–100 cm) wechseln.
Glatt rechts gerade hoch stricken (alle Rd re str), bis die Arbeit ab dem Maschenanschlag 27,5 (29, 29, 29,5, 30,5, 30,5, 31,5, 31,5, 32,5) cm hoch ist oder bis zur gewünschten Höhe.

Aufteilen für die Armausschnitte

Nächste Rd: *Re M bis 3 (4, 4, 5, 5, 6, 6, 7, 7) M nach dem nächste MM, zuletzt gestrickte 6 (8, 8, 10, 10, 12, 12, 14, 14) M auf Hilfsfaden legen, dabei MM entf; ab * noch 1-mal wdh. Garn abschneiden; 12 (16, 16, 20, 20, 24, 24, 28, 28) M stillgelegt; 160 (176, 196, 212, 232, 248, 268, 284, 304) M.
Aufteilung der M: je 80 (88, 98, 106, 116, 124, 134, 142, 152) M an VT und RT.

ÄRMEL

Mit dem dünneren Nadelspiel im Kreuzanschlag 44 (44, 48, 48, 52, 52, 56, 56, 60) M anschl. MMs für den Rd-Anfang und die M zur Runde schließen, dabei aufpassen, dass die M sich nicht verdrehen.

Ärmelbündchen

Nächste Rd: *1 M re verschr, 1 M li; ab * fortl wdh.
Diese Runde wdh, bis das Ärmelbündchen ab dem Maschenanschlag etwa 5 cm misst.
Zum dickeren Nadelspiel wechseln.

Nächste Rd (Zun): 1 M re, 1 re gen Zun, re M bis 1 M vor MM, 1 re gen Zun, 1 M re; 2 M zugen, 46 (46, 50, 50, 54, 54, 58, 58, 62) M.
12 (9, 8, 7, 6, 5, 5, 4, 4) Rd re str.

Nächste Rd (Zun): 1 M re, 1 re gen Zun, re M bis 1 M vor MM, 1 re gen Zun, 1 M re; 2 M zugen.
Die letzten 13 (10, 9, 8, 7, 6, 6, 5, 5) Rd noch 6 (8, 9, 11, 12, 15, 16, 19, 20)-mal wdh; 60 (64, 70, 74, 80, 86, 92, 98, 104) M. Bei ausreichender M-Zahl nach Bedarf zur dickeren Rundnadel (40 cm) wechseln.

Ohne weitere Zunahmen weiterstr, bis der Ärmel ab dem Maschenanschlag 43 (43, 44, 44, 45, 45, 46, 46, 47) cm misst.

Aufteilen für die Armausschnitte

Ohne zu stricken, die M auf den Nadeln verschieben: die letzten 3 (4, 4, 5, 5, 6, 6, 7, 7) M vor dem MM und die ersten 3 (4, 4, 5, 5, 6, 6, 7, 7) M nach dem MM auf einen Hilfsfaden legen; dabei den MM entf. Garn abschneiden; 54 (56, 62, 64, 70, 74, 80, 84, 90) M.

VERBINDEN FÜR DIE RUNDPASSE

Mit der dickeren Rundnadel (80–100 cm) und Farbe A direkt nach den Rücken-M beginnen, MMs, die 54 (56, 62, 64, 70, 74, 80, 84, 90) M des ersten Ärmels re str, MMs, die 80 (88, 98, 106, 116, 124, 134, 142, 152) M des VT re str, MMs, die 54 (56, 62, 64, 70, 74, 80, 84, 90) M des zweiten Ärmels re str, MMs, 40 (44, 49, 53, 58, 62, 67, 71, 76) M des RT re str, MM für neuen Rd-Anf setzen, übrige 40 (44, 49, 53, 58, 62, 67, 71, 76) M des RT re str. Garn abschneiden und Maschen neu verteilen, um am neuen Rd-Anf weiterzustr, Farbe A neu anschließen; 268 (288, 320, 340, 372, 396, 428, 452, 484) M.

Nächste Rd: Re M.
Nächste Rd (Abn): *Re M bis 3 M vor MM, 2 M re überz zus, 1 M re, MMa, 1 M re, 2 M re zus; ab * noch 3-mal wdh, re M bis Rd-Ende; 8 M abgen.
Diese Rd noch 6 (5, 9, 9, 9, 9, 10, 13, 14)-mal wdh; 212 (240, 240, 260, 292, 316, 340, 340, 364) M.

Aufteilung der M: 40 (44, 42, 44, 50, 54, 58, 56, 60) M je Ärmel, je 66 (76, 78, 86, 96, 104, 112, 114, 122) M an VT und RT.

NUR GRÖSSEN 1 UND 6

Nächste Rd (Abn): 1 M re, 2 M re zus, re M bis 3 M vor MM (links am RT), 2 M re überz zus, 1 M re, MMa, *re M bis MM, MMa; ab * noch 2-mal wdh, dann 1 M re, 2 M re zus, re M bis 3 M vor Ende, 2 M re überz zus, 1 M re; 4 M abgen, 208 (312) M.

NUR GRÖSSEN 2, 3 UND 5

Nächste Rd (Abn): 1 M re, 2 M re zus, re M bis 3 M vor MM (links am RT), 2 M re überz zus, 1 M re, MMa, 1 M re, 2 M re zus, *re M bis MM, MMa; ab * noch 1-mal wdh, dann re M bis 3 M vor MM (rechts am RT), 2 M re überz zus, 1 M re, MMa, 1 M re, 2 M re zus, re M bis 3 M vor Ende, 2 M re überz zus, 1 M re; 6 M abgen, 234 (234, 286) M.

NUR GRÖSSEN 7 UND 8

Nächste Rd (Abn): 1 M re, 2 M re zus, re M bis 3 M vor Ende, 2 M re zus, 1 M re; 2 M abgen, 338 (338) M.

ALLE GRÖSSEN

0 (2, 2, 4, 10, 14, 17, 16, 21) Rd ohne weitere Abn re str; 208 (234, 234, 260, 286, 312, 338, 338, 364) M.

VERKÜRZTE REIHEN

Nächste R (HinR): Re M bis 8 M nach MM links am VT, W&w.
Nächste R (RückR): Li M bis 8 M nach MM rechts am VT, W&w.
Nächste R: Re M bis 6 (6, 6, 6, 7, 7, 8, 8, 9) M vor letzter Wendung, W&w.
Nächste R: Li M bis 6 (6, 6, 6, 7, 7, 8, 8, 9) M vor letzter Wendung, W&w.

Die letzten 2 R noch 2-mal wdh; nach dem letzten Wenden zurück bis zum MM am Rd-Anf stricken.

Nächste Rd: Fortl re M, dabei die Wickel-M und Wickel zusammen abstricken und die zusätzlichen MM entf (der MM am Rd-Anf bleibt).

Einteilung der Strickschrift Rundpasse

Die für die gewünschte Größe passende Strickschrift auswählen. Mit der 1. R der Strickschrift Passe beginnend in der 1.–3. und 21.–23. Runde der Strickschrift den 4-Maschen-Rapport des kleinen Peerie-Motivs bis zum Rd-Ende 52 (57, 57, 65, 70, 78, 83, 83, 91)-mal str (nur Größen 2, 3, 5, 7 und 8: die Peerie-Runden mit der 1.–3. M beginnen und mit der 8.–10. M beenden). An der übrigen Strickschrift die 13-Maschen-, 11-Maschen- und 7-Maschen-Rapporte 16 (18, 18, 20, 22, 24, 26, 26, 28)-mal pro Runde str.

Bis einschließlich der 40. R der Strickschrift stricken.

In der Passe werden Maschen abgenommen: in der 24. Rd auf gesamt 176 (198, 198, 220, 242, 264, 286, 286, 308) M und in der 40. Rd auf gesamt 112 (126, 126, 140, 154, 168, 182, 182, 196) M.
Damit ist die Strickschrift Rundpasse fertig gestrickt.

NUR GRÖSSE 1

Nächste Rd (Abn): In Farbe A 1 M re, 2 M re zus, re M bis 3 M vor Ende, 2 M re zus, 1 M re; 2 M abgen, 110 M.

NUR GRÖSSEN 3, 4, 5 UND 6

Nächste Rd (Abn): In Farbe A *19 (12, 9, 4) M re, 2 M re zus; ab * fortl wdh; 6 (10, 14, 28) M abgen, 120 (130, 140, 140) M.

NUR GRÖSSEN 2, 7, 8 UND 9

Nächste Rd (Abn): In Farbe A 7 (11, 3, 8) M re, *2 M re zus, 5 (3, 6, 3) M re; ab * bis 7 (11, 3, 8) M vor Ende wdh, re M bis Rd-Ende; 16 (32, 22, 36) M abgen, 110 (150, 160, 160) M.

ALLE GRÖSSEN

Halsbündchen

Zur dünneren Rundnadel wechseln.
Nächste Rd: *1 M re verschr, 1 M li; ab * fortl wdh.
Diese Rd wdh, bis das Halsbündchen 2 cm hoch ist. Im Rippenmuster (1 M re, 1 M li) abketten.

AUSARBEITUNG

Die jeweils 2 Partien der stillgelegten 6 (8, 8, 10, 10, 12, 12, 14, 14) Maschen unter den Achseln im Maschenstich zusammennähen.
Den Pullover in lauwarmem Wasser mit etwas Wollwaschmittel einweichen, bei Bedarf auswaschen, dann flach auf Maß spannen und trocknen lassen. Alle Fadenenden vernähen.

Größen 1, 4, 6 & 9

Strickschrift Rundpasse

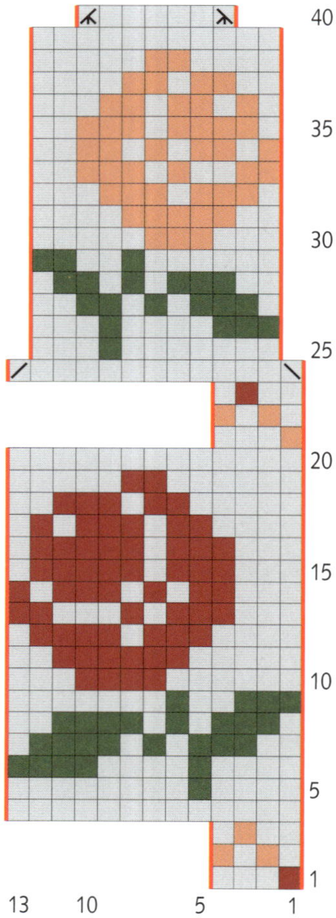

Größe 2, 3, 5, 7 & 8

Strickschrift Rundpasse

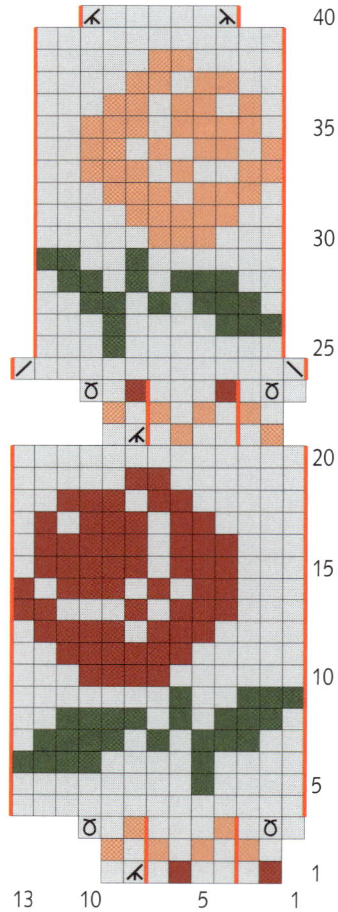

Symbole

- Farbe A (Dry Stone Wall)
- Farbe B (Rosehip)
- Farbe C (Rosa)
- Farbe D (Frond)
- / 2 M re zus
- \ 2 M re überz zus
- 3 M re zus
- 3 M re überz zus
- 1 re gen Zun
- Rapport

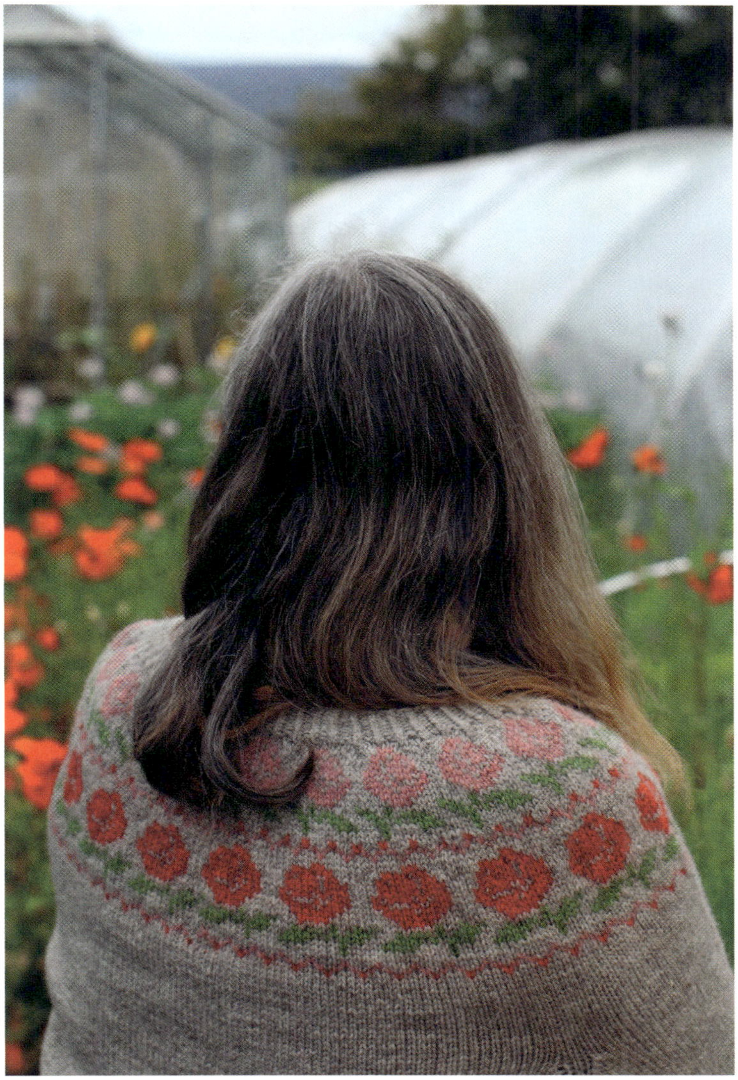

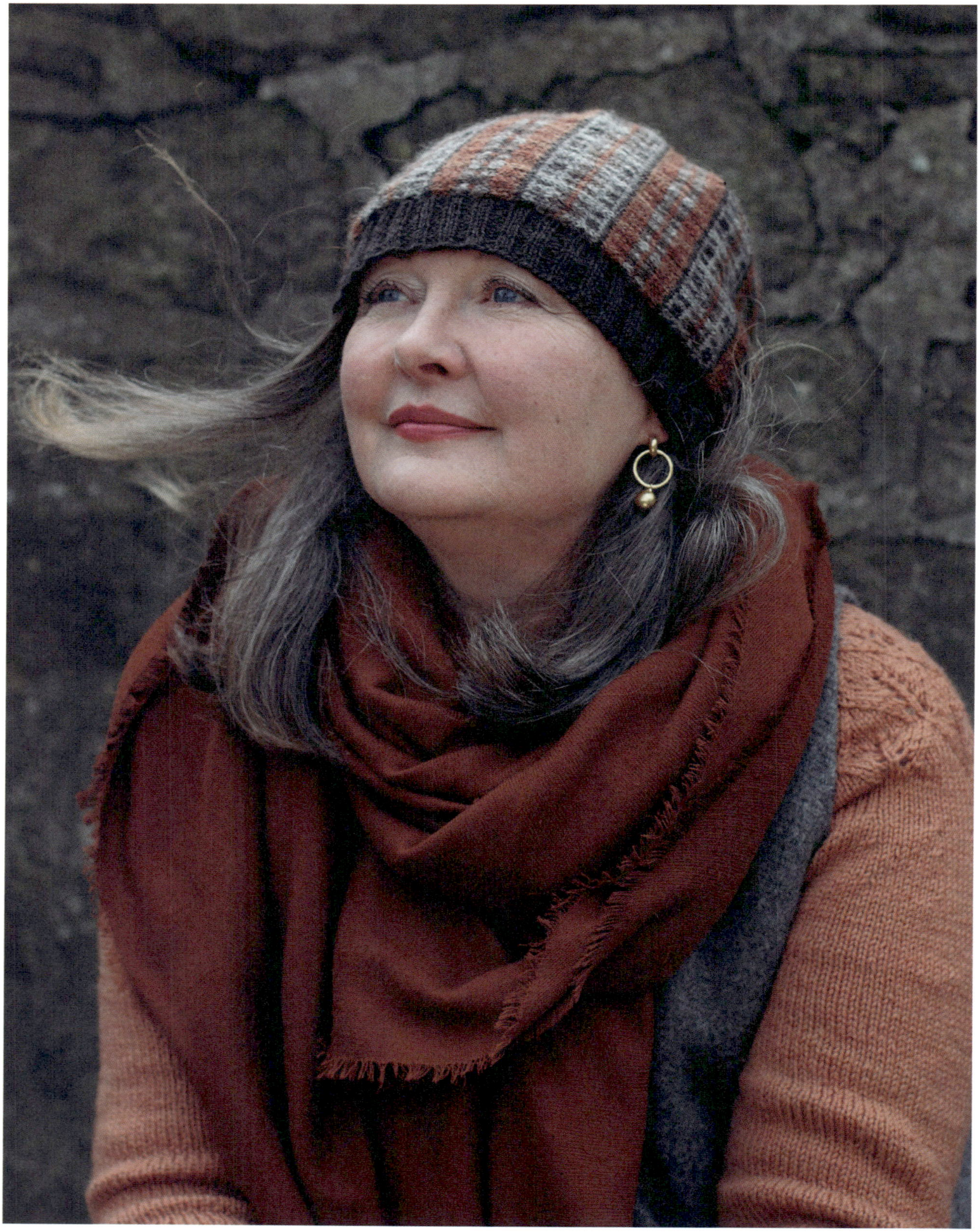

STEEK

Zu dieser Mütze hat mich das Modell »Tait« inspiriert, eine Baskenmütze mit ganz spezieller Konstruktion, die ich für das »The Vintage Shetland Project« nachgearbeitet habe. Auch die Konstruktion von »Steek« ist ungewöhnlich, teils senkrecht und teils waagerecht gestrickt. Für das Muster standen, wie der Name andeutet, typische Steek-Muster Pate, vor allem die vielen Steek-Strickschriften, die ich für das »The Vintage Shetland Project« geschrieben habe: Jedes einzelne ist ein eigenständiges und ausdrucksvolles grafisches Muster, das jedoch in der Regel nicht weiter beachtet wird und lediglich als Übergang zwischen zwei Partien eines Kleidungsstücks dient. Dieses Modell würdigt die Schönheit dieser Steek-Muster.

Für die Mütze habe ich das Garn Byre verwendet, ein dünnes Kammgarn (Garnstärke Fingering/Sockengarn) aus reiner Schurwolle von Shetland- und Jakobschafen in einem hellen natürlichen Grauton. Die schönen handgefärbten Herbstfarben spiegeln die mich umgebende Landschaft wider.

Steek wird seitlich gestrickt, das heißt, es werden Maschen für die Höhe der Mütze angeschlagen, nicht für den Umfang. Begonnen wird mit einem provisorischen Maschenanschlag. Die einzelnen Musterstreifen werden im mehrfarbigen Einstrickmuster gestrickt; dabei wird die Mützenspitze durch verkürzte Reihen geformt. Das Muster wirkt, als würden in jeder Reihe mehrere Farben verwendet, tatsächlich sind es jedoch nur zwei Farben pro Reihe. Eine ungewöhnliche, innovative Konstruktion mit einem faszinierenden Muster – Strickspaß garantiert!

Die Strickschrift zeigt einen Musterstreifen der Mütze und beginnt mit einer Rückreihe. Dann wird weiter in Reihen nach der Strickschrift gearbeitet; dabei werden die Rückreihen links gestrickt. Der Musterstreifen wird stets wiederholt, bis die ausreichende Anzahl Streifen für die gewählte Mützengröße erreicht ist. Da die Mütze in Reihen gearbeitet wird, werden die Hinreihen der Strickschrift von rechts nach links gelesen, die Rückreihen von links nach rechts.

Steek

GARN

Susan Crawford Byre, 100 % britische Schurwolle, eine exklusive Mischung aus Wolle von Jakobschafen, weißen und schwarzen Shetlandschafen (Garnstärke 4 Ply, LL etwa 100 m/25 g)

Farbe A: Drystone Wall, 1 25-g-Strang
Farbe B: Loam, 1 25-g-Strang
Farbe C: Gate Post, 1 25-g-Strang
Farbe D: Clay, 1 25-g-Strang
Farbe E: Rusty Tractor, 1 25-g-Strang
Garnpackungen erhältlich bei susancrawfordvintage.com

MASCHENPROBE

30 M x 34 Rd = 10 x 10 cm (im Einstrickmuster in Reihen gestrickt und gespannt). Hier verwendete Nadelstärke: 3 mm.

Zum Erreichen der korrekten Maschenprobe nach Bedarf eine andere Nadelstärke verwenden.

EMPFOHLENE STRICKNADELN

Dünne Nadeln: 2,75 mm Rundnadel (Länge 80 cm)
Dicke Nadeln: 3 mm Rundnadel (Länge 80–100 cm) oder 1 Paar Stricknadeln (Stärke 3 mm)
Häkelnadel: 3,5 mm

SONSTIGES MATERIAL

Garnrest
verschließbare Maschenmarkierer
Knopf

ABGEBILDETES MODELL

Susan trägt hier Größe 3; ihr Kopfumfang beträgt 50 cm.

GRÖSSENÜBERSICHT UND HINWEISE ZUM SPANNEN

Die angegebenen Maße beziehen sich auf das fertige und laut Anleitung gespannte Modell. Richten Sie sich beim Spannen nach dem Schema und den Maßen, damit Ihr Modell die korrekte Größe bekommt. Alle Angaben sind cm-Angaben.

	Größe 1	Größe 2	Größe 3	Größe 4	Größe 5
Passend für Kopfumfang von:	42,5	46,5	50	55	60
Fertige Maße					
u Höhe ohne Bündchen	20	20	20	20	20
w Höhe mit Bündchen (umgeschlagen)	23,5	23,5	23,5	23,5	23,5
x Umfang an der weitesten Stelle	49,5	49,5	57,5	57,5	66
y Umfang am Bündchen	37,5	42,5	47	50	55

SCHEMA

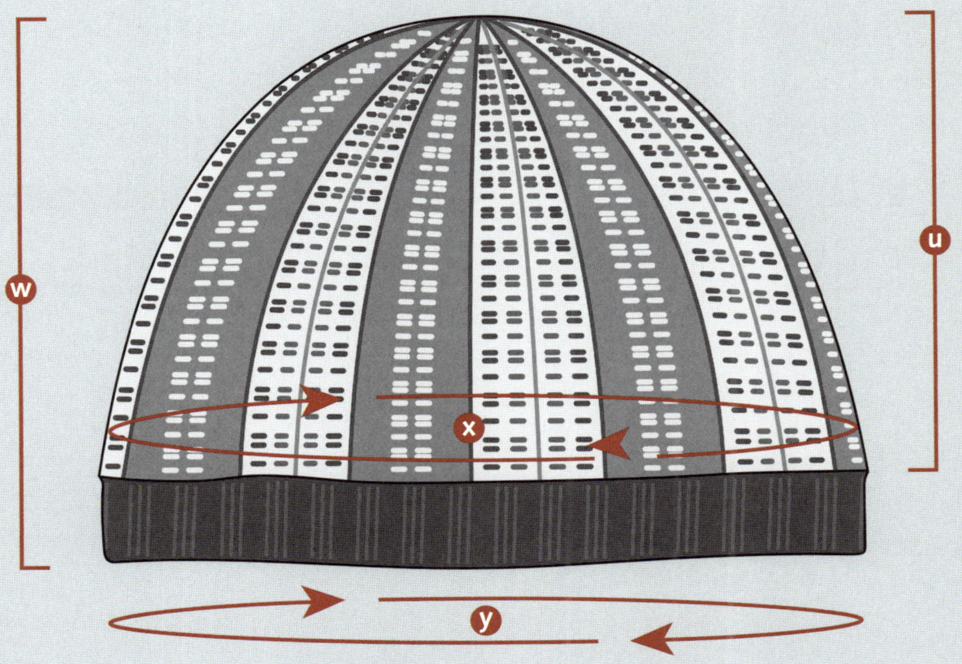

ANLEITUNG

PROVISORISCHER MASCHENANSCHLAG

Mit der Häkelnadel und dem Garnrest eine Luftmaschenkette aus etwa 70 M häkeln, den Faden durch die letzte Schlaufe ziehen und in dieselbe Schlaufe einen verschließbaren Maschenmarkierer setzen.

1. R (RückR): Mit der dickeren Nadel und Farbe D an jeder Luftmasche den Steg auf der Rückseite aufnehmen und links abstricken, bis 60 M aufgenommen wurden.

ERSTER MUSTERSTREIFEN

Einteilung der Strickschrift

**** 2. R (HinR):** Über 58 M die 2. Reihe der Strickschrift im Muster re str, W&w.
3. R (RückR): Die 3. Reihe der Strickschrift im Muster fortl li str.
Weiter im Muster der Strickschrift in Reihen str bis einschl. der 13. R, dabei in jeder weiteren Hinreihe 4 M weniger str.
14. R (HinR): Die 14. R der Strickschrift re str, dabei alle Wickel-M und Wickel zus str.
15. R (RückR): Die 15. R der Strickschrift fortl li str.
16. R: Über 38 M die 16. R der Strickschrift im Muster re str, W&w.
17. R: Die 17. R der Strickschrift im Muster fortl li str.
18. R: Über 42 M die 18. R der Strickschrift im Muster fortl re str, dabei vorige Wickel-M & Wickel zus str, dann W&w.
19. R: Die 19. R der Strickschrift im Muster fortl li str.
Weiter gemäß der Strickschrift in Reihen str bis einschl. der 27. R, dabei nach dem Schema der letzten 2 Reihen in jeder weiteren Hinreihe 4 M mehr str und die Wickel-M & Wickel jeweils zus str.
28. R (HinR): Die 28. R der Strickschrift fortl re str.***

FOLGENDE MUSTERSTREIFEN

Einteilung der Strickschrift

4 (4, 5, 5, 6) weitere Musterstreifen str wie folgt:
1. R (RückR): Die 1. R der Strickschrift im Muster fortl li str.
Weiter von ** bis *** wie am ersten Musterstreifen arbeiten.

LETZTER MUSTERSTREIFEN

Einteilung der Strickschrift

1. R (RückR): Die 1. R der Strickschrift im Muster fortl li str.
Weiter von ** bis *** wie am ersten Musterstreifen arbeiten, jedoch mit der 27. R der Strickschrift enden.

VERBINDEN DER MUSTERSTREIFEN

An dem Ende mit dem verschließbaren MM beginnen. Vorsichtig den provisorischen Maschenanschlag auftrennen und die offenen Maschen der ersten Reihe auf die dünnere Nadel legen. Die Arbeit links auf links zusammenlegen, sodass die offenen Maschen aufeinanderliegen. An der Unterkante der Mütze beginnend in Farbe B die offenen Maschen der dünneren und der dickeren Nadel im Maschenstich zusammennähen. Faden durch die letzte Schlaufe ziehen und mit langem Fadenende abschneiden.

BÜNDCHEN

Mit der dünneren Rundnadel und Farbe B auf rechts gleichmäßig verteilt 128 (144, 160, 168, 176) M aus der Unterkante der Mütze aufn und re str, MMs für den Rd-Anf.

Nächste Rd: *2 M re, 2 M li; ab * fortl wdh.
Weiter im Muster str, bis das Bündchen 3,5 cm hoch ist. Im Rippenmuster abketten.

AUSARBEITUNG

Mit dem langen Fadenende entlang der Kante an der Mützenspitze Heftstiche nähen, dann mit dem Faden fest zusammenziehen und den Faden auf links durchziehen.

Die Mütze in lauwarmem Wasser mit etwas Wollwaschmittel einweichen und bei Bedarf auswaschen. Zum Spannen auf einen flachen Teller (27,5 cm Durchmesser) oder einen Ballon bzw. Styroporkopf ziehen und trocknen lassen. Mit dem langen Fadenende den Knopf in der Mitte der Mützenspitze annähen. Alle Fäden vernähen.

Strickschrift

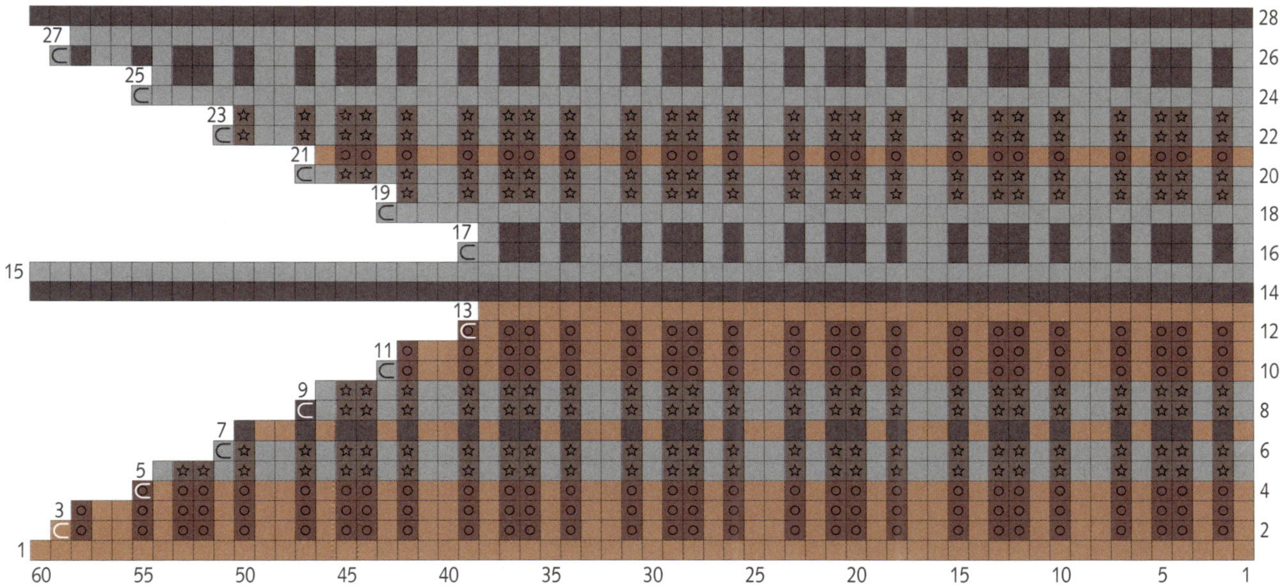

Symbole

- Farbe A (Dry Stone Wall)
- Farbe B (Loam)
- ☆ Farbe C (Gate Post)
- Farbe D (Clay)
- ○ Farbe E (Rusty Tractor)
- ⊂ W&w

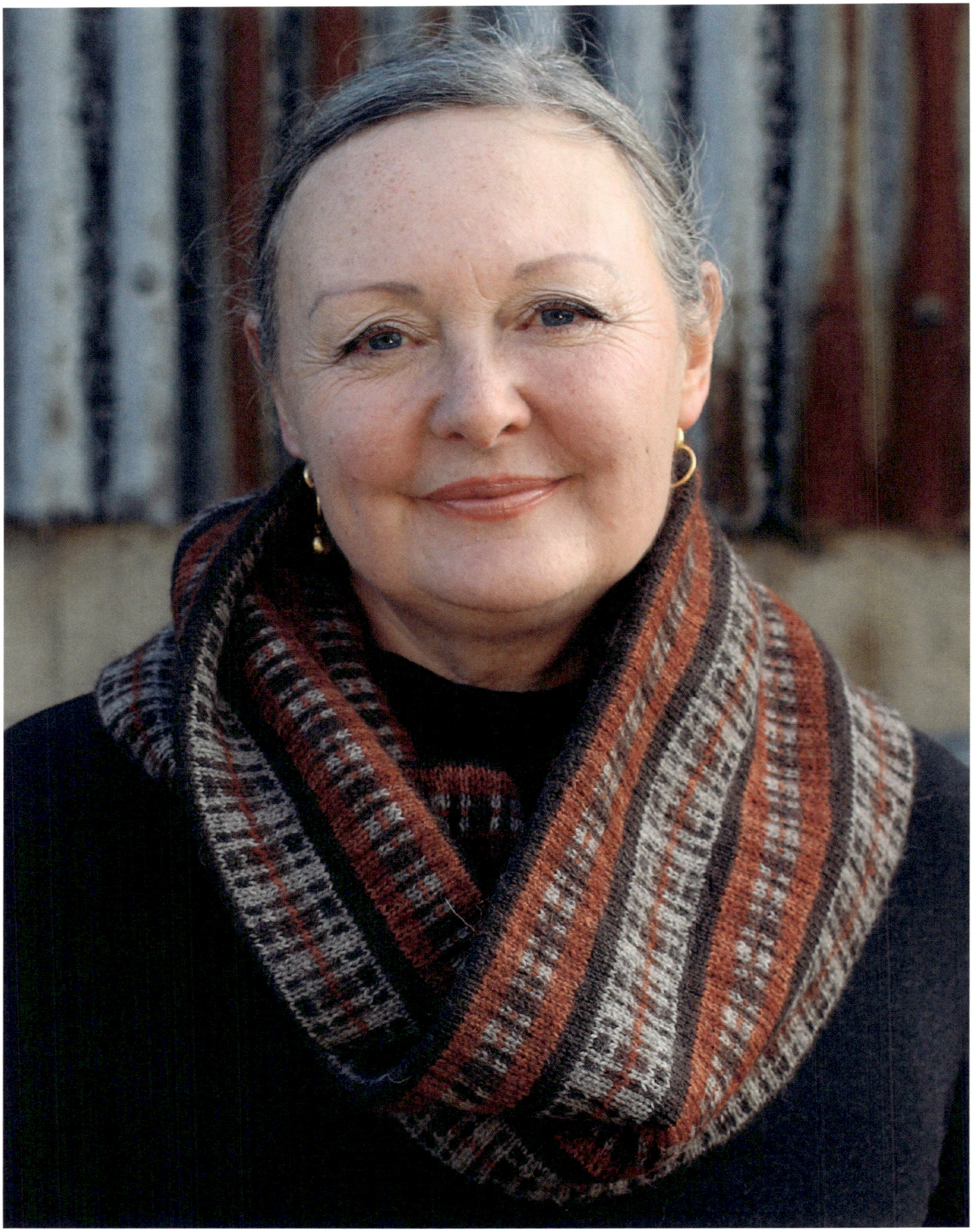

TAVIS

Auch zu »Tavis« wurde ich durch das Modell »Tait« inspiriert, außerdem durch das Modell »Helen« aus dem »The Vintage Shetland Project«, einem Schal oder Loopschal mit derselben interessanten Schlauchkonstruktion. Das Einstrickmuster ist auf die Mütze »Steek« abgestimmt, sodass beide sowohl als Set als auch einzeln getragen werden können. Die Konstruktion ähnelt der des Modells »Helen«, ist jedoch etwas einfacher.

Der schlauchförmige Loopschal »Tavis« wird rundgestrickt; dabei wechseln sich mehrfarbige Musterstreifen und einfarbig glatt rechts gearbeitete Streifen ab. Wie beim Modell »Steek« standen für das Muster die Steek-Strickschriften des Modells »Hilda« aus dem »The Vintage Shetland Project« Pate. Zum Schluss wird die letzte Runde offener Maschen im Maschenstich mit der ersten Runde verbunden.

Für »Tavis« habe ich das Garn Byre verwendet, ein dünnes Kammgarn (Garnstärke Fingering/ Sockengarn) aus reiner Schurwolle von Shetland- und Jakobschafen in einem hellen natürlichen Grauton. Die schönen handgefärbten Herbsttöne spiegeln die mich umgebende Landschaft wider und sind identisch mit den Farben der Mütze »Steek«.

Es gibt eine lange und eine kurze Variante des Loopschals. Die lange Version ist lang genug, um sie zweimal um den Hals zu schlingen. Beide Varianten werden nach denselben einfachen Strickschriften gearbeitet; dabei werden alle Runden von rechts nach links gelesen.

Tavis

GARN

Susan Crawford Byre, 100 % britische Schurwolle, eine exklusive Mischung aus Wolle von Jakobschafen, weißen und schwarzen Shetlandschafen (Garnstärke 4 Ply, LL etwa 400 m/100 g)

Farbe A: Drystone Wall, 1 100-g-Strang
Farbe B: Loam, 1 100-g-Strang
Farbe C: Gate Post, 1 100-g-Strang
Farbe D: Clay, 1 100-g-Strang
Farbe E: Rusty Tractor, 1 100-g-Strang
Garnpackungen erhältlich bei susancrawfordvintage.com

MASCHENPROBE

27 M x 37 Rd = 10 x 10 cm (glatt rechts und im Einstrickmuster rundgestrickt und gespannt).
Hier verwendete Nadelstärke: 3 mm.

Zum Erreichen der korrekten Maschenprobe nach Bedarf eine andere Nadelstärke verwenden.

EMPFOHLENE STRICKNADELN

2-mal 3 mm Rundnadeln (60 cm Länge für den kurzen Loopschal, 100 cm Länge für den langen Loopschal)
Häkelnadel: 3,5 mm

SONSTIGES MATERIAL

Garnrest
verschließbarer Maschenmarkierer

ABGEBILDETES MODELL

Susan trägt hier den längeren Loopschal.

GRÖSSENÜBERSICHT UND HINWEISE ZUM SPANNEN

Die angegebenen Maße beziehen sich auf das fertige und laut Anleitung gespannte Modell. Richten Sie sich beim Spannen nach dem Schema und den Maßen, damit Ihr Modell die korrekte Größe bekommt. Alle Angaben sind cm-Angaben.

Fertige Maße

	kurz	lang
(X) Umfang	83	166
(W) Höhe	14	18,5

SCHEMA

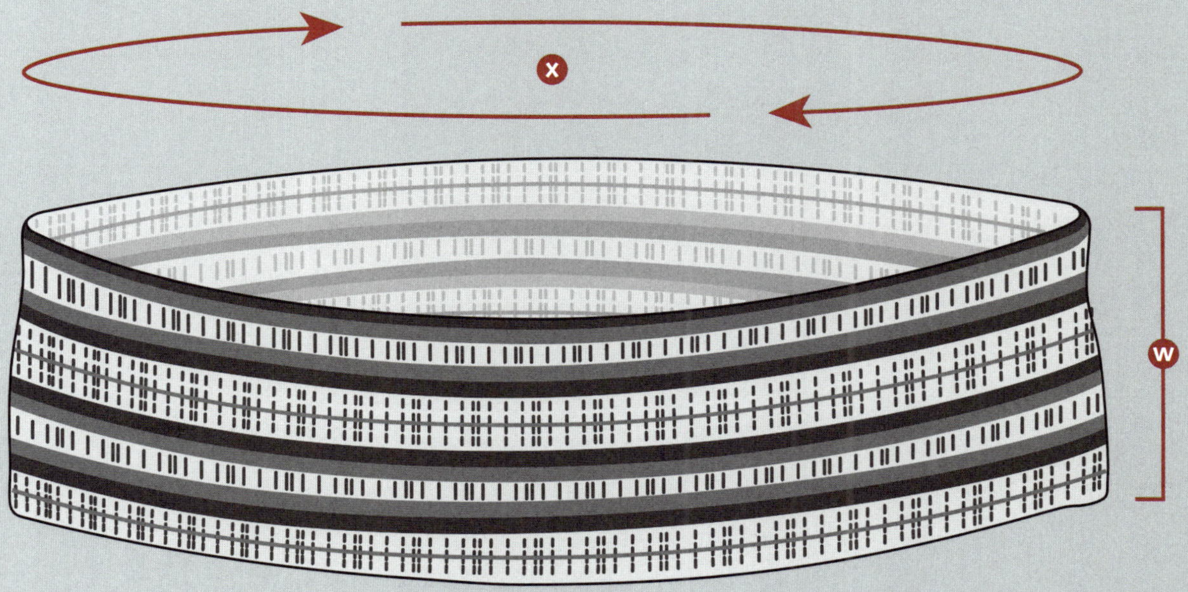

ANLEITUNG

PROVISORISCHER MASCHENANSCHLAG

Mit der Häkelnadel und dem Garnrest eine Luftmaschenkette aus etwa 230 (460) M häkeln und in die letzte Masche einen verschließbaren Maschenmarkierer setzen.
Nächste R: Mit der passenden Nadelstärke zum Erreichen der Maschenprobe (Länge 60 oder 100 cm, je nach gewünschter Länge des Loops) und Farbe B an jeder Luftmasche den Steg auf der Rückseite aufn und links abstricken, bis 224 (448) M aufgenommen wurden. Zur Runde schließen, MMs für den Rd-Anf.

**Einteilung der Strickschrift A

Nächste Rd: Mit der 1. R von Strickschrift A beginnend den 8-M-Rapport bis zum Rd-Ende 28 (56)-mal str. Im Muster bis einschl. der 13. R von Strickschrift A weiterstricken.

Nächste Rd: Nur in Farbe B fortl re str.
Diese Rd noch 3-mal wdh.

Einteilung der Strickschrift B

Nächste Rd: Mit der 1. R von Strickschrift B beginnend den 8-M-Rapport bis zum Rd-Ende 28 (56)-mal str. Im Muster bis einschl. der 13. R von Strickschrift B weiterstricken.

Nächste Rd: Nur in Farbe B fortl re str.
Diese Rd noch 3-mal wdh.***

Von ** bis *** noch 1 (2)-mal wdh.

Einteilung der Strickschrift A

Nächste Rd: Mit der 1. R von Strickschrift A beginnend den 8-M-Rapport bis zum Rd-Ende 28 (56)-mal str. Im Muster bis einschl. der 13. R von Strickschrift A weiterstricken.

Nächste Rd: Nur in Farbe B fortl re str.
Diese Rd noch 3-mal wdh.

Einteilung der Strickschrift B

Nächste Rd: Mit der 1. R von Strickschrift B beginnend den 8-M-Rapport bis zum Rd-Ende 28 (56)-mal str. Im Muster bis einschl. der 13. R von Strickschrift B weiterstricken.

Nächste Rd: Nur in Farbe B fortl re str.
Diese Rd noch 1-mal wdh. Nach der letzten Runde die Maschen auf der Nadel lassen und das Garn mit langem Fadenende abschneiden.

AUSARBEITUNG

Bis auf das zuletzt hängen gelassene lange Fadenende alle Fäden vernähen.

Am durch den Maschenmarkierer gekennzeichneten Ende beginnend den gehäkelten provisorischen Maschenanschlag vorsichtig auftrennen und die offenen Maschen der ersten Runde auf eine zweite Rundnadel legen.

Die Arbeit links auf links zusammenlegen, sodass die offenen Maschen aufeinanderliegen. Mit dem langen Fadenende in Farbe B die offenen Maschen der ersten und letzten Runde im Maschenstich verbinden; dazu nach Bedarf weitere Fäden in Farbe B ansetzen. Vor dem Abschneiden des Garns kontrollieren, ob alle Maschen des Maschenstichs gleichmäßig sind; dann das letzte Fadenende auf die Innenseite des Loops durchziehen und vernähen.

Den Loopschal in lauwarmem Wasser mit etwas Wollwaschmittel einweichen und bei Bedarf auswaschen. Zum gleichmäßigen Spannen ein Stück Pappe in der Größe des fertigen Loopschals zuschneiden, mit Plastikfolie oder Klebeband überziehen und in den Loopschal hineinschieben. Flach trocknen lassen.

Strickschrift A

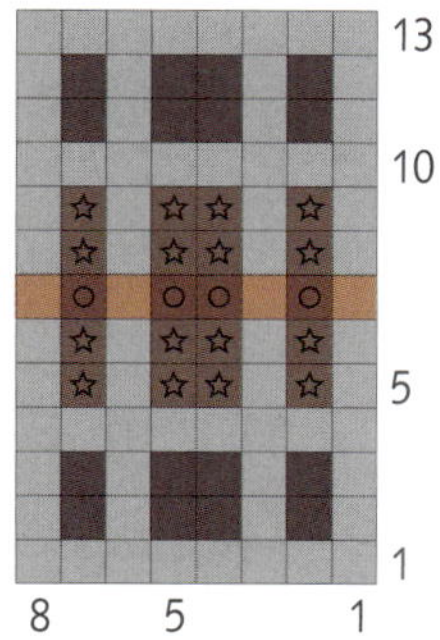

Strickschrift B

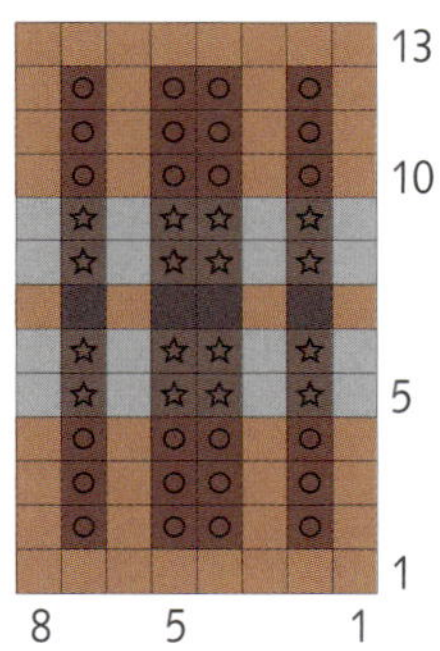

Symbole

- Farbe A (Dry Stone Wall)
- Farbe B (Loam)
- Farbe C (Gate Post)
- Farbe D (Clay)
- Farbe E (Rusty Tractor)
- Rapport

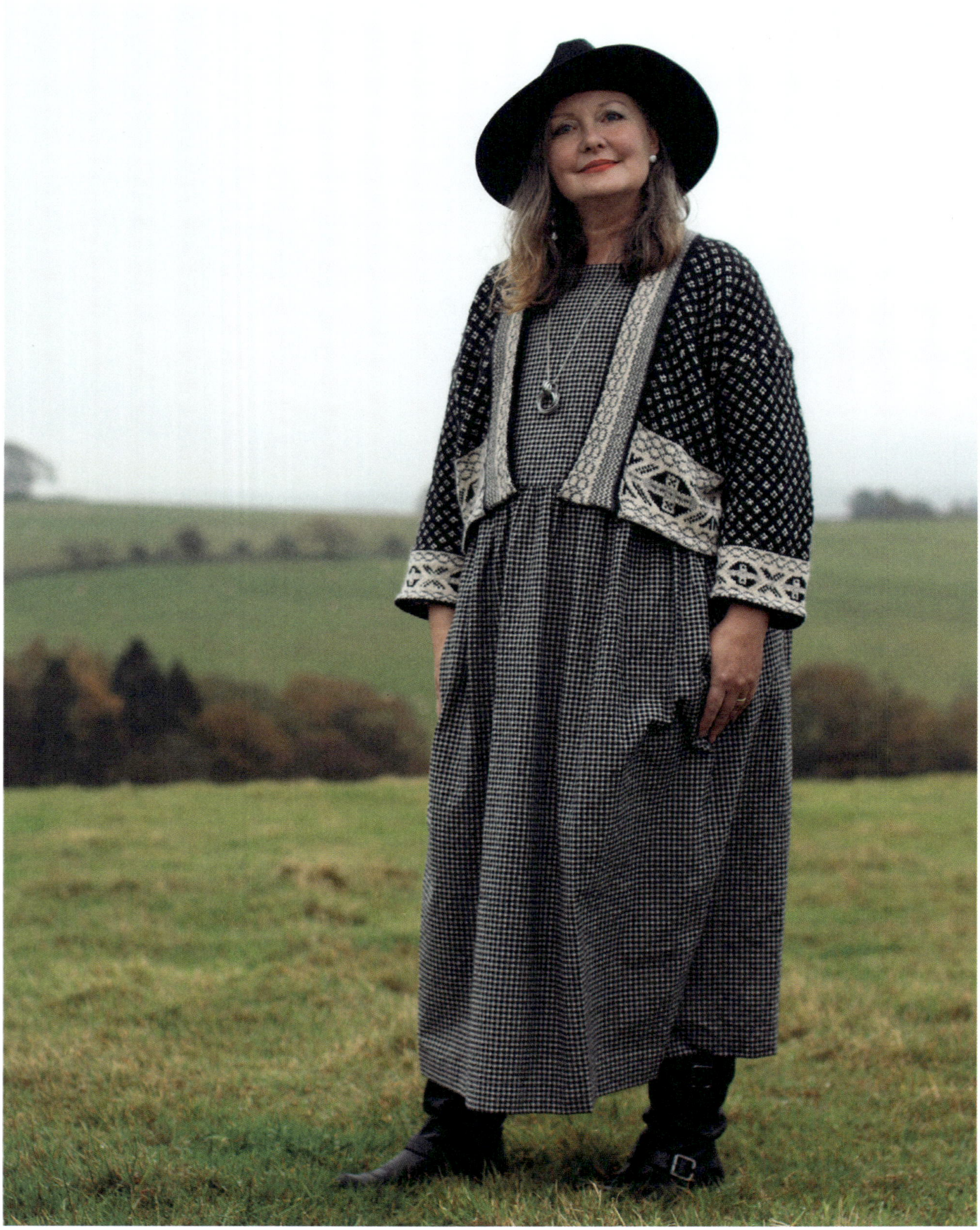

ANNEMOR

»Annemor« ist eine unkomplizierte, offen getragene Jacke mit legerer, leicht kastiger Passform. Zu den Mustern wurde ich durch die Verflechtungen zwischen den Stricktraditionen Shetlands und Norwegens angeregt, auf die ich zuerst durch die legendäre Annemor Sundbø aufmerksam wurde und die ich dann im »The Vintage Shetland Project« weiter erkundete.

Die Jacquardbordüren der Jacke lehnen sich an das Modell »Suffragette« des »The Vintage Shetland Project« an, in dem die grafischen Muster effektvoll eingesetzt werden. Hier kombiniere ich sie mit einem traditionellen norwegischen Allover-Muster und starken Kontrastfarben. Die untere Rumpfpartie wird mit Steekmaschen an der vorderen Mitte von unten nach oben rundgestrickt. An den Achseln wird die Arbeit geteilt und es werden zwei weitere schmale Steeks für die Armausschnitte eingefügt. Die Schultern werden im Maschenstich verbunden. Für die Ärmel werden rings um die Armausschnitte Maschen aufgenommen. Die Ärmel werden von oben nach unten gestrickt und durch Abnahmen geformt, bevor die passenden Bordüren am Ärmelabschluss gearbeitet werden. Zum Schluss werden die vorderen Steekmaschen aufgeschnitten und Maschen für die vorderen Bordüren aufgenommen. Am Saum von Rumpf und Ärmeln wird zur Befestigung und für einen guten Sitz ein schmales Bündchen angestrickt. Eine Partie der vorderen Bordüre bildet den Besatz, der auf der Innenseite angenäht wird und die Steek-Öffnung kaschiert.

Um möglichst viele Größen anbieten zu können, gibt es zwei verschiedene Maschenproben. Ihre Maschenprobe muss unbedingt Ihrer Größe entsprechen, damit die Jacke passt – ich spreche aus Erfahrung! Wie weiter unten erläutert, wird »Annemor« mit 20–27,5 cm Mehrweite gearbeitet. Das Modell für die Fotos in diesem Buch wollte ich in Größe 4 mit einem fertigen Brustumfang von 117 cm stricken, sodass ich es mit etwa 20 cm Mehrweite tragen könnte. Die Maschenzahl von Größe 3 und 4 ist gleich, doch Größe 4 hat 26 M auf 10 cm, Größe 3 aber 28 M. Versehentlich habe ich jedoch mit Nadelstärke 3,25 statt 3,5 gestrickt, sodass aus meiner Größe 4 eine Größe 3 geworden ist. Zum Glück passt mir die Jacke trotzdem, doch statt der eigentlich gewollten lockeren Oversized-Passform sitzt sie nun mit nur 7 cm Mehrweite etwas enger. Passen Sie also gut auf!

Die Anleitung enthält farbige Strickschriften; an den rundgestrickten Partien werden alle Reihen von rechts nach links gelesen, an den in Reihen gestrickten Partien liest man die Hinreihen von rechts nach links, die links gestrickten Rückreihen von links nach rechts.

»Annemor« wird aus Excelana 4 Ply gestrickt, reiner Schurwolle der britischen Schafrassen Exmoor Mule und Bluefaced Leicester, einem weichen, aber dennoch strapazierfähigen Garn in Sockenwollstärke (Fingering), welches sich perfekt für Einstrickmuster eignet. Ich habe drei Grautöne gewählt, vom dunklen Charcoal über Persian Grey bis zu Sheffield Steel. Hinzu kommt Limestone, ein cremefarbener Ton.

Die empfohlene Mehrweite beträgt 20–27,5 cm.

Annemor

GARN

Susan Crawford Excelana 4 Ply, 100 % britische Schurwolle (LL 159 m/50 g)
Farbe A: Limestone, 2 (2, 2, 2, 2, 2, 2, 2, 2, 2, 3, 3) 50-g-Stränge
Farbe B: Persian Grey, 1 (1, 1, 1, 1, 1, 2, 2, 2, 2, 2, 2) 50-g-Stränge
Farbe C: Charcoal, 6 (7, 7, 8, 8, 9, 9, 10, 10, 11, 12, 12) 50-g-Stränge
Farbe D: Sheffield Steel, 1 (1, 1, 1, 1, 1, 1, 1, 1, 1, 1, 1) 50-g-Strange
Garnpackungen erhältlich bei susancrawfordvintage.com

MASCHENPROBE

GRÖSSEN 1, 3, 5, 7 UND 9

28 M x 29 Rd = 10 x 10 cm (im Einstrickmuster in Runden und in Reihen gestrickt, nach dem Spannen).
Hier verwendete Nadelstärke: 3,25 mm.

GRÖSSEN 2, 4, 6, 8, 10, 11 UND 12

26 M x 27 Rd = 10 x 10 cm (im Einstrickmuster in Runden und in Reihen gestrickt, nach dem Spannen).
Hier verwendete Nadelstärke: 3,5 mm.

Zum Erreichen der korrekten Maschenprobe nach Bedarf eine andere Nadelstärke verwenden.

EMPFOHLENE STRICKNADELN

GRÖSSEN 1, 3, 5, 7 UND 9

Dünne Nadeln: 2,75 mm Rundnadel (Länge 40 cm)
2,75 mm Rundnadel (Länge 80–100 cm)

Dicke Nadeln: 3,25 mm Rundnadel (Länge 40 cm)
3,25 mm Rundnadel (Länge 60 cm)
3,25 mm Rundnadel (Länge 80–100 cm)

GRÖSSEN 2, 4, 6, 8, 10, 11 UND 12

Dünne Nadeln: 2,75 mm Rundnadel (Länge 40 cm)
2,75 mm Rundnadel (Länge 80–100 cm)

Dicke Nadeln: 3,5 mm Rundnadel (Länge 40 cm)
3,5 mm Rundnadel (Länge 60 cm)
3,5 mm Rundnadel (Länge 80–100 cm)

SONSTIGES MATERIAL

Maschenmarkierer
Hilfsfaden (Garnrest) oder Maschenhalter
Häkelnadel in der Stärke der dicken Stricknadeln

ABGEBILDETES MODELL

Susan trägt hier Größe 3 mit etwa 7 cm Mehrweite (siehe Erläuterungen auf Seite 165).

GRÖSSENÜBERSICHT UND HINWEISE ZUM SPANNEN

Wählen Sie die »Passend für BU«-Größe, die Ihrem tatsächlichen Brustumfang am besten entspricht. Bedenken Sie dabei auch die gewünschte Passform (enger oder lockerer). Verwenden Sie zur Größenbestimmung die Tabelle in Verbindung mit dem Schema.

Die angegebenen Maße beziehen sich auf das fertige und laut Anleitung gespannte Modell. Die Angaben helfen Ihnen bei der Auswahl der passenden Größe und können zur Orientierung bei eventuellen Abänderungen der fertigen Maße dienen. Richten Sie sich beim Spannen nach dem Schema und den Maßen, damit Ihr Modell die korrekte Größe bekommt. Alle Angaben sind cm-Angaben.

	Größe 1	Größe 2	Größe 3	Größe 4	Größe 5	Größe 6	Größe 7	Größe 8	Größe 9	Größe 10	Größe 11	Größe 12
Passend für BU von:	71–76	81	86–91	97	101	107–112	117	122–127	132	137–142	147–157	162–167
Fertige Maße												
a Brustumfang	95	103	108	117	120,5	131	133,5	144,5	146,5	158,5	170	186
b Länge bis zur Achsel	34	35	37	38	39,5	39,5	39,5	39,5	41	41	41	41
c Höhe des Armausschnitts	19	19	19	19	20,5	22	22	23,5	23	25	28	28
d Gesamtlänge	53	54	56	57	60	61,5	61,5	63	64	66	69	69
e Schulterbreite	43	49	47,5	54	56	61	62,5	68	69	75	82	89
h Ärmellänge	42,5	41	42,5	41	42,5	41	42,5	41	42,5	41	41	41
m Oberarmumfang	41	44	43	46	45	48,5	49,5	53	51,5	55,5	57,5	57,5

SCHEMA

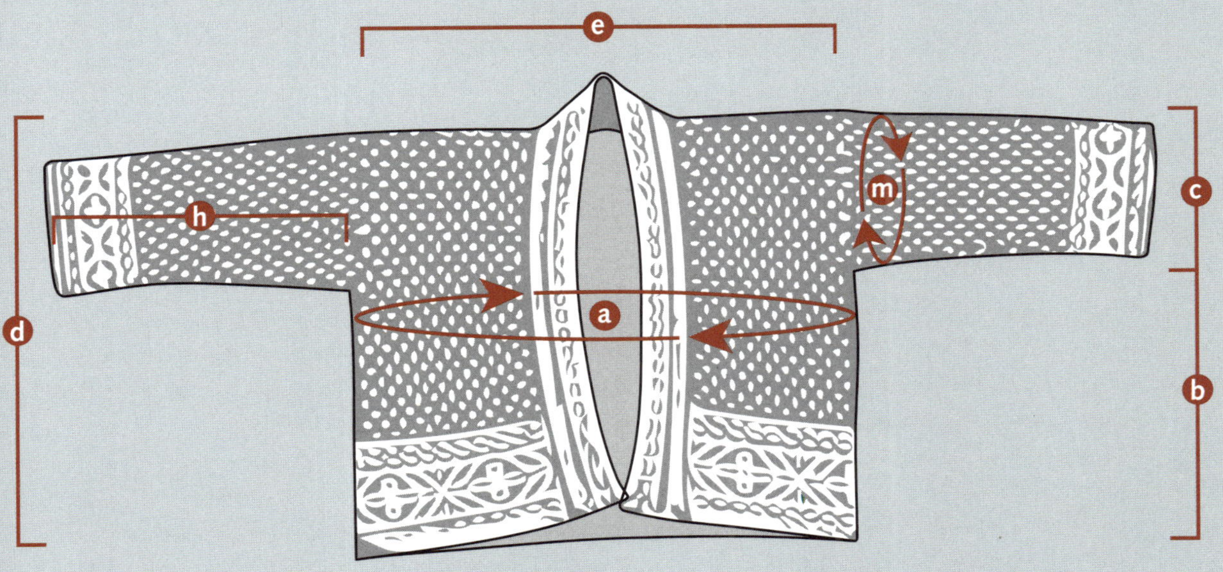

RUMPF

Bündchen

Mit der dünneren Rundnadel (80–100 cm) und Farbe C 217 (217, 253, 253, 289, 289, 325, 325, 361, 361, 397, 433) M anschlagen.

Nächste R (HinR): *1 M re verschr, 1 M li; ab * bis 1 M vor Ende wdh, 1 M re verschr.

Nächste R (RückR): *1 M li verschr, 1 M re; ab * bis 1 M vor Ende wdh, 1 M li verschr.

Diese 2 Reihen noch 1-mal wiederholen.

Platzieren der Steekmaschen

Nächste Rd: In Farbe C 6 M aufschlingen, MMs, re M bis R-Ende, MMs, dann Arbeit zur Rd schließen: dazu die die ersten 3 M auf der li Ndl auf die re Ndl abheben, MMs für neuen Rd-Anf.

Farbe C beenden; 223 (223, 259, 259, 295, 295, 331, 331, 367, 367, 403, 439) M einschl. 6 Steek-M.

Zur dickeren Rundnadel (80–100 cm) wechseln und an der 1. M nach dem MM am Rd-Anf Farbe A anschließen.

Nächste Rd: Nur in Farbe A fortl re M.

Einteilung der Strickschrift

Mit der 1. R beginnend an den ersten 3 M auf der Nadel die 4.–6. M der Strickschrift Steek A str, MMa, dann mit der 1. R von Strickschrift A beginnend 6 (6, 7, 7, 8, 8, 9, 9, 10, 10, 11, 12)-mal die 36 M des Rapports str, die 37. M nur 1-mal str, MMa, dann die 1.–3. M der Strickschrift Steek A str.

In dieser Mustereinteilung bis einschl. der 40. R von Strickschrift A und Strickschrift Steek A weiterstr.

Nächste Rd (Zun): Nur in Farbe C 4 M re, 1 re gen Zun, 72 (72, 84, 84, 96, 96, 108, 108, 120, 120, 132, 144) M re, 1 re gen Zun, 71 (71, 83, 83, 95, 95, 107, 107, 119, 119, 131, 143) M re, 1 re gen Zun, 72 (72, 84, 84, 96, 96, 108, 108, 120, 120, 132, 144) M re, 1 re gen Zun, 4 M re; 227 (227, 263, 263, 299, 299, 335, 335, 371, 371, 407, 443) M einschl. 6 Steek-M.

Einteilung der Strickschrift

NUR GRÖSSEN 1, 3, 5, 7 UND 8

Nächste Rd: Mit der 1. R beginnend die 4.–6. M von Strickschrift Steek B str, MMa, mit der 1. R von Strickschrift B beginnend die 1. M str, bis zum Rd-Ende 36 (42, 48, 48, 54, 54)-mal die 6 M des Rapports str, dann die 8.–11. M str, MMa, zum Schluss die 1.–3. M der Strickschrift Steek B str.

In dieser Mustereinteilung bis einschl. der 8. R von Strickschrift B und Strickschrift Steek B weiterstr. Diese 8 Runden noch 6 (7, 8, 7, 8, 7)-mal wdh, dabei in der letzten Rd MM für die Seiten setzen wie folgt: Ab Rd-Anf 47 (56, 65, 64, 74, 73) M im Muster str, MMs, 133 (151, 169, 171, 187, 189) M im Muster str, MMs, 47 (56, 65, 64, 74, 73) M im Muster str.

NUR GRÖSSEN 2, 4, 9, 10, 11 UND 12

Nächste Rd: Mit der 1. R beginnend die 4.–6. M von Strickschrift Steek B str, MMa, mit der 1. R von Strickschrift B beginnend die 1. M str, bis zum Rd-Ende 36 (42, 60, 60, 66, 72)-mal die 6 M des Rapports str, dann die 8.–11. M str, MMa, zum Schluss die 1.–3. M der Strickschrift Steek B str.

In dieser Mustereinteilung bis einschl. der 8. R von Strickschrift B und Strickschrift Steek B weiterstr. Diese 8 Runden noch 5 (6, 8, 7, 7, 7)-mal wdh, dann nur die 1.–4. Reihe noch 1-mal wdh; dabei in der letzten Rd MM für die Seiten setzen wie folgt: Ab Rd-Anf 46 (55, 83, 82, 91, 100) M im Muster str, MMs, 135 (153, 205, 207, 225, 243) M im Muster str, MMs, 46 (55, 83, 82, 91, 100) M im Muster str.

ALLE GRÖSSEN

Armausschnitte und Einfügen der Armausschnitt-Steeks

Anfangs-Rd: Weiter wie bisher *im Muster bis 6 M vor Seiten-MM str, nächste 12 M, ohne zu stricken auf Hilfsfaden legen, MMs und 4 M aufschlingen wie folgt: Farbe A, Farbe B, Farbe B, Farbe A, MMs; ab * noch 1-mal wdh, im Muster bis Rd-Ende str; 211 (211, 247, 247, 283, 283, 319, 319, 355, 355, 391, 427) M. Aufteilung der M: 3 Steek-M, 38 (37, 47, 46, 56, 55, 65, 64, 74, 73, 82, 91) M für das re VT, 4 Steek-M für den Armausschnitt, 121 (123, 139, 141, 157, 159, 175, 177, 193, 195, 213, 231) M für das RT, 4 Steek-M, 38 (37, 47, 46, 56, 55, 65, 64, 74, 73, 82, 91) M für das li VT, 3 Steek-M.

Nächste Rd: Weiter wie bisher *im Muster bis Seiten-MM str, über nächsten 4 M die 2. (6., 2., 6., 2., 2., 2., 2., 6., 6., 6., 6.) R der Strickschrift Armausschnitt Steek str, MMa; ab * noch 1-mal wdh, im Muster bis Rd-Ende str.

In dieser Mustereinteilung weiterstr, bis einschl. der Anfangs-Rd 54 (50, 54, 50, 58, 58, 62, 62, 66, 66, 74, 74) Rd gestrickt sind; mit der 2. oder 6. R der Strickschrift B und der Steek-Strickschriften enden.

Nächste Rd (Abn): Weiter im Muster *bis Seiten-MM str, 4 Steek-M abk; ab * noch 1-mal wdh, bis Steek-MM str, 6 Steek-M abk; 14 M abgen.

Verbinden der Schultern

Die VT- und RT-Maschen gleichmäßig auf 2 Rundnadeln verteilen. Mit zugewandtem VT und Farbe C die 38 (37, 47, 46, 56, 55, 65, 64, 74, 73, 82, 91) M des li VT im Maschenstich mit den entsprechenden M des RT verbinden. Die Arbeit umdrehen, sodass nun das RT vorn liegt. In Farbe C die ersten 38 (37, 47, 46, 56, 55, 65, 64, 74, 73, 82, 91) M des RT im Maschenstich mit den entsprechenden M des re VT verbinden. Die übrigen 45 (49, 45, 49, 45, 49, 45, 49, 45, 49, 49, 49) M für den rückw. Halsausschnitt auf einen Hilfsfaden legen.

ÄRMEL

Die Armausschnitt-Steeks befestigen und aufschneiden.

Die 12 M auf dem Hilfsfaden auf die dünnere Rundnadel (40 cm) legen, dann die ersten 6 M zurück auf den Hilfsfaden legen. In Farbe C mit der dickeren Rundnadel (60 cm) die 6 M von der dünneren Rundnadel re str, dann aus einer Seite des Armausschnitts nach oben 51 (51, 54, 54, 57, 57, 63, 63, 66, 66, 69, 69) M aufn und re str, aus der anderen Seite des Armausschnitts wieder nach unten 51 (51, 54, 54, 57, 57, 63, 63, 66, 66, 69, 69) M aufn und re str, die übrigen 6 M des Hilfsfadens re str; 114 (114, 120, 120, 126, 126, 138, 138, 144, 144, 150, 150) M. MMs für den Rd-Anf.

Einteilung der Strickschrift

Anfangs-Rd (Mustereinteilung): Mit der 1. R von Strickschrift B beginnend nur den 6-M-Rapport bis zum Rd-Ende 19 (19, 20, 20, 21, 21, 23, 23, 24, 24, 25, 25)-mal str.

Ärmelabnahmen

Weiter in dieser Mustereinteilung mit den Abnahmen beginnen wie folgt:
Noch 9 (8, 6, 5, 5, 4, 9, 8, 6, 5, 4, 4) Rd ohne Abn str.
Nächste R (Abn): Im Muster 1 M re, 2 M re überz zus, im Muster bis 3 M vor MM str, 2 M re zus, 1 M re; 2 M abgen.

Die letzten 10 (9, 7, 6, 6, 5, 10, 9, 7, 6, 5, 5) Rd noch 8 (8, 11, 11, 14, 14, 8, 8, 11, 11, 14, 14)-mal wdh, dabei nach Bedarf zur dickeren Rundnadel (40 cm) wechseln; weitere 16 (16, 22, 22, 28, 28, 16, 16, 22, 22, 28, 28) M abgen, 96 (96, 96, 96, 96, 96, 120, 120, 120, 120, 120, 120) M.

Noch 6 (3, 12, 12, 6, 9, 6, 3, 12, 12, 9, 9) Rd ohne Abn str, mit der 4. oder 8. R von Strickschrift B enden.

Ärmelbordüre und Bündchen

Mit der 1. R von Strickschrift C beginnend den 24-M-Rapport bis zum Rd-Ende 4 (4, 4, 4, 4, 4, 5, 5, 5, 5, 5, 5)-mal str. Im Muster bis einschl. der 27. R von Strickschrift C str.

Zu Farbe C und der dünneren Rundnadel (40 cm) wechseln.
Nächste Rd: Fortl re M.
Nächste Rd: *1 M re verschr, 1 M li; ab * fortl wdh.
Diese Rd noch 3-mal wdh. Abketten.

SÄUME

Bündchen am Rumpf

Die Arbeit auf links wenden, die 4 im Rippenmuster gestrickten Rd auf die Innenseite umschlagen und mit Farbe C im Saumstich annähen.

Ärmelbündchen

Die Ärmel auf links wenden, die 4 im Rippenmuster gestrickten Rd auf die Innenseite umschlagen und mit Farbe C im Saumstich annähen.

Steek an der vorderen Mitte

Die Arbeit auf rechts wenden und die Steeks befestigen, z. B. mit einer schmalen Nähmaschinennaht an beiden Seiten. Die Steek-Maschen der Länge nach aufschneiden.

Vordere Bordüre und Besatz

NUR GRÖSSEN 1, 3, 5, 7 UND 9

Auf rechts an der Unterkante des re VT beginnend mit Farbe C und der dünneren Rundnadel (80–100 cm) entlang der re Vorderkante 120 (120, 120, 132, 132) M aufn und re str, dann die auf den Hilfsfaden gelegten 45 M des rückw. Halsausschnitts str wie folgt: 1 M re, 1 re gen Zun, 14 M re, 1 re gen Zun, 15 M re, 1 re gen Zun, 14 M re, 1 re gen Zun, 1 M re, dann entlang der li Vorderkante 120 (120, 120, 132, 132) M aufn und re str; 289 (289, 289, 313, 313) M.

NUR GRÖSSEN 2, 4, 6, 8, 10, 11 UND 12

Auf rechts an der Unterkante des re VT beginnend mit Farbe C und der dünneren Rundnadel (80–100 cm) entlang der re Vorderkante 120 (120, 120, 132, 132, 144, 144) M aufn und re str, dann die auf den Hilfsfaden gelegten 49 M des rückw. Halsausschnitts re str, dann entlang der li Vorderkante 120 (120, 120, 132, 132, 144, 144) M aufn und re str; 289 (289, 289, 313, 313, 337, 337) M.

ALLE GRÖSSEN

Zur dickeren Rundnadel (80–100 cm) wechseln.

Einteilung der Strickschrift

Nächste R (RückR): In Farbe C fortl li M.

Nächste R (HinR): Mit der 1. R von Strickschrift D beginnend den 6-M-Rapport bis zum Rd-Ende 48 (48, 48, 48, 48, 48, 52, 52, 52, 52, 56, 56)-mal str, dann 1-mal die 7. M str.

Nächste R (RückR): Mit der 2. R von Strickschrift D beginnend alle M li str wie folgt: 1-mal die 7. M str, dann den 6-M-Rapport bis zum Rd-Ende 48 (48, 48, 48, 48, 48, 52, 52, 52, 52, 56, 56)-mal str.

In der Mustereinteilung der letzten 2 R bis einschl. der 22. R von Strickschrift D weiterstr.

Zur dünneren Rundnadel (80–100 cm) und Farbe C wechseln.

Nächste Rd: Fortl re M.

Nächste Rd: In Farbe C *1 M re, 1 M li; ab * fortl wdh. Diese Rd wdh, bis die gerippte Partie genauso breit ist wie die gemusterte Bordüre. Im Rippenmuster abk, langes Fadenende lassen. Die gerippte Partie nach innen umschlagen und mit dem Fadenende entlang der Reihe aufgenommener Maschen im Saumstich annähen.

Mit einer Häkelnadel in passender Stärke und Farbe C entlang der Unterkante der vorderen Bordüren eine Reihe fester Maschen häkeln, dabei jede feste Masche durch beide Lagen (Bordüre und Besatz) häkeln. Abmaschen.

AUSARBEITUNG

Alle Fäden vernähen. Die Jacke in lauwarmem Wasser mit etwas Wollwaschmittel einweichen und bei Bedarf auswaschen. Auf die angegebenen Maße spannen und flach trocknen lassen.

Steek A

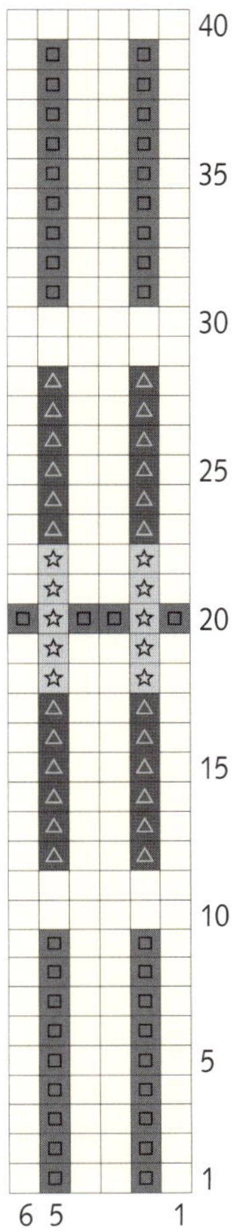

Strickschrift A

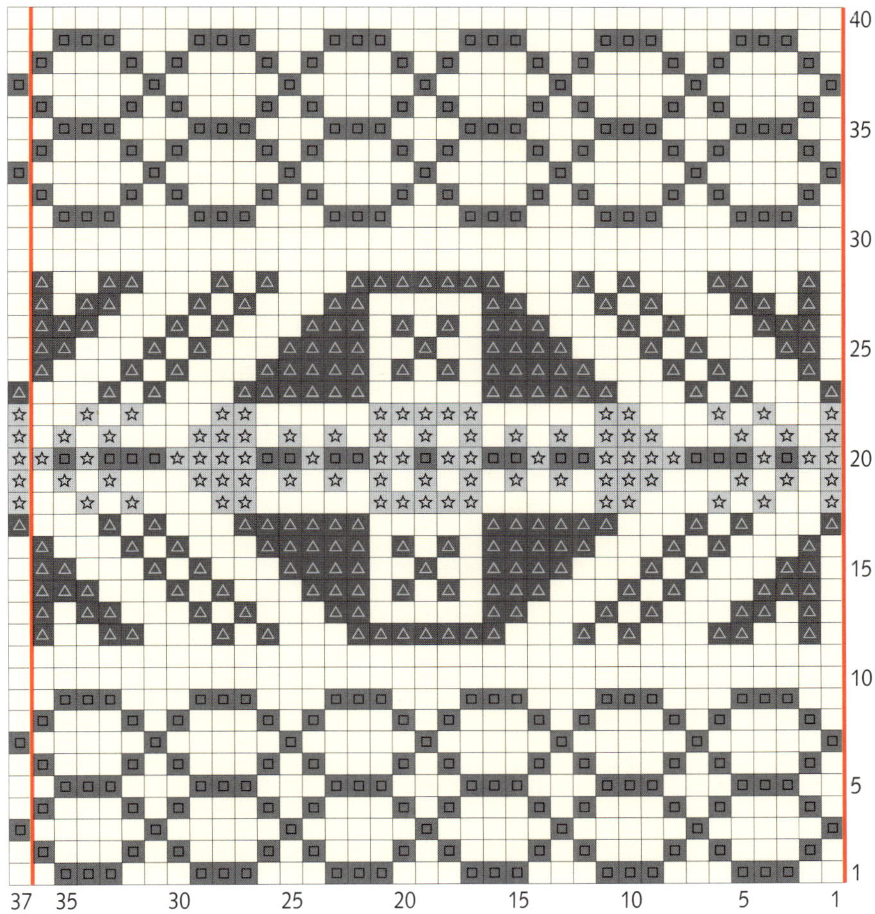

Strickschrift B

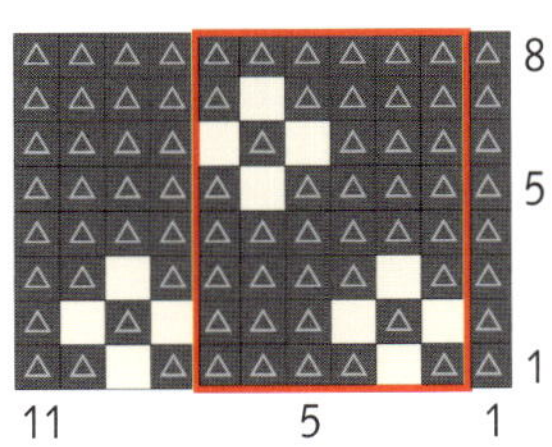

Steek B

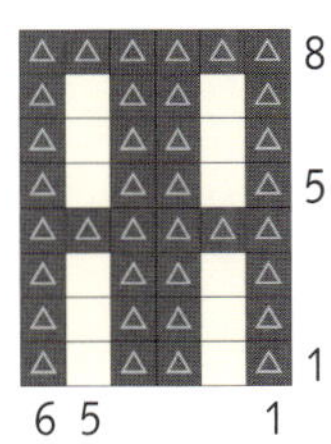

Armausschnitt Steek

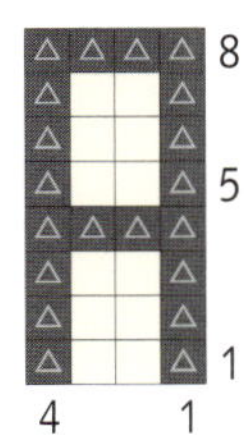

Symbole

- Farbe A (Limestone)
- Farbe B (Persian Grey)
- Farbe C (Charcoal)
- Farbe D (Sheffield Steel)
- Rapport

Strickschrift C

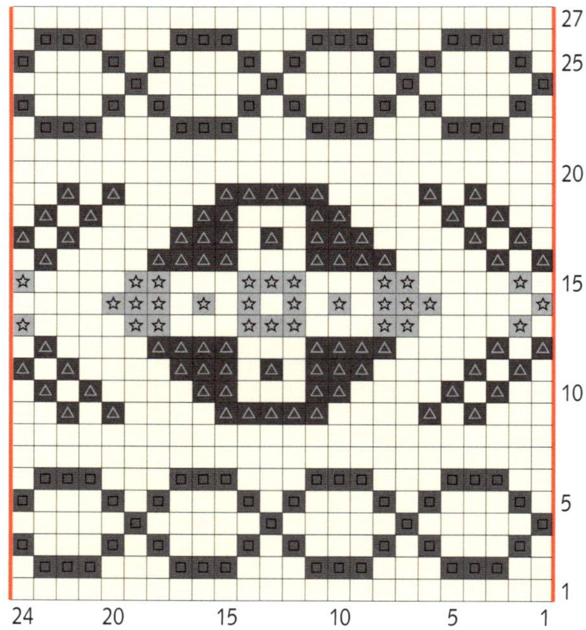

Strickschrift D

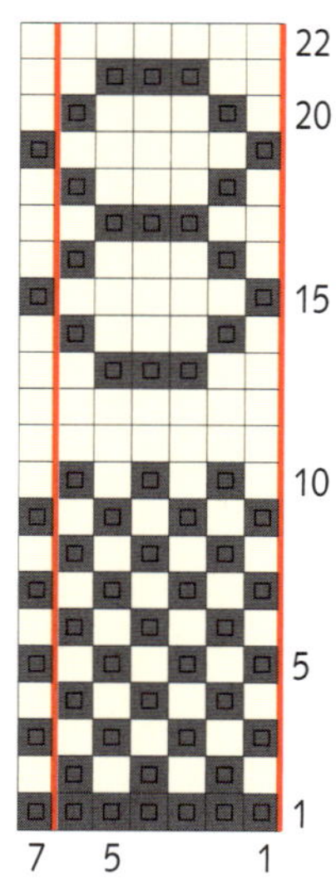

Symbole

- Farbe A (Limestone)
- Farbe B (Persian Grey)
- Farbe C (Charcoal)
- Farbe D (Sheffield Steel)
- Rapport

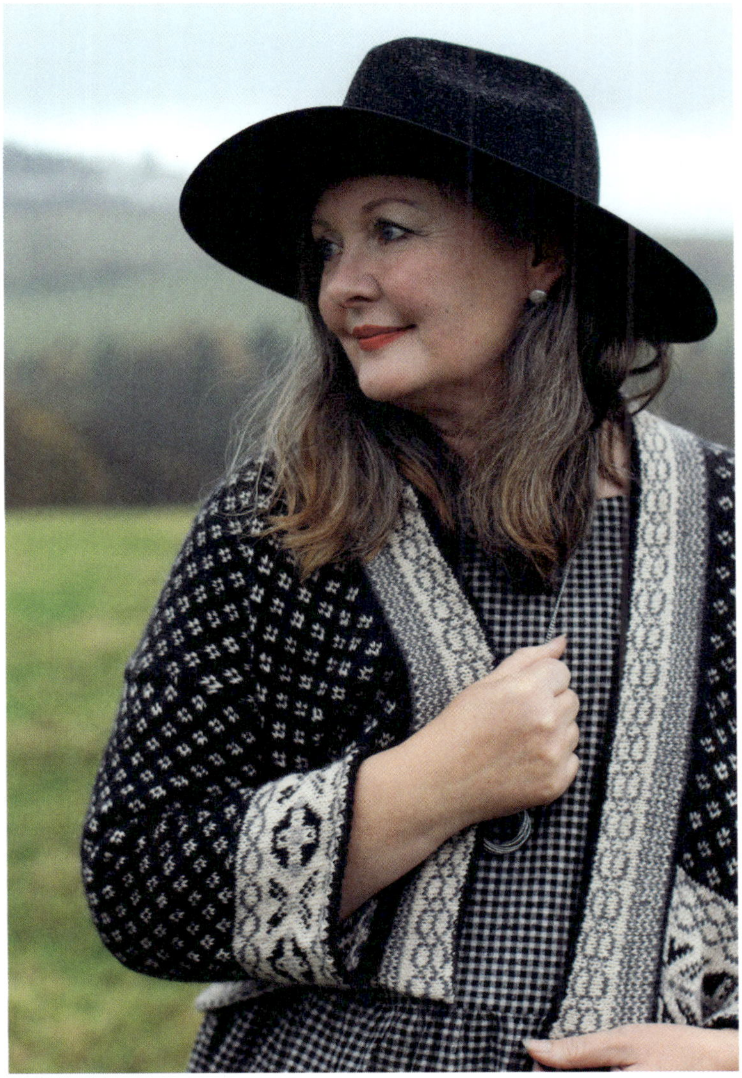

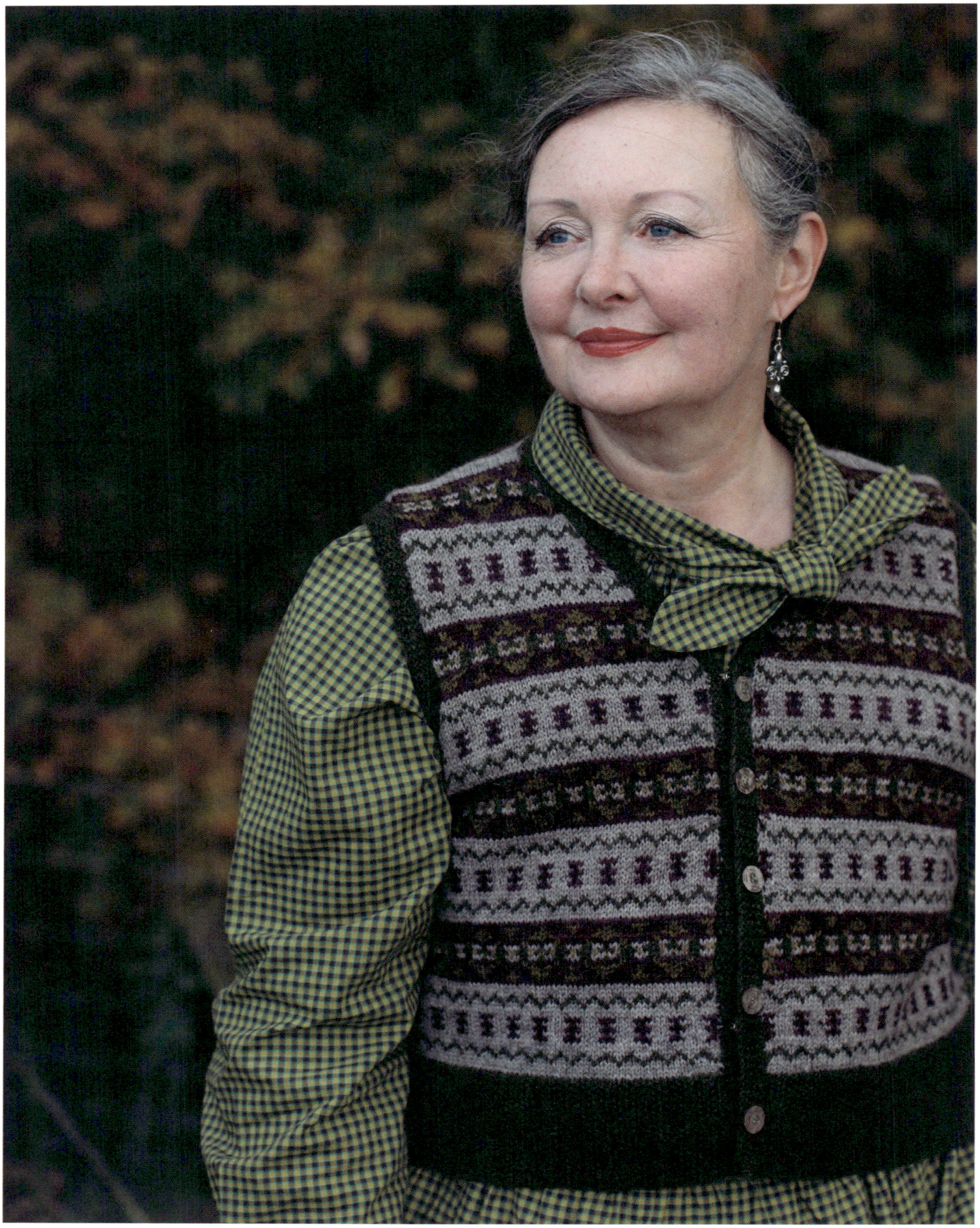

MAGGY

Damit Sie das Modell ganz einfach länger oder kürzer arbeiten können, habe ich durchgängig zwei Motive abgewechselt – so brauchen Sie nur nach Bedarf Motive hinzuzufügen. Statt eine weitere Strickjacke zu entwerfen, habe ich mich für eine gemusterte Weste entschieden: Sie hält dort warm, wo man es am nötigsten braucht, und wenn es wärmer wird, kann man sie rasch ausziehen. Die, genau wie an der Strickjacke »Vaila«, (»The Vintage Shetland Project«) im Perlmuster gestrickten Bündchen und Knopfleisten sehen nicht nur hübsch aus, sondern liegen auch schön glatt. Verschlossen wird die Weste mit Druckknöpfen; zusätzlich werden auf der Knopfleiste Zierknöpfe angebracht.

Für »Maggy« habe ich das Garn Byre verwendet, ein dünnes Kammgarn (Garnstärke Fingering/ Sockengarn) aus reiner Schurwolle von Shetland- und Jakobschafen in einem hellen natürlichen Grauton. Die schönen handgefärbten Herbsttöne spiegeln die mich umgebende Landschaft wider.

Die Anleitung enthält drei verschiedene Längen: Wählen Sie einfach aus, ob sie die kurze, mittlere oder lange Weste stricken möchten. Um die Länge individuell anzupassen, berechnen Sie die Anzahl der zusätzlich benötigten Runden und fügen Sie am Beginn des Rumpfes Musterstreifen ein, sodass das Muster ab den Achseln aufwärts unverändert bleibt. Für jeden zusätzlichen Musterstreifen benötigen Sie folgende Garnmengen:
Farbe A – etwa 25 g
Farbe B – etwa 10 g (plus weitere 15 g für die zusätzliche Länge der Knopfleisten)
Farbe C – etwa 10 g
Farbe D – etwa 25 g
Farbe E – etwa 10 g

Falls Sie die Länge abgeändert haben, denken Sie daran, für die Knopfleisten mehr oder weniger Maschen aufzunehmen (stets im Verhältnis von 3 Maschen auf 4 Runden).

Zur besseren Übersicht gibt es für die einzelnen Größen jeweils eine eigene Strickschrift plus eine Steek-Strickschrift – so wird das Stricken zum puren Vergnügen. Die Strickschriften werden in allen Runden von rechts nach links gelesen. Die Weste wird mit etwa 2,5–10 cm Mehrweite getragen.

Maggy

GARN

Susan Crawford Byre, 100 % britische Schurwolle, eine exklusive Mischung aus Wolle von Jakobschafen, weißen und schwarzen Shetlandschafen (Garnstärke 4 Ply, LL etwa 400 m/100 g)

Kurze Weste

Farbe A: Drystone Wall, 1 (1, 1, 1, 1, 2, 2, 2, 2, 2, 2) 100-g-Stränge
Farbe B: Undergrowth, 1 (1, 1, 1, 1, 2, 2, 2, 2, 2, 2) 100-g-Stränge
Farbe C: Moss Covered Wall, 1 (1, 1, 1, 1, 1, 1, 1, 1, 1) 100-g-Strang
Farbe D: Berry Picking, 1 (1, 1, 1, 1, 1, 1, 1, 1, 1) 100-g-Strang
Farbe E: Hay Bale, 1 (1, 1, 1, 1, 1, 1, 1, 1, 1) 100-g-Strang

Mittellange Weste

Farbe A: Drystone Wall, 1 (1, 2, 2, 2, 2, 2, 2, 2, 2) 100-g-Stränge
Farbe B: Undergrowth, 1 (1, 1, 2, 2, 2, 2, 2, 2, 2) 100-g-Stränge
Farbe C: Moss Covered Wall, 1 (1, 1, 1, 1, 1, 1, 1, 1, 1) 100-g-Strang
Farbe D: Berry Picking, 1 (1, 1, 1, 1, 1, 1, 1, 1, 2) 100-g-Stränge
Farbe E: Hay Bale, 1 (1, 1, 1, 1, 1, 1, 1, 1, 1) 100-g-Strang

Lange Weste

Farbe A: Drystone Wall, 2 (2, 2, 2, 2, 2, 2, 2, 2, 2) 100-g-Stränge
Farbe B: Undergrowth, 2 (2, 2, 2, 2, 2, 2, 2, 2, 2) 100-g-Stränge
Farbe C: Moss Covered Wall, 1 (1, 1, 1, 1, 1, 1, 1, 1, 1) 100-g-Strang
Farbe D: Berry Picking, 1 (1, 1, 1, 1, 1, 2, 2, 2, 2) 100-g-Stränge
Farbe E: Hay Bale, 1 (1, 1, 1, 1, 1, 1, 1, 1, 1) 100-g-Strang
Garnpackungen erhältlich bei susancrawfordvintage.com

MASCHENPROBE

28 M x 30 Rd = 10 x 10 cm (im Einstrickmuster rundgestrickt und gespannt). Hier verwendete Nadelstärke: 3,25 mm.

Zum Erreichen der korrekten Maschenprobe nach Bedarf eine andere Nadelstärke verwenden.

EMPFOHLENE STRICKNADELN

Dünne Nadeln:	2,75 mm Rundnadel (Länge 40–60 cm)
	2,75 mm Rundnadel (Länge 80–100 cm)
Dicke Nadeln:	3,25 mm Rundnadel (Länge 80–100 cm)

SONSTIGES MATERIAL

Garnrest oder Maschenhalter
Maschenmarkierer
je 5 (6, 7) Knöpfe & Druckknöpfe
passendes Nähgarn
Nähnadel

ABGEBILDETES MODELL

Susan trägt hier die kurze Weste in Größe 5 mit 9 cm Mehrweite.
Diese Weste greift die schlichten geometrischen Muster der Strickjacke »Margaret« aus dem »The Vintage Shetland Project« auf.

GRÖSSENÜBERSICHT UND HINWEISE ZUM SPANNEN

Wählen Sie die »Passend für BU«-Größe, die Ihrem tatsächlichen Brustumfang am besten entspricht. Bedenken Sie dabei auch die gewünschte Passform (enger oder lockerer). Verwenden Sie zur Größenbestimmung die Tabelle in Verbindung mit dem Schema.

Die angegebenen Maße beziehen sich auf das fertige und laut Anleitung gespannte Modell. Die Angaben helfen Ihnen bei der Auswahl der passenden Größe und können zur Orientierung bei eventuellen Abänderungen der fertigen Maße dienen. Richten Sie sich beim Spannen nach dem Schema und den Maßen, damit Ihr Modell die korrekte Größe bekommt. Alle Angaben sind cm-Angaben.

	Größe 1	Größe 2	Größe 3	Größe 4	Größe 5	Größe 6	Größe 7	Größe 8	Größe 9	Größe 10
Passend für BU von:	71–76	81	86–91	97	102–107	112–117	122–127	132–137	142–147	152–157
Fertige Maße										
a Brustumfang	79,5	88	96,5	105	114	122,5	131	139,5	148	156,5
b Länge bis zur Achsel (kurze Weste)	29	29	29	29	29	29	29	29	29	29
b Länge bis zur Achsel (mittellange Weste)	40	40	40	40	40	40	40	40	40	40
b Länge bis zur Achsel (lange Weste)	50,5	50,5	50,5	50,5	50,5	50,5	50,5	50,5	50,5	50,5
c Höhe des Armausschnitts	18,5	19,5	19,5	19,5	22,5	23	24	24	26	27,5
d Gesamtlänge (kurze Weste)	47,5	48,5	48,5	48,5	51,5	52	53	53	55	56,5
d Gesamtlänge (mittellange Weste)	58,5	59,5	59,5	59,5	62,5	63	64	64	66	67,5
d Gesamtlänge (lange Weste)	69	70	70	70	73	73,5	74,5	74,5	76,5	78
e Schulterbreite	31	31	32,5	33	34,5	35,5	36	37	39	41
g Breite des rückw. Halsausschnitts	14,5	14,5	15,5	16	17	17,5	17,5	18	19	20,5

SCHEMA

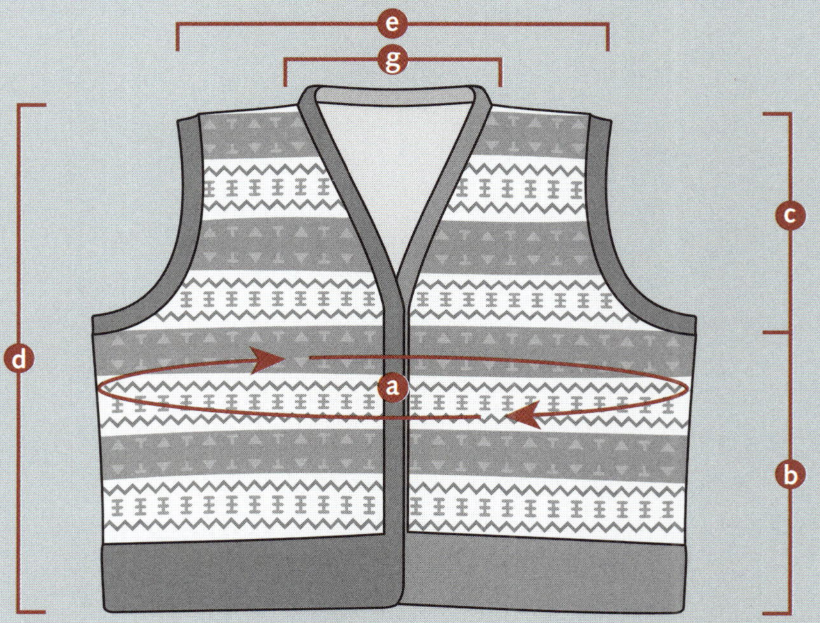

ANLEITUNG

RUMPF

Mit der dünneren Rundnadel (80–100 cm) und Farbe B im Kreuzanschlag 217 (241, 265, 289, 313, 337, 361, 385, 409, 433) M anschl.

Bündchen

1. R (HinR): *1 M re, 1 M li; ab * bis 1 M vor Ende wdh, 1 M re.
2. R (RückR): *1 M re, 1 M li; ab * bis 1 M vor Ende wdh, 1 M re.
Diese 2 Reihen bilden das Perlmuster. Diese 2 Reihen wdh, bis das Bündchen 7,5 cm hoch ist.

Unterer Rumpf

Zur dickeren Rundnadel (80–100 cm) wechseln.

Einfügen der Steek-Maschen

Anfangs-R (Zun): Auf rechts und nur in Farbe A die ganze Reihe re str, MMs, dann 8 M aufschlingen; dabei nach den ersten 4 Maschen MMs für den neuen Rd-Anf; 8 Steek-Maschen zugenommen.
Das Garn abschneiden. Die letzten 4 aufgeschlungenen M zurück auf die li Nadel legen und das Garn am MM des Rd-Anf neu ansetzen.

Einteilung der Strickschrift

Nächste Rd: Mit der 1. R der Strickschrift Steek A beginnend nur die 5.–8. M str. Nun die Arbeit zur Runde schließen, dabei aufpassen, dass die M sich nicht verdrehen. Dann mit der 1. R der Strickschrift Unterer Rumpf beginnend den 12-M-Rapport bis zum Rd-Ende 18 (20, 22, 24, 26, 28, 30, 32, 34, 36)-mal str, dann nur 1-mal die 13. M str, dann die 1.–4. M der Strickschrift Steek A str. Weiter in dieser Mustereinteilung bis einschl. der 32. R der Strickschrift Unterer Rumpf und der Strickschrift Steek A str. Je nach gewählter Länge die Strickschrift Unterer Rumpf und die Strickschrift Steek A noch 1 (2, 3)-mal wdh; dabei in der letzten Rd zwei MM für die Seiten setzen: 1. Seiten-MM nach 58 (64, 70, 76, 82, 88, 94, 100, 106, 112) M ab MM des Rd-Anf, 2. Seiten-MM nach weiteren 109 (121, 133, 145, 157, 169, 181, 193, 205, 217) M.
Aufteilung der M: 54 (60, 66, 72, 78, 84, 90, 96, 102, 108) M je VT, 109 (121, 133, 145, 157, 169, 181, 193, 205, 217) Rücken-M sowie 8 Steek-M an der vorderen Mitte.

Armausschnitte

Nächste Rd (Abn): In Farbe A *re M bis 6 (6, 6, 6, 7, 7, 8, 8, 9, 10) M nach dem Seiten-MM, die zuletzt gestr 12 (12, 12 12, 14, 14, 16, 16, 18, 20) M auf einen Hilfsfaden legen, dabei den MM entf, MMs für den Armausschnitt-Steek, 4 M aufschlingen, MMs; ab * noch 1-mal wdh, re M bis Rd-Ende; 24 (24, 24, 24, 28, 28, 32, 32, 36, 40) M stillgelegt, 8 Steek-M angeschlagen, 209 (233, 257, 281, 301, 325, 345, 369, 389, 409) M einschl. 16 Steek-M.
Aufteilung der M: 48 (54, 60, 66, 71, 77, 82, 88, 93, 98) M je VT, 2 Partien à 4 Steek-M für die Armausschnitte, 97 (109, 121, 133, 145, 155, 165, 177, 187, 197) Rücken-M, 8 Steek-M an der vorderen Mitte.

OBERE RUMPFPARTIE

NUR GRÖSSEN 1 UND 2

Abnahmen für den Armausschnitt

Nächste Rd (Abn): Weiter im Muster und beginnend mit der 2. R der für die gewählte Größe passenden Strickschrift Steek B und Strickschrift Oberer Rumpf die 5.–8. M der Strickschrift Steek B str, *im Muster bis 3 M vor MM des Armausschnitt-Steeks str, 2 M re zus, 1 M re, MMa, über nächste 4 M die 3.–6. M der Strickschrift Steek B arb, MMa, 1 M re, 2 M re überz zus; ab * noch 1-mal wdh, dann im Muster bis 4 M vor Ende str, die 1.–4. M der Strickschrift Steek B str; 4 M abgen.
Im Muster weiterstr und noch 4 (10)-mal in jeder weiteren Rd 4 M abnehmen wie zuvor. Gesamt 20 (44) M abgen, 189 (189) M.
Aufteilung der M: 43 (43) M je VT, 2 Partien à 4 Steek-M für die Armausschnitte, 87 (87) Rücken-M, 8 Steek-M an der vorderen Mitte.
Im Muster noch 7 (3) Rd ohne weitere Abn str.

Abnahmen V-Ausschnitt

Nächste Rd (Abn): Weiter im Muster die 5.–8. M der Strickschrift Steek B str, dann im Muster 1 M der Strickschrift Oberer Rumpf str, 2 M re zus, im Muster bis 7 M vor Ende str, 2 M re überz zus, im Muster 1 M der Strickschrift Oberer Rumpf str, die 1.–4. M der Strickschrift Steek B str; 2 M abgen.
Nächste Rd: Die gesamte Rd im Muster str.
In der Mustereinteilung der letzten 2 Rd weiterstr und noch 19 (19)-mal in jeder 2. Rd 2 M abn wie zuvor. Gesamt 40 (40) M abgen, 149 (149) M. Aufteilung der M: 23 (23) M je VT, 2 Partien à 4 Steek-M für die Armausschnitte, 87 (87) Rücken-M, 8 Steek-M an der vorderen Mitte.

Ohne weitere Abn bis zum Ende der Strickschrift Oberer Rumpf str.

NUR GRÖSSEN 3, 4, 5, 6, 7, 8, 9 UND 10

Abnahmen für den Armausschnitt

Nächste Rd (Abn): Weiter im Muster und beginnend mit der 2. R der für die gewählte Größe passenden Strickschrift Steek B und Strickschrift Oberer Rumpf die 5.–8. M der Strickschrift Steek B str, *im Muster bis 3 M vor MM des Armausschnitt-Steeks str, 2 M re zus, 1 M re, MMa, über nächste 4 M die 3.–6. M der Strickschrift Steek B arb, MMa, 1 M re, 2 M re überz zus; ab * noch 1-mal wdh, dann im Muster bis 4 M vor Ende str, die 1.–4. der Strickschrift Steek B str; 4 M abgen.
Im Muster weiterstr und noch 4 (11, 18, 18, 20, 18, 23, 23)-mal in jeder weiteren Rd 4 M abnehmen wie zuvor. Gesamt 52 (48, 76, 76, 84, 76, 96, 96) M abgen, 205 (233, 225, 249, 261, 293, 293, 313) M.
Aufteilung der M: 47 (54, 52, 58, 61, 69, 69, 74) M je VT, 2 Partien à 4 Steek-M für die Armausschnitte, 95 (109, 105, 117, 123, 139, 139, 149) Rücken-M, 8 Steek-M an der vorderen Mitte.

Abnahmen für Armausschnitt und V-Ausschnitt

Nächste Rd (Abn): Weiter im Muster die 5.–8. M der Strickschrift Steek B str, dann im Muster 1 M der Strickschrift Oberer Rumpf str, 2 M re zus, *im Muster bis 3 M vor MM des Armausschnitt-Steeks str, 2 M re zus, 1 M re, MMa, über nächste 4 M die 3.–6. M der Strickschrift Steek B str, MMa, 1 M re, 2 M re überz zus; ab * noch 1-mal wdh, dann im Muster bis 7 M vor Ende str, 2 M re überz zus, im Muster 1 M der Strickschrift Oberer Rumpf str, die 1.–4. M der Strickschrift Steek B str; 6 M abgen.
Nächste Rd (Abn): Weiter im Muster *bis 3 M vor MM des Armausschnitt-Steeks str, 2 M re zus, 1 M re, MMa, über nächste 4 M die 3.–6. M der Strickschrift Steek B str, MMa, 1 M re, 2 M re überz zus; ab * noch 1-mal wdh, dann im Muster bis Rd-Ende str; 4 M abgen.
In der Mustereinteilung der letzten 2 Rd weiterstr und noch 0 (3, 1, 3, 4, 8, 6, 7)-mal über 2 Runden 10 M abn wie zuvor, dann noch - (-, -, 1, 1, -, 1, 1)-mal nur die 1. Rd str. Gesamt 10 (40, 20, 46, 56, 90, 76, 86) M abgen, 195 (193, 205, 203, 205, 203, 217, 227) M.
Aufteilung der M: 44 (42, 46, 44, 44, 42, 46, 48) M je VT, 2 Partien à 4 Steek-M für die Armausschnitte, 91 (93, 97, 99, 101, 103, 109, 115) Rücken-M, 8 Steek-M an der vorderen Mitte.

Abnahmen nur für V-Ausschnitt

Nächste Rd (Abn): Weiter im Muster die 5.–8. M der Strickschrift Steek B str, dann im Muster 1 M der Strickschrift Oberer Rumpf str, 2 M re zus, im Muster bis 7 M vor Ende str, 2 M re überz zus, im Muster 1 M der Strickschrift Oberer Rumpf str, die 1.–4. M der Strickschrift Steek B str; 2 M abgen.
Nächste Rd: Die gesamte Rd im Muster str.
In der Mustereinteilung der letzten 2 Rd weiterstr und noch 19 (17, 20, 18, 17, 15, 17, 18)-mal in jeder 2. Rd 2 M abn wie zuvor. Gesamt 40 (36, 42, 38, 36, 32, 36, 38) M abgen, 155 (157, 163, 165, 169, 171, 181, 189) M.
Aufteilung der M: 24 (24, 25, 25, 26, 26, 28, 29) M je VT, 2 Partien à 4 Steek-M für die Armausschnitte, 91 (93, 97, 99, 101, 109, 115) Rücken-M, 8 Steek-M an der vorderen Mitte.

Ohne weitere Abn bis zum Ende der Strickschrift Oberer Rumpf str.

Verbinden der Schultern

NUR GRÖSSEN 1, 5, 6, 7, 8, 9 UND 10

Nächste Rd: Nur in Farbe A 4 Steek-M abketten, *re M bis MM, MM entf, 4 Steek-M abk; ab * noch 2-mal wdh.
Die Maschen des RT und der beiden VT gleichmäßig auf 2 Nadeln verteilen. In Farbe A die 23 (25, 25, 26, 26, 28, 29) M des li VT im Maschenstich mit den entsprechenden 23 (25, 25, 26, 26, 28, 29) M der li Rückenpartie verbinden. Die Arbeit wenden und die 23 (25, 25, 26, 26, 28, 29) M des re VT im Maschenstich mit den entsprechenden 23 (25, 25, 26, 26, 28, 29) M der re Rückenpartie verbinden. Die übrigen 41 (47, 49, 49, 51, 53, 57) M für den rückw. Halsausschnitt auf einer separaten Nadel stilllegen.

NUR GRÖSSEN 2, 3 UND 4

Nächste Rd: Nur in Farbe A 4 Steek-M abketten, *re M bis MM, MM entf, 4 Steek-M abk; ab * noch 2-mal wdh.
Die Maschen des RT und der beiden VT gleichmäßig auf 2 Nadeln verteilen. In Farbe B die 23 (24, 24) M des li VT im Maschenstich mit den entsprechenden 23 (24, 24) M der li Rückenpartie verbinden. Die Arbeit wenden und die 23 (24, 24) M des re VT im Maschenstich mit den entsprechenden 23 (24, 24) M der re Rückenpartie verbinden. Die übrigen 41 (43, 45) M für den rückw. Halsausschnitt auf einer separaten Nadel stilllegen.

ALLE GRÖSSEN

VORDERE BLENDEN

Den vorderen Steek befestigen und aufschneiden.

NUR KURZE WESTE

Mit der dünneren Rundnadel (100 cm) und Farbe B unten am re VT beginnend aus der re Vorderkante 95 (97, 99, 99, 105, 107, 109, 109, 115, 117) M aufn und re str, dann die 41 (41, 43, 45, 47, 49, 49, 51, 53, 57) M des rückw. Halsausschnitts re str, dann entlang der li Vorderkante 95 (97, 99, 99, 105, 107, 109, 109, 115, 117) M aufn und re str; 231 (235, 241, 243, 257, 263, 267, 269, 283, 291) M.

NUR MITTELLANGE WESTE

Mit der dünneren Rundnadel (100 cm) und Farbe B unten am re VT beginnend aus der re Vorderkante 119 (121, 123, 123, 129, 131, 133, 133, 139, 141) M aufn und re str, dann die 41 (41, 43, 45, 47, 49, 49, 51, 53, 57) M des rückw. Halsausschnitts re str, dann entlang der li Vorderkante 119 (121, 123, 123, 129, 131, 133, 133, 139, 141) M aufn und re str; 279 (283, 289, 291, 305, 311, 315, 317, 331, 339) M.

NUR LANGE WESTE

Mit der dünneren Rundnadel (100 cm) und Farbe B unten am re VT beginnend aus der re Vorderkante 143 (145, 147, 147, 153, 155, 157, 157, 163, 165) M aufn und re str, dann die 41 (41, 43, 45, 47, 49, 49, 51, 53, 57) M des rückw. Halsausschnitts re str, dann entlang der li Vorderkante 143 (145, 147, 147, 153, 155, 157, 157, 163, 165) M aufn und re str; 327 (331, 337, 339, 353, 359, 363, 365, 379, 387) M.

ALLE LÄNGEN

Nächste R (RückR): *1 M re, 1 M li; ab * bis 1 M vor Ende wdh, 1 M re.
Nächste R (HinR): *1 M re, 1 M li; ab * bis 1 M vor Ende wdh, 1 M re.
Diese 2 Reihen bilden das Perlmuster. Diese 2 Reihen wdh, bis die Blende 2 cm breit ist, dabei mit einer HinR enden. Alle Maschen abketten.

ARMAUSSCHNITTBLENDEN

Den Steek am Armausschnitt befestigen und aufschneiden. Die 12 (12, 12, 12, 14, 14, 16, 16, 18, 20) M vom Hilfsfaden auf eine separate Stricknadel legen. Die ersten 6 (6, 6, 6, 7, 7, 8, 8, 9, 10) M, ohne zu stricken auf die re Nadelspitze der dünneren Rundnadel (40–60 cm) legen, MMs für den Rd-Anf. Farbe B anschließen und die übrigen 6 (6, 6, 6, 7, 7, 8, 8, 9, 10) M der separaten Nadel re str, dann aus der Armausschnittkante bis zur Schulter 42 (42, 44, 44, 50, 52, 54, 54, 58, 62) M aufn und re str, aus der anderen Armausschnittkante bis zur Achsel 42 (42, 44, 44, 50, 52, 54, 54, 58, 62) M aufn und re str, die übrigen 6 (6, 6, 6, 7, 7, 8, 8, 9, 10) M re str; 96 (96, 100, 100, 114, 118, 124, 124, 134, 144) M.
Nächste Rd: *1 M re, 1 M li; ab * fortl wdh.
Nächste Rd: *1 M li, 1 M re; ab * fortl wdh.
Diese 2 Rd bilden das Perlmuster. Weiter im Muster str, bis die Blende 2 cm breit ist. Alle M abketten. Am anderen Armausschnitt wdh.

AUSARBEITUNG

Alle Fäden vernähen.
Die Weste in lauwarmem Wasser mit etwas Wollwaschmittel einweichen und bei Bedarf auswaschen. Auf die im Schema angegebenen Maße spannen und flach trocknen lassen.

Die Druckknöpfe in gleichmäßigem Abstand an der geraden Partie der Vorderkanten annähen, dabei den untersten Druckknopf 1 cm oberhalb der Unterkante und den obersten Druckknopf 1 cm unterhalb des V-Ausschnitts anbringen. Über jedem Druckknopf einen Zierknopf annähen.

Alle Größen

Strickschrift Unterer Rumpf

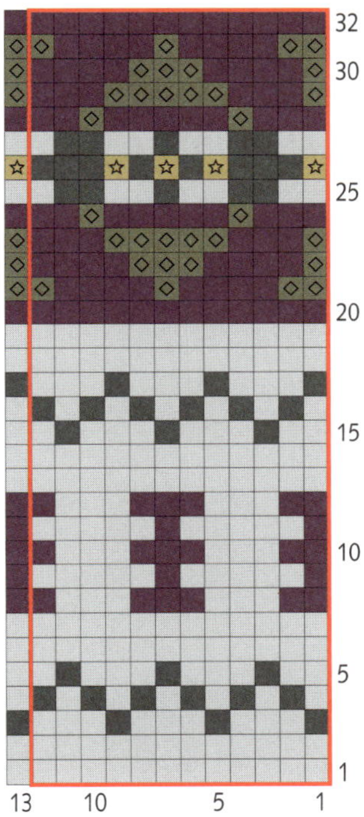

Steek A

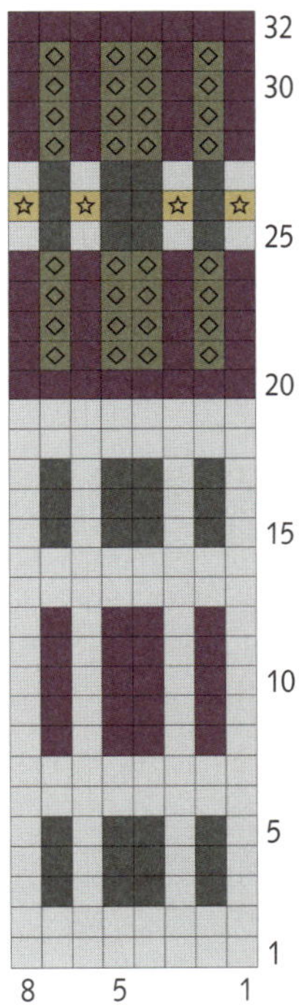

Größe 1

Strickschrift Oberer Rumpf

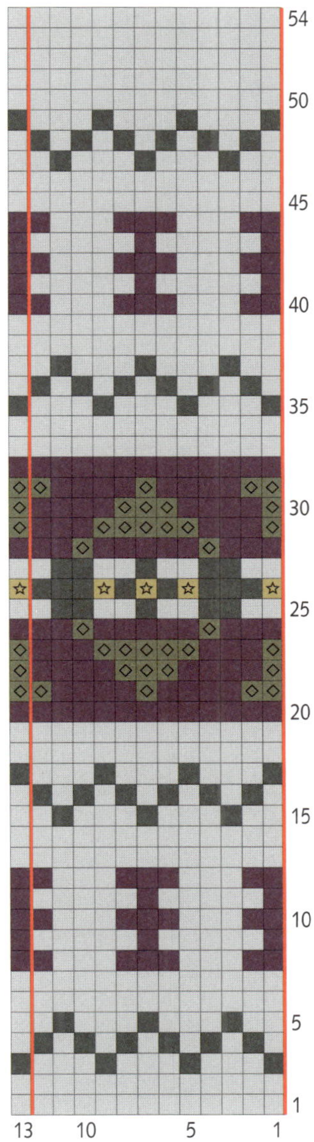

Steek B

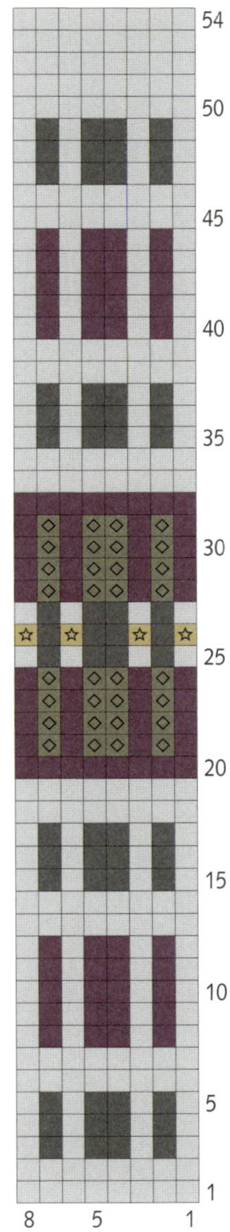

Symbole

- Farbe A (Dry Stone Wall)
- Farbe B (Undergrowth)
- Farbe C (Moss Covered Wall)
- Farbe D (Berry Picking)
- Farbe E (Hay Bale)
- Rapport

Größen 2 & 3

Strickschrift Oberer Rumpf

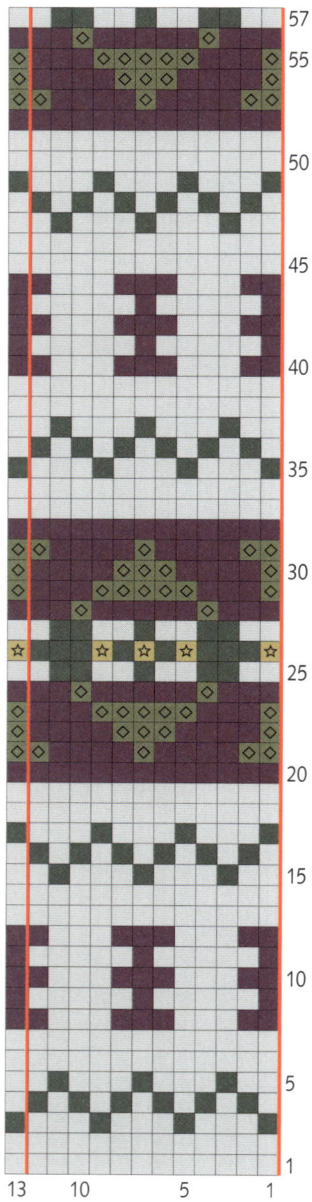

Steek B

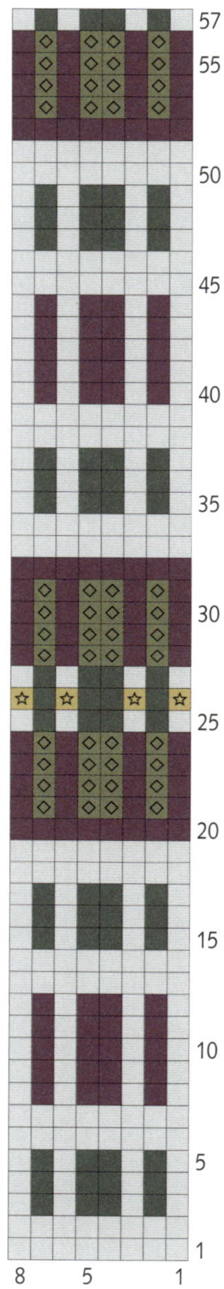

Größe 4

Strickschrift Oberer Rumpf

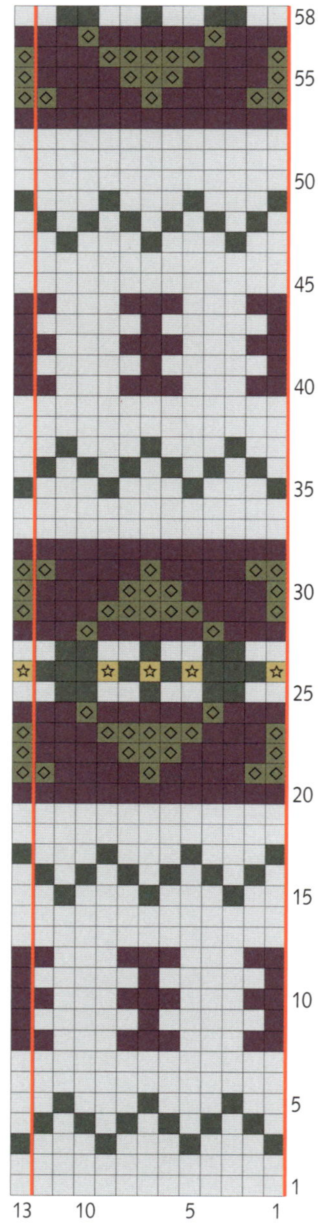

Steek B

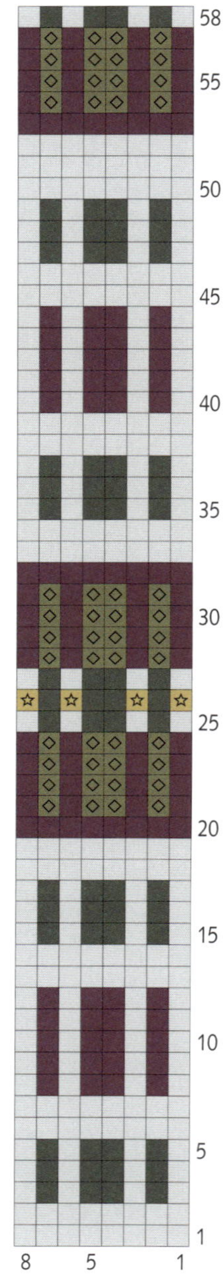

Symbole

- Farbe A (Dry Stone Wall)
- Farbe B (Undergrowth)
- Farbe C (Moss Covered Wall)
- Farbe D (Berry Picking)
- Farbe E (Hay Bale)
- Rapport

Größe 5

Strickschrift Oberer Rumpf

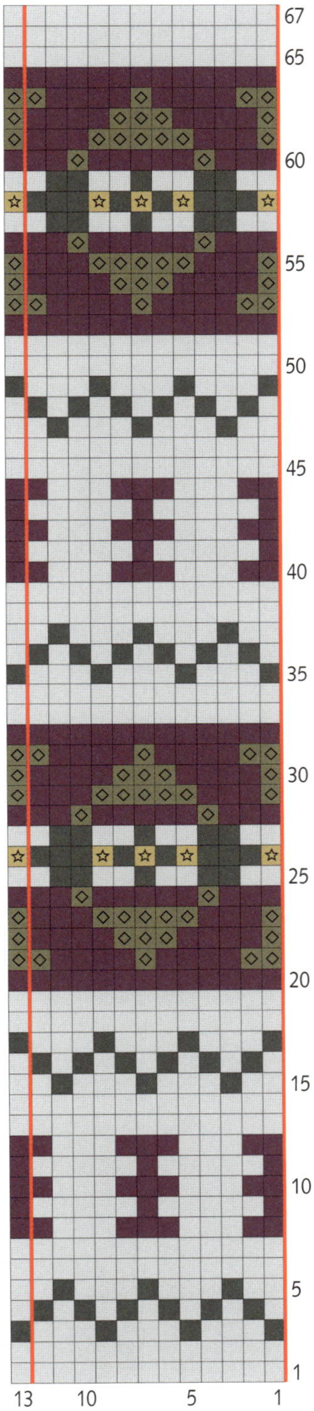

Steek B

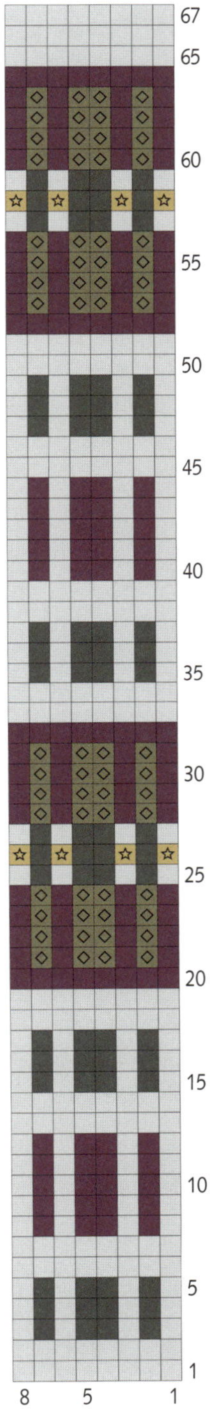

Größe 6

Strickschrift Oberer Rumpf

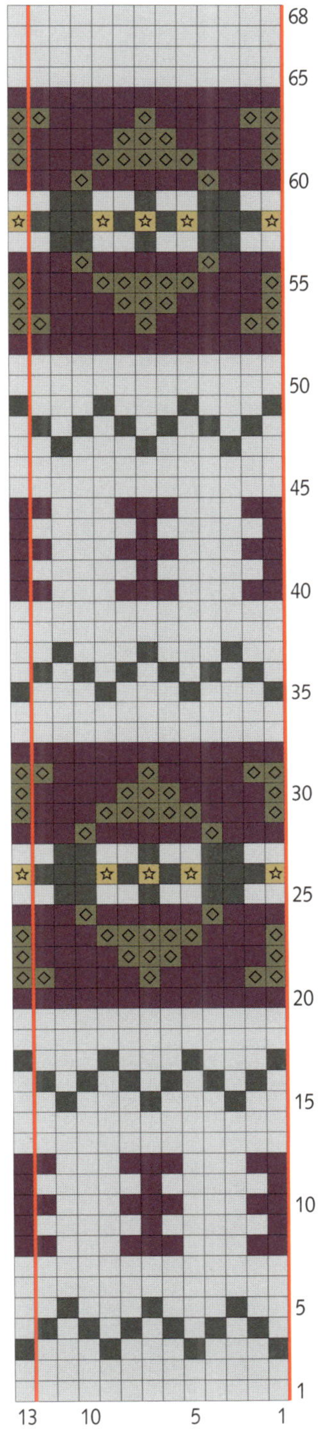

Steek B

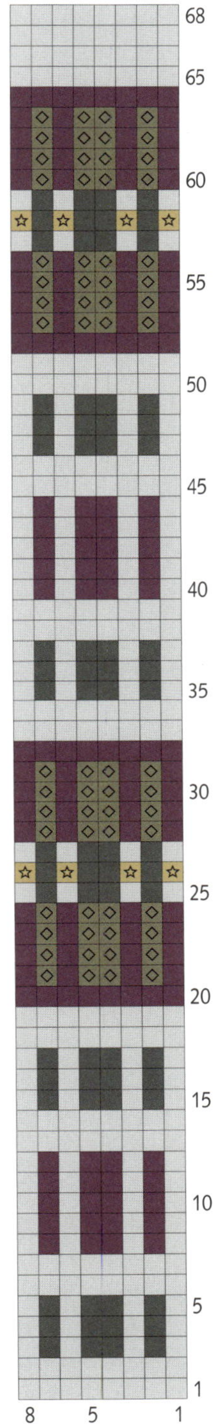

Symbole

- Farbe A (Dry Stone Wall)
- Farbe B (Undergrowth)
- Farbe C (Moss Covered Wall)
- Farbe D (Berry Picking)
- Farbe E (Hay Bale)
- Rapport

Größen 7 & 8

Strickschrift Oberer Rumpf

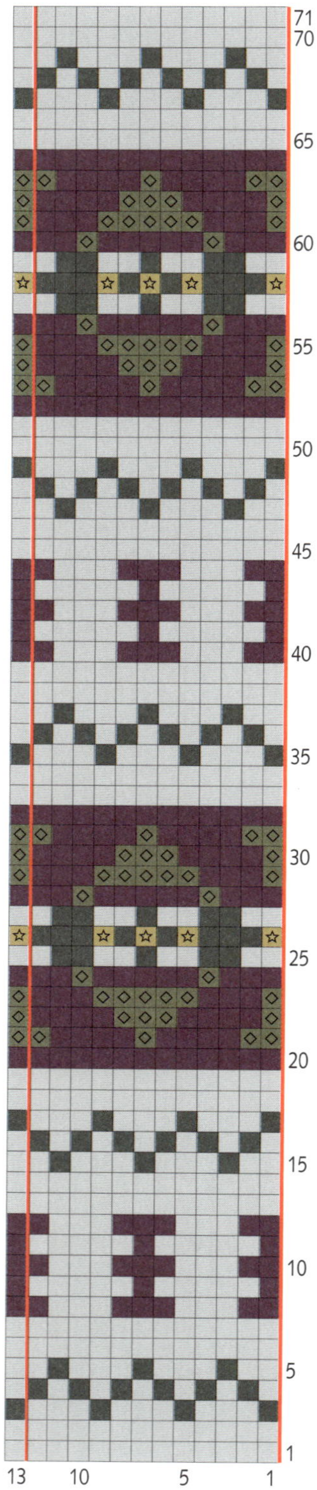

Steek B

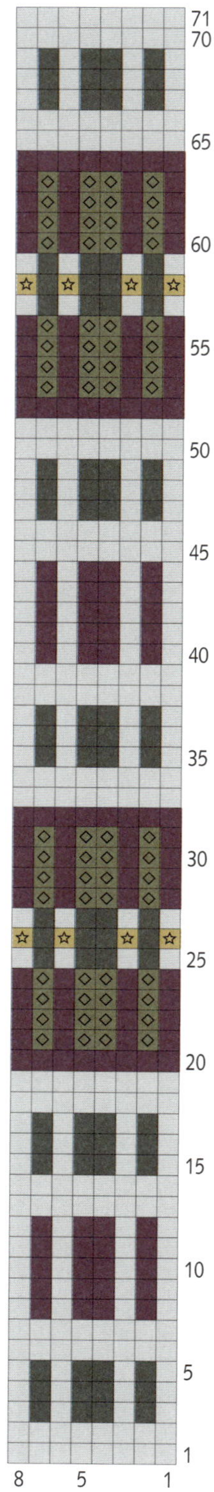

Größe 9

Strickschrift Oberer Rumpf

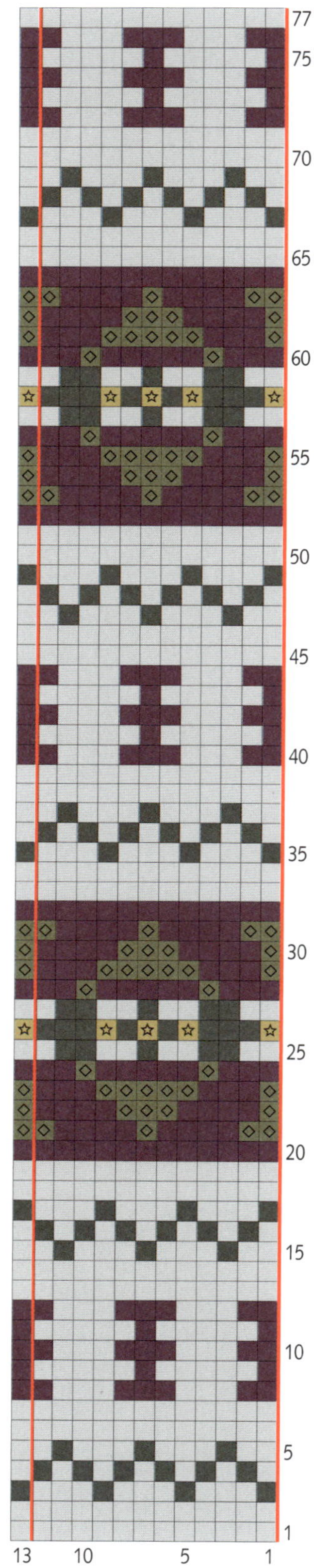

Steek B

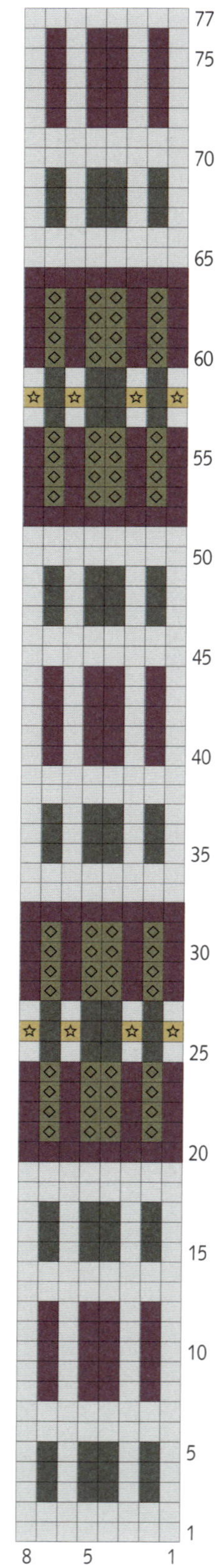

Symbole

- Farbe A (Dry Stone Wall)
- Farbe B (Undergrowth)
- Farbe C (Moss Covered Wall)
- Farbe D (Berry Picking)
- Farbe E (Hay Bale)
- Rapport

Größe 10

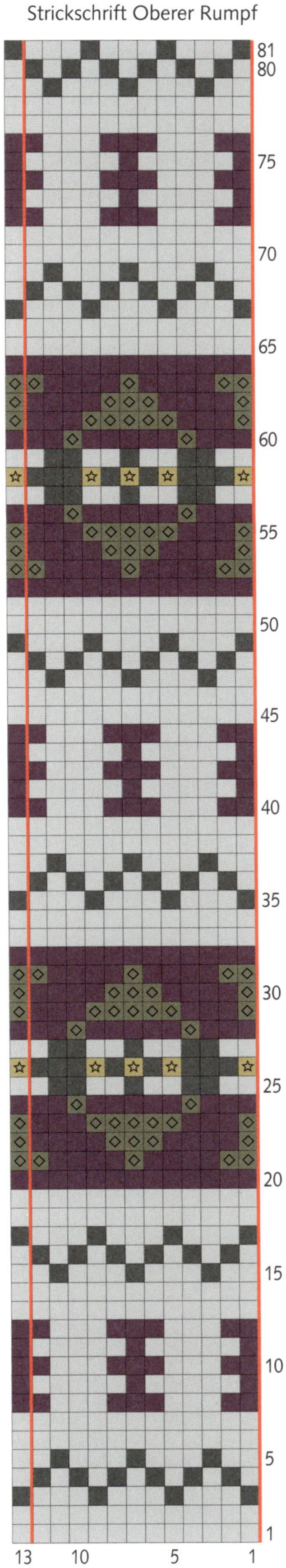

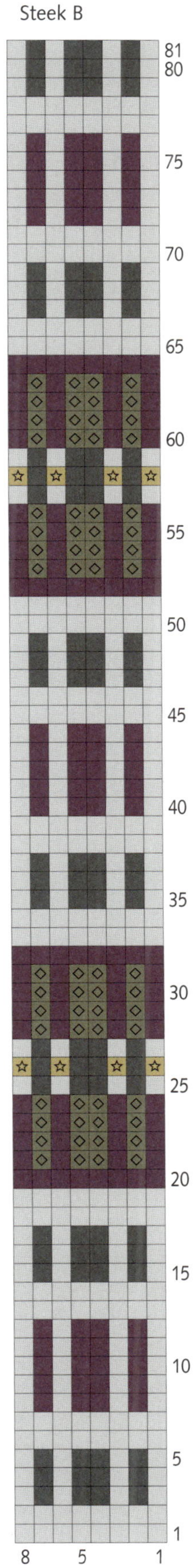

Symbole

- Farbe A (Dry Stone Wall)
- Farbe B (Undergrowth)
- Farbe C (Moss Covered Wall)
- Farbe D (Berry Picking)
- Farbe E (Hay Bale)
- Rapport

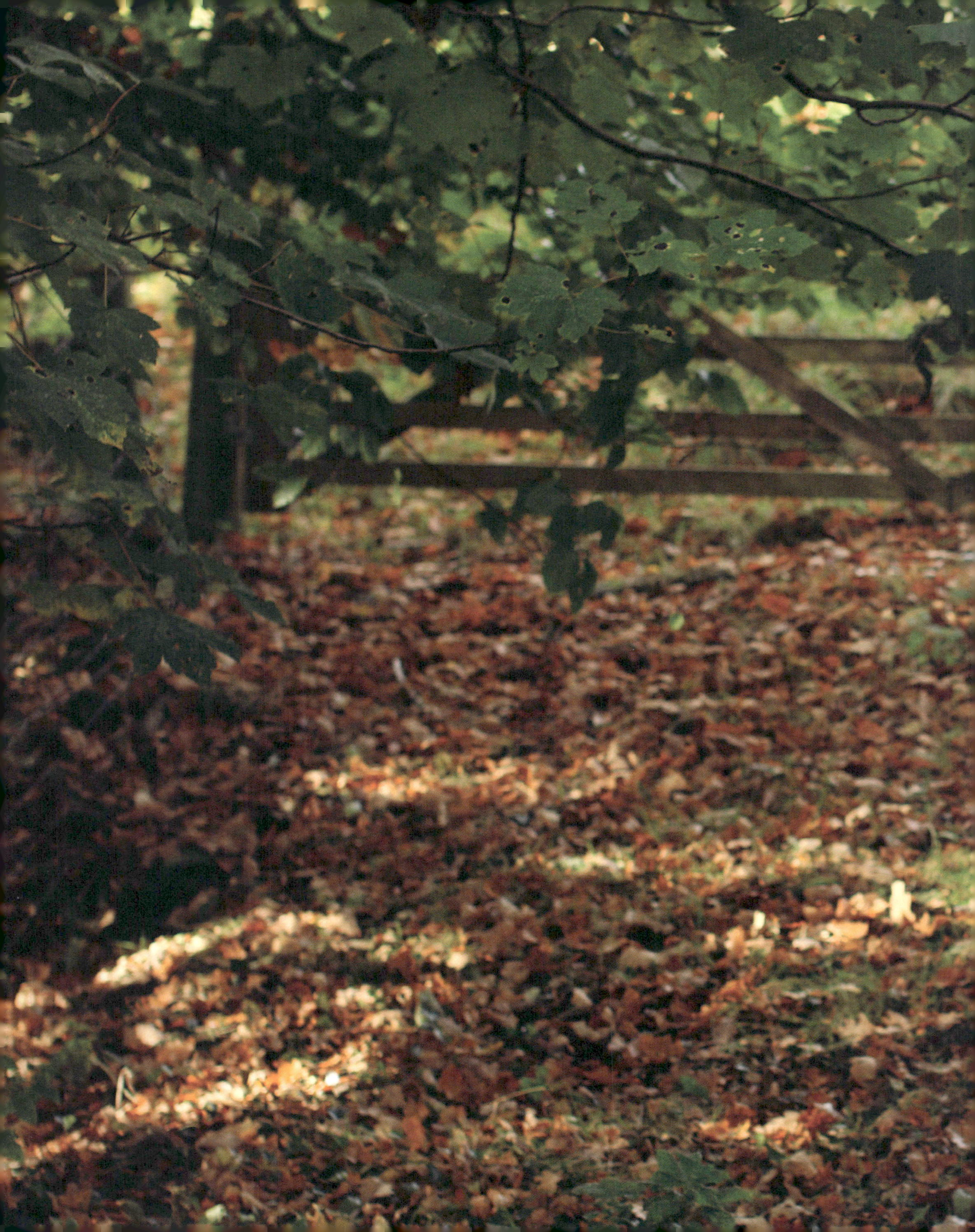

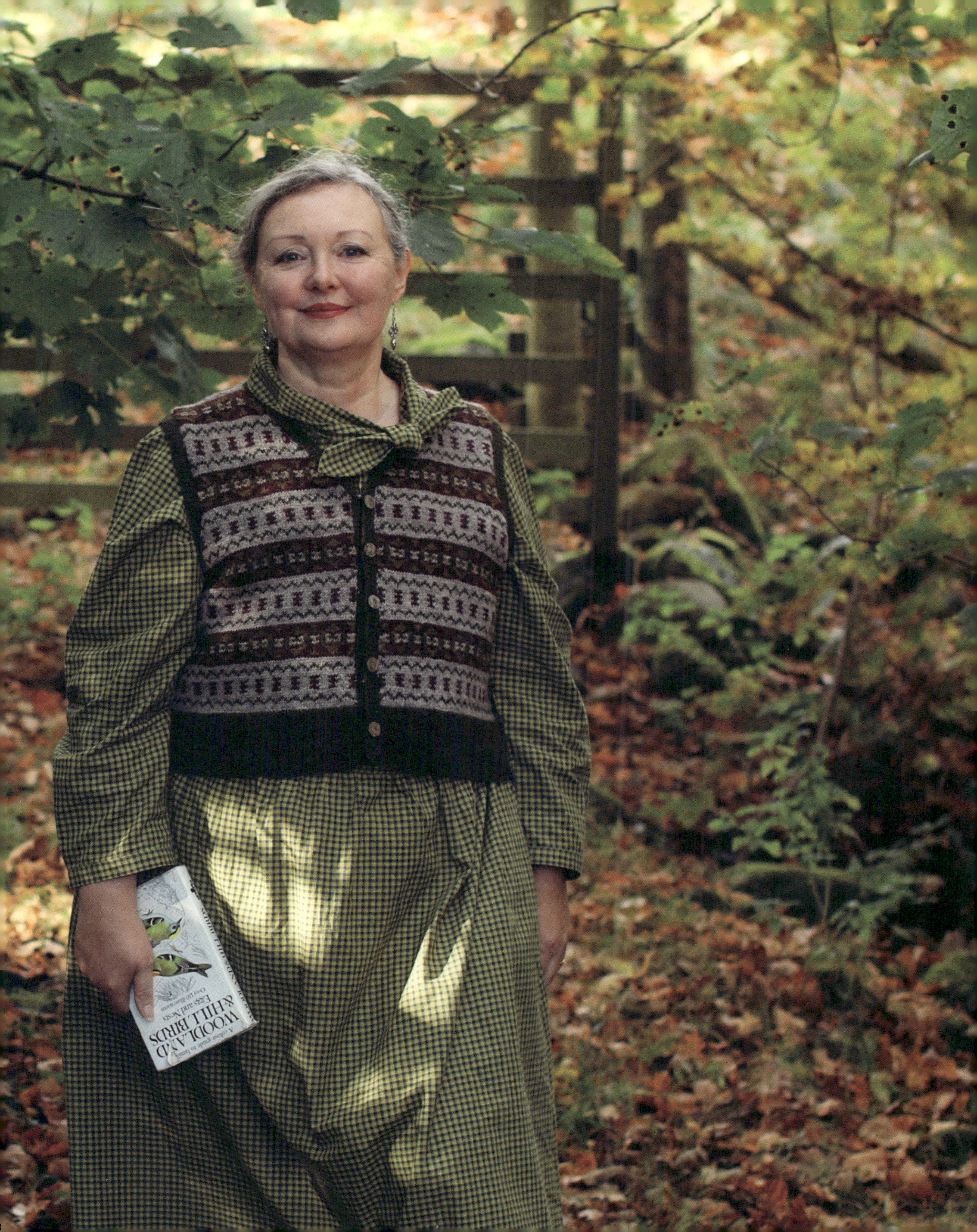
WOODLAND
&HILL BIRDS

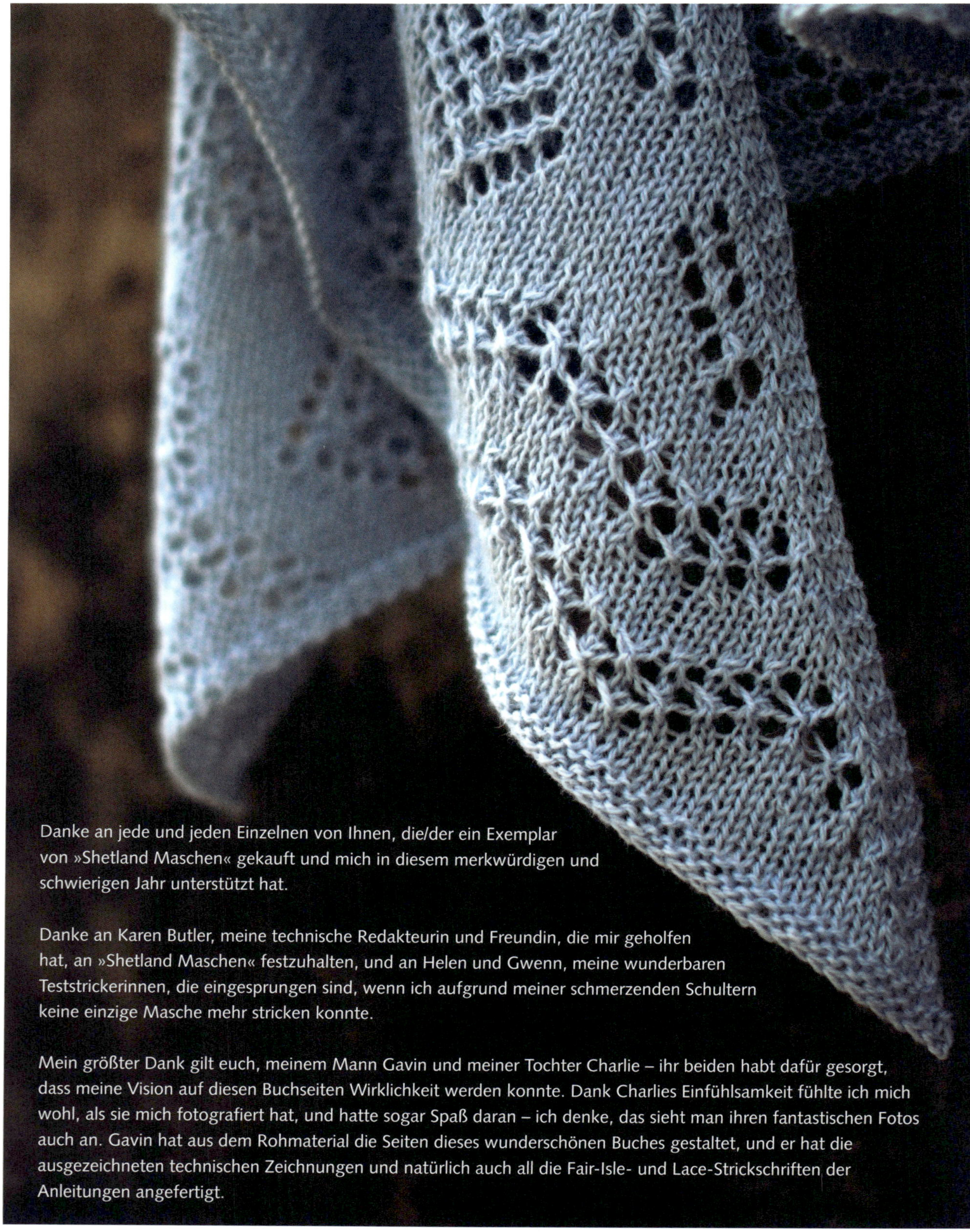

Danke an jede und jeden Einzelnen von Ihnen, die/der ein Exemplar von »Shetland Maschen« gekauft und mich in diesem merkwürdigen und schwierigen Jahr unterstützt hat.

Danke an Karen Butler, meine technische Redakteurin und Freundin, die mir geholfen hat, an »Shetland Maschen« festzuhalten, und an Helen und Gwenn, meine wunderbaren Teststrickerinnen, die eingesprungen sind, wenn ich aufgrund meiner schmerzenden Schultern keine einzige Masche mehr stricken konnte.

Mein größter Dank gilt euch, meinem Mann Gavin und meiner Tochter Charlie – ihr beiden habt dafür gesorgt, dass meine Vision auf diesen Buchseiten Wirklichkeit werden konnte. Dank Charlies Einfühlsamkeit fühlte ich mich wohl, als sie mich fotografiert hat, und hatte sogar Spaß daran – ich denke, das sieht man ihren fantastischen Fotos auch an. Gavin hat aus dem Rohmaterial die Seiten dieses wunderschönen Buches gestaltet, und er hat die ausgezeichneten technischen Zeichnungen und natürlich auch all die Fair-Isle- und Lace-Strickschriften der Anleitungen angefertigt.

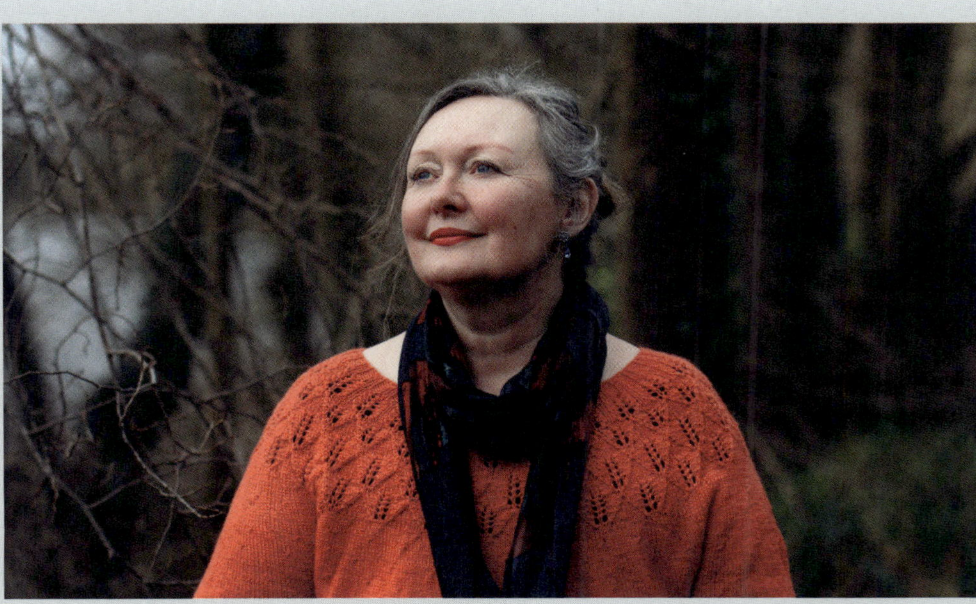

Über die Autorin

Susan Crawford ist Designerin von Strickmodellen, Autorin, Verlegerin, Garnproduzentin und Schäferin. Zusammen mit ihrem Mann Gavin betreibt sie ihr Geschäft auf der kleinen Farm der Familie.

Susan leitet einen unabhängigen Verlag und schreibt Bücher zu den Themen Stricken und Modegeschichte, darunter »A Stitch in Time«, »Vintage Knitting & Crochet Patterns« (Band 1 und 2) sowie zuletzt »The Vintage Shetland Project«.
Außer ihren Büchern und Strickanleitungen produziert Susan ein immer größer werdendes Sortiment an Strickgarn. Dabei spezialisiert sie sich auf Wolle britischer Schafrassen, die sie für all ihre Strickdesigns verwendet. Neben den populären Garnen Excelana und Fenella hat sie zuletzt die Garne Barn und Byre herausgebracht, die beide in diesem Buch verwendet werden und Susans neue handgefärbte Farbpalette präsentieren.

Alle ihre Bücher, einzelnen Strick- und Häkelanleitungen, Garnpackungen und natürlich die Garne können auf ihrer Webseite bestellt werden: www.susancrawfordvintage.com

Kontakt
Melden Sie sich auf www.susancrawfordvintage.com für Susans englischsprachigen Newsletter an.

Folgen Sie Susan in den sozialen Medien:
Instagram: instagram.com/susancrawfordvintage
Pinterest: pinterest.co.uk/susancrawfordvintage
Ravelry: ravelry.com/groups/susan-crawford-vintage
Facebook: facebook.com/susancrawfordvintage

Sie können sich auch Susans Community auf Patreon anschließen: www.patreon.com/susancrawford

Wir würden uns riesig freuen, Ihre fertigen Projekte aus diesem Buch zu sehen. Wenn Sie sie in den sozialen Medien teilen, verwenden Sie bitte die Hashtags ***#susancrawfordvintage*** und ***#evolutionknits***

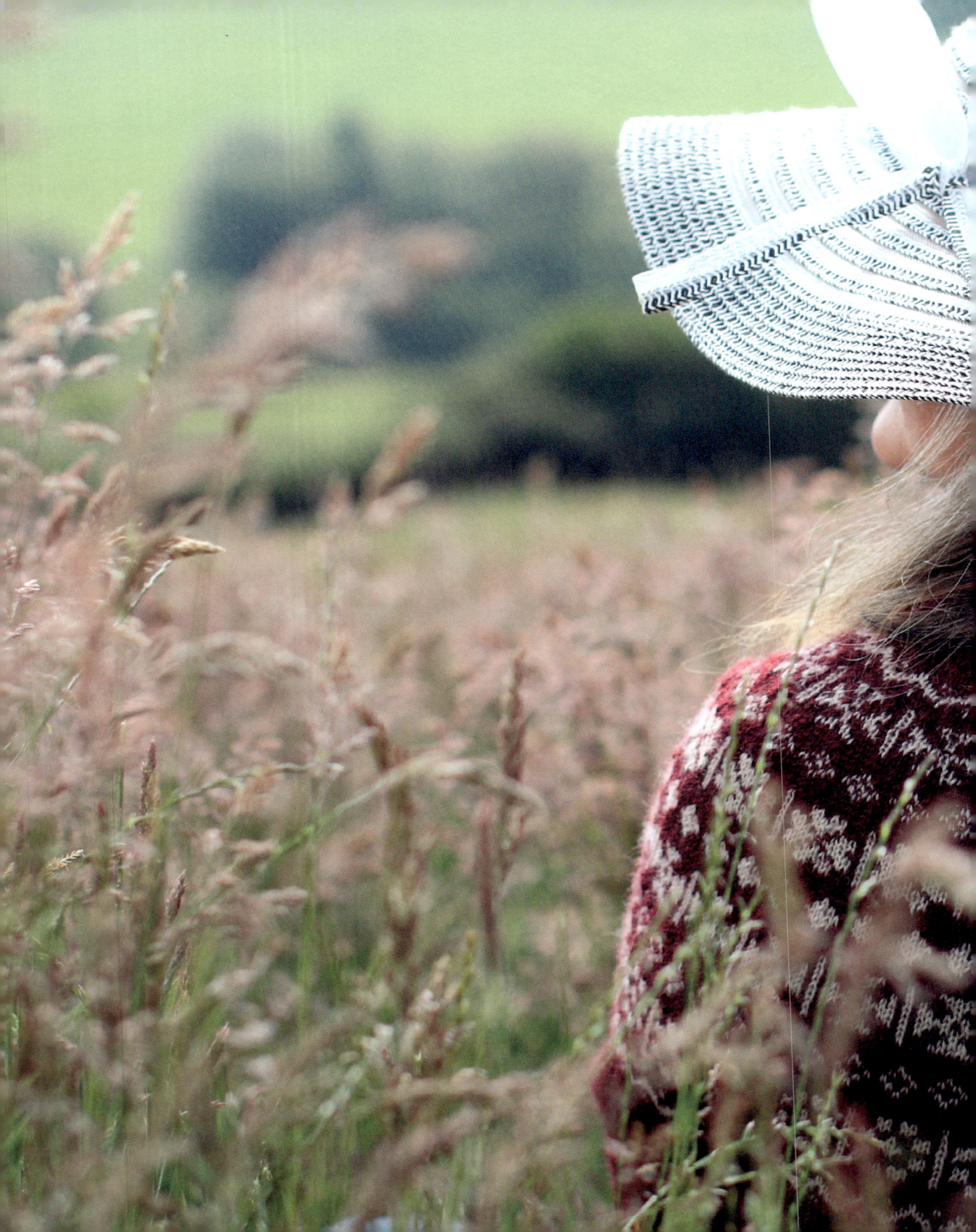

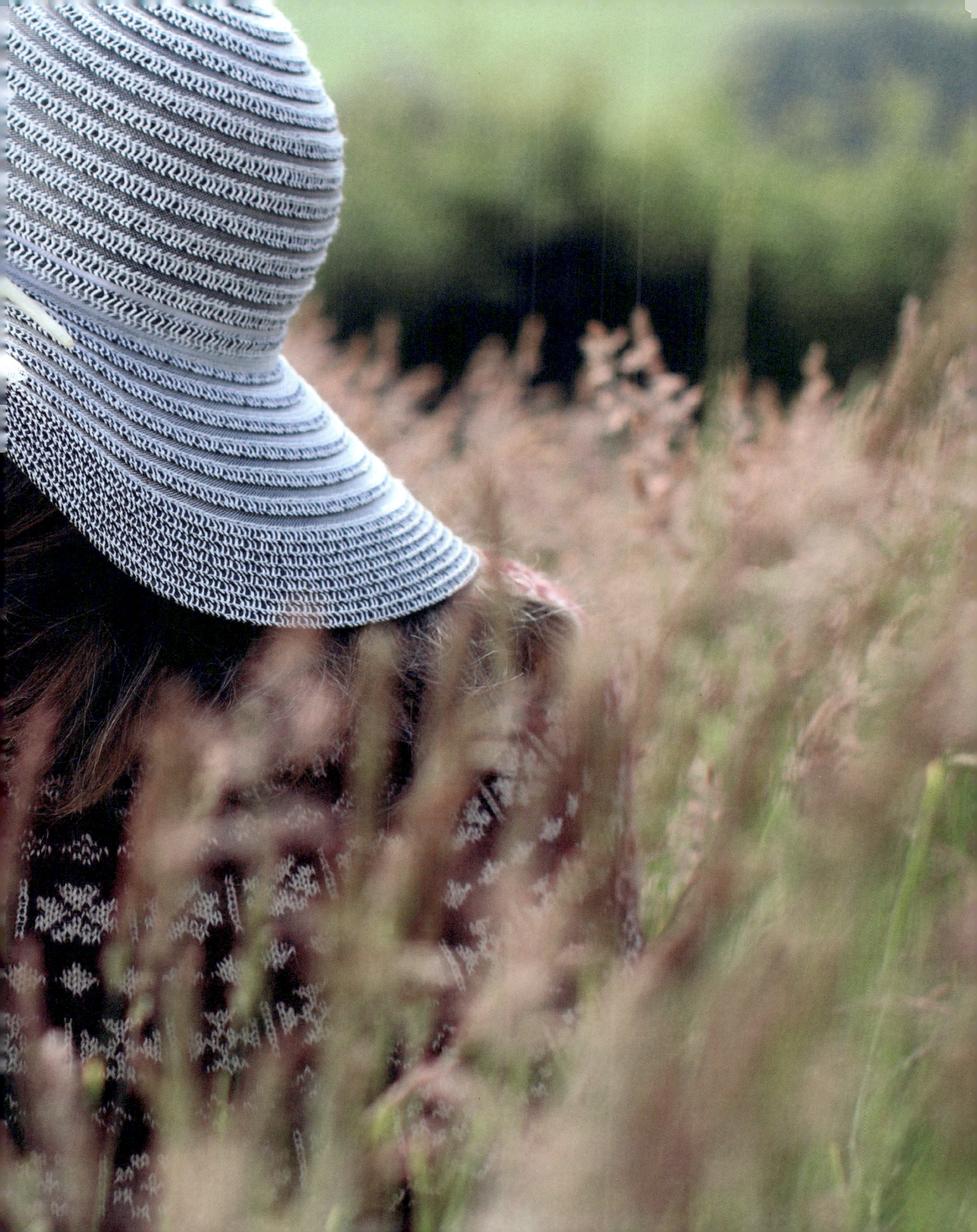

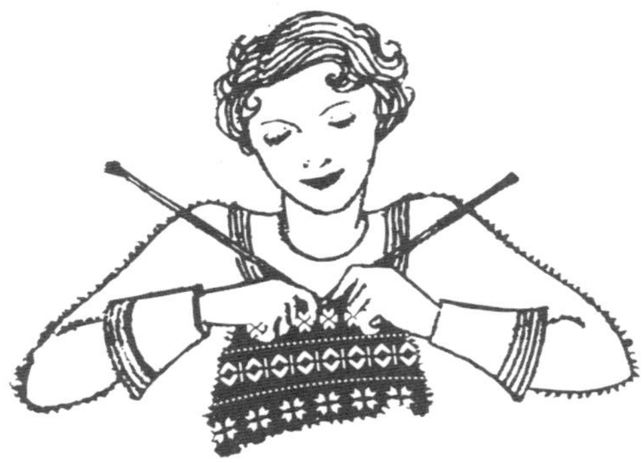